TODO O DINHEIRO DO MUNDO

TODO O DINHEIRO DO MUNDO

*O destino chocante e as desventuras
dos herdeiros de J. Paul Getty*

JOHN PEARSON

Tradução
Elton S. O. Medeiros

Rio de Janeiro, 2018

Copyright © John Pearson 1995, 2017
Motion Picture Artwork © 2017 Columbia Tristar Marketing
Group, Inc.
Título original: *All the Money in the World*
Esta foi obra foi previamente publicada originalmente com o
título de *Painfully Rich*

Direitos de edição da obra em língua portuguesa no Brasil adquiri-
dos pela Casa dos Livros Editora LTDA. Todos os direitos reservados. Nenhuma parte desta obra pode ser apropriada e estocada em
sistema de banco de dados ou processo similar, em qualquer forma
ou meio, seja eletrônico, de fotocópia, gravação, etc., sem a permissão do detentor do copyright.

Contato:
Rua da Quitanda, 86, sala 218 – Centro – 20091-005
Rio de Janeiro – RJ – Brasil
Telefone: (21) 3175-1030
www.harpercollins.com.br

CIP-Brasil. Catalogação na Publicação
Sindicato Nacional dos Editores de Livros, RJ

P375t

Pearson, John
    Todo o dinheiro do mundo : o destino chocante e as des-
venturas dos herdeiros de J. Paul Getty / John Pearson ; tradução Elton Medeiros. – 1. ed. – Rio de Janeiro : HarperCollins,
2018.
    336 p.

    Tradução de: All the money in the world
    ISBN 978-85-9508-270-0

    1. Getty, J. Paul, 1892-1976 – Família. 2. Milionários
– Estados Unidos – Biografia. 3. Ricos – Estados Unidos.
I. Medeiros, Elton. II. Título.

17-46798
CDD: 929.2
CDU: 929.52

Para minha esposa, Lynette, cujo amor vale mais do que todo o dinheiro do mundo.

Dinheiro é a última coisa que nunca deve ser subjugada. Enquanto há carne, há dinheiro – ou a ânsia por dinheiro; mas o dinheiro está sempre na mente, desde que haja uma mente razoavelmente em ordem.

Samuel Butler – *The Notebooks*

SUMÁRIO

INTRODUÇÃO 15

PARTE UM

CAPÍTULO 1
PAI E FILHO 27

CAPÍTULO 2
UMA INFÂNCIA SOLITÁRIA 33

CAPÍTULO 3
O PRIMEIRO MILHÃO DE DÓLARES 44

CAPÍTULO 4
FEBRE MATRIMONIAL.. 50

CAPÍTULO 5
O SEGREDO DE GETTY 59

CAPÍTULO 6
FUNDO MATERNO 65

CAPÍTULO 7
"BOOM TIME".. 76

CAPÍTULO 8
GUERRA E A ZONA NEUTRA 84

CAPÍTULO 9
PATERNIDADE.. 97

PARTE DOIS

CAPÍTULO 10
O MAIS RICO AMERICANO VIVO 111

CAPÍTULO 11
LA DOLCE VITA.. 122

CAPÍTULO 12
NOVOS COMEÇOS 134

CAPÍTULO 13
CASAMENTOS ROMANOS.................................... 146

CAPÍTULO 14
INFORTÚNIOS.. 157

CAPÍTULO 15
SEQUESTRO E RESGATE 171

CAPÍTULO 16
A DINASTIA 202

CAPÍTULO 17
PRAZERES PÓSTUMOS 215

PARTE TRÊS

CAPÍTULO 18
DROGAS E COMA.. 229

CAPÍTULO 19
RECUPERAÇÃO 242

CAPÍTULO 20
GORDON, O PACIFICADOR 249

CAPÍTULO 21
CAVALEIRO 262

CAPÍTULO 22
WORMSLEY.. 278

CAPÍTULO 23
AILEEN 289

CAPÍTULO 24
SOBREVIVENTES 301

CAPÍTULO 25
FINAL DE CICLO.. 319

POSFÁCIO.. 327
AGRADECIMENTOS 333

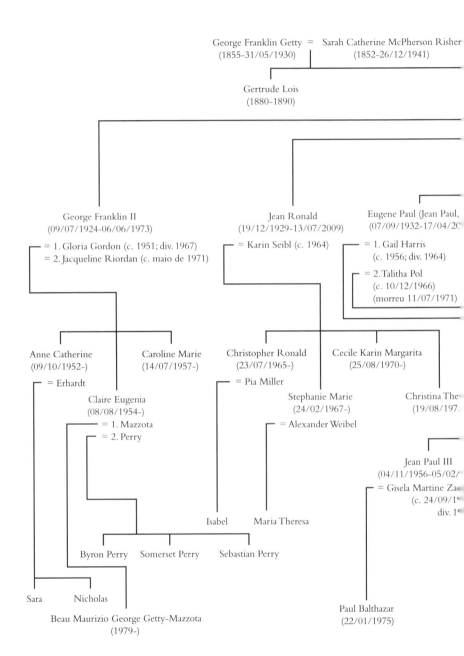

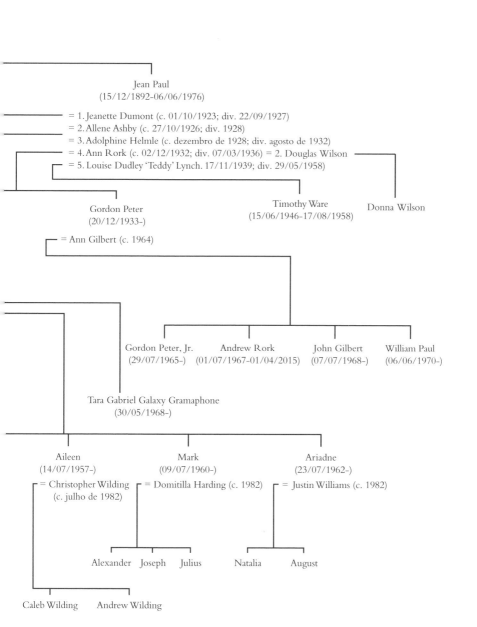

INTRODUÇÃO

Jean Paul Getty tinha 83 anos e fizera três cirurgias plásticas no rosto, a primeira aos sessenta – mas a última ficou ruim, fazendo-o parecer exageradamente velho. Ele era conhecido como o mais rico americano vivo, mas recentemente tudo o que ele queria era ouvir Penelope ler para ele as histórias de aventura de G.A. Henty para meninos vitorianos.

Penelope Kitson – ele a chamava de Pen – era uma mulher alta, bonita, sua amiga mais próxima e amante por mais de vinte anos e lia bem em seu tom de voz com sotaque inglês sem sentido da classe alta à qual pertencia. Ele tinha uma grande coleção das obras de G.A. Henty. Era possível que elas o fizessem pensar em uma infância ousada que ele nunca teve – e uma vida de aventura física que ele gostaria de ter vivido.

Getty acreditava em reencarnação, mas temia morrer. Convencido de que tinha sido o imperador romano Adriano em uma vida anterior, e tendo sido tão afortunado na vida atual, temia que, na terceira vez, não tivesse tanta sorte.

Getty reencarnado como um "coolie",* como uma criança de uma favela de Calcutá? Deus poderia ter um senso de humor assim tão estranho? Tudo era bem possível, e a perspectiva o amedrontou.

O seu filho mais jovem ainda vivo, acompanhado de sua esposa, tinha voado da Califórnia para Londres e estava com ele na casa

---

* Trabalhadores braçais oriundos da Ásia, especialmente da China e da Índia, durante o século XIX e início do século XX. [N.T.]

havia vários dias tentando convencê-lo a "ir para casa" com eles em um Boeing fretado. "Casa" era a fazenda de Getty, com vista para o oceano Pacífico, em Malibu, mas o velho estava com muito medo de voar, além de e não ter visto Malibu – nem seu país natal, os Estados Unidos – por mais de duas décadas. Que tipo de casa era aquela?

– Sabe de uma coisa, Pen? Eles querem me levar de volta porque pensam que estou morrendo.

Ele afirmou o fato em sua voz suave do Meio-Oeste que parecia avaliar o custo de cada sílaba, e então encerrou o assunto como um contador fecha uma conta. J. Paul Getty, bilionário, estava decidido a permanecer onde estava.

E agora também estava se recusando a ir para a cama.

"Pessoas morrem na cama", dizia ele, deixando claro que não tinha intenção alguma de fazê-lo se pudesse evitar. Recentemente tinha passado a viver em sua poltrona com um xale ao redor dos ombros.

A morte é mais difícil para os ricos enfrentarem do que para os mais humildes dos mortais, pois os ricos têm muito mais a perder e deixar para trás – aquela enorme casa gelada, por exemplo. Construída entre 1521 e 1530 por Sir Richard Weston, um membro da corte de Henrique VIII, Sutton Place tinha sido uma das muitas pechinchas que Jean Paul Getty comprou de um duque escocês (Sutherland) em dificuldades em 1959. Era o mais próximo de um verdadeiro lar para ele – e, por todo o seu desconforto e inconveniência, ele realmente amava aquela pilha de tijolos vermelhos do período Tudor com seus 27 quartos, seu salão de madeira completo com um parapeito para músicos, sua fazenda e seu fantasma residente (de Ana Bolena, quem mais?), tudo na elegante zona rural de Surrey, a uns 32 quilômetros pela rodovia de Londres.

Depois, havia o leão macho de Getty, Nero, urrando em sua jaula fora da casa. O velho amava Nero tanto quanto se permitia amar quase qualquer um, e como ele o alimentava pessoalmente, Nero sentiria falta dele.

Depois de Nero vinham suas mulheres.

"Jean Paul Getty é priápico", falou lorde Beaverbrook certa vez para sua neta, lady Jean Campbell.

"O que isso significa, vovô?", perguntou ela.

INTRODUÇÃO

"Sempre pronto", respondeu.

Ele sempre esteve. Desde a adolescência em Los Angeles, as mulheres tinham sido o único luxo que o velho avarento nunca havia se negado. Como ele as aproveitou em sua época! Jovens e velhas, gordas e elegantemente magras, líderes de fanfarra e duquesas, prostitutas, estrelas e socialites. Até recentemente, ele estava tomando vitaminas em doses maciças, combinadas com a chamada droga sexual, H3, para manter sua potência. Mas agora tudo acabou, e não era mais o sexo, e sim o rumor de sua partida iminente que trouxe suas amantes para Sutton Place.

Ele não seria generoso com elas – não mais do que era consigo mesmo. Ele era cortês com as mulheres, mas quase nunca se envolvia emocionalmente por muito tempo.

Todo o seu dinheiro lhe trouxe felicidade? Há certo consolo no pensamento de que os muito ricos obtêm pouco prazer de suas riquezas, e grande parte da indubitável popularidade de Getty se originou naquele olhar de aflição crucificada com a qual ele se educou para enfrentar o mundo.

Como uma vez disse o executivo-chefe de Getty, o célebre Claus von Bülow: ele sempre parecia ter participado do próprio funeral. Mas o inteligente Claus foi rápido ao acrescentar que, por trás daquele semblante nebuloso, seu chefe estava aproveitando a vida de forma secreta, e que esse contraste formou o que ele viu como a comédia essencial de toda a existência de Getty. Von Bülow podia ter um senso de humor um tanto especial, mas dizia que Getty sempre viu o lado engraçado das coisas.

Talvez visse, e nunca saberemos quais prazeres risíveis o velho brincalhão noturno encontrou na quietude da noite de Surrey com um balancete de suas finanças.

Pois sua fortuna havia alcançado proporções surreais e, como a maior parte foi investida de modo cauteloso e incessante, criara ainda mais dinheiro, nem mesmo Jean Paul Getty sabia o quão rico era. Basta dizer que sua fortuna era quase que o orçamento anual naquela época da Irlanda do Norte, onde seus ancestrais se originaram, mais do que qualquer ser humano poderia gastar numa vida de desejos extravagantes. Ele poderia ter dado a cada homem, mulher e criança nos Estados Unidos uma nota de dez dólares e ainda seria rico.

Poucas coisas, é claro, teriam sido menos prováveis, pois, em contraste com John D. Rockefeller, que habitualmente dava uma moeda de dez centavos recém-cunhada para qualquer criança que conhecia, Jean Paul não era fã de atos de generosidade aleatória. Na verdade, ele não gostava de generosidade, ponto final, mas a sua célebre avareza não era exatamente o que parecia.

"É por isso que ele é rico", costumavam dizer. Mas as pessoas estavam erradas. A avareza por si só nunca poderia explicar uma fração de uma fortuna como a dele, e a mesquinharia de Getty não era a causa de sua riqueza exagerada, mas um sintoma de algo mais intrigante.

A verdade era que Jean Paul Getty era um homem apaixonado, e ele canalizou sua paixão de forma resoluta para a criação de sua enorme fortuna, assim como um grande compositor dedica sua alma para criar uma sinfonia. Seu verdadeiro amor não era para com as mulheres, que eram incidentais, mas por dinheiro, que não era – e ele provou ser um parceiro fiel e romântico durante sua vida amorosa com a riqueza – adquirido de forma ciumenta e que aumentava em quantidades maciças, durante um período de mais de sessenta anos.

Sua avareza era um aspecto fortuito desse amor. Como alguém pode suportar a perda de seu objeto de adoração? Como ele poderia desperdiçar essa deliciosa substância que, com a morte se aproximando, ofereceu-lhe sua maior esperança de imortalidade?

A vasta riqueza cercou Jean Paul Getty como uma auréola, concedendo qualidades divinas que não eram permitidas aos mortais mais pobres. Graças ao dinheiro, ele conseguiu criar um movimento contínuo em todo o mundo, dos guardas de segurança com seus ferozes pastores alemães na escuridão perto da casa às refinarias de petróleo trabalhando o tempo todo, seus tanques escavando oceanos distantes, seus poços de petróleo bombeando a riqueza das profundezas do mar e dos confins mais distantes do deserto.

Mas os poderes divinos possuem limites que até mesmo a riqueza não consegue dar aos bilionários mortais, e nada poderia livrar Paul daquele ato final. Getty sempre foi um homem quieto e solitário e, durante a noite de 6 de junho de 1976, ainda sentado em sua poltrona favorita, silenciosa e completamente sozinho, morreu.

A morte é um grande redutor, e foi estranho o quão insignificante o homem mais rico da América parecia quando ele morreu. De acordo com sua vontade, seu corpo foi velado na grande sala de Sutton Place como um nobre Tudor. "Ele sempre gostou de pensar que era o duque John de Sutton Place", observou uma de suas amantes. Mas um ducado era algo que até mesmo sua enorme fortuna não podia comprar, e os únicos que o velaram eram os seguranças, para se certificar de que o corpo não fosse sequestrado.

Mais tarde, e novamente de acordo com sua vontade, um velório foi realizado na elegante igreja anglicana de São Marcos, na North Audley Street, em Mayfair. Como um evento, teve um caráter peculiar. Outro duque (Bedford desta vez) fez o sermão para uma congregação sisuda e da moda; apenas um dos filhos sobreviventes de Getty, sofrendo os graves efeitos da dependência de heroína e álcool, conseguiu participar; e o vigário nunca recebeu seu pagamento pelo serviço.

Não é que fosse culpa de Jean Paul, pois ele havia feito a jornada que sempre temia – seu caixão viajando por frete aéreo no compartimento de carga de um Boeing para a Califórnia –, além de ter residido em uma sala de funerais do cemitério Forest Lawn em Hollywood, enquanto a família e as autoridades de Los Angeles discutiam onde enterrá-lo.

Porém, ainda restava uma área em que a força vital daquele velho inescrutável estava bem viva – em sua última vontade e também no testamento, que havia sido devidamente publicado por seus advogados londrinos. Era um documento fascinante – tanto quanto ao que deixou de fora quanto ao que afirmou – e serviu para enfatizar o mistério de toda a relação barroca entre o homem morto, sua enorme fortuna e os membros de sua família muito dispersa.

O testamento é uma oportunidade de entregar a quem fica um julgamento final antes de conhecer o próprio. Foi uma oportunidade que Jean Paul apreciou, tendo vivido sua vida à sombra da vontade do pai meio século antes. E, como seu pai, ele aproveitou ao máximo.

Pelos últimos dez anos, sempre que seu advogado, o enérgico e grisalho Lansing Hays, saía de Los Angeles para encontrá-lo, havia alguma mudança para fazer no temível documento, sempre alguém para adicionar à lista de herdeiros – ou, devido à raiva, para retirar dela. Getty era um homem de precisão, e sua vontade se sintonizou muito bem aos seus desejos.

Ele nunca se importou muito com as pessoas mais humildes, e as pessoas mais humildes em sua vida receberam escassas migalhas da mesa mais rica dos Estados Unidos. Léon Turrou, seu confiável conselheiro de segurança, e Tom Smith, o massagista meio indiano a quem Getty confiara o alívio de suas dores nos últimos anos, disseram que ele prometeu se lembrar deles, e ambos ficaram amargurados ao descobrir que foram esquecidos. Os jardineiros da Sutton Place receberam três meses de salário; o mordomo, o ranzinza Bullimore, seis; e até mesmo sua fiel secretária, Barbara Wallace, que o tinha superprotegido por um período de vinte anos, teve a sorte de receber 5 mil dólares.

Ao lembrar-se dele, ela é mais generosa do que ele foi com ela. "É assim que ele era", diz ela. "Eu o amava e o que contava não era o dinheiro, mas a memória de trabalhar com o personagem mais extraordinário que já conheci."

Outros foram menos caridosos, pois ele também usou seu testamento para deixar claro o que achava das mulheres em sua vida. Sua conselheira jurídica, a recatada srta. Lund, recebeu 200 dólares por mês – possivelmente para registrar o que ele pensava sobre recato. No entanto, a nada recatada nicaraguense Rosabella Burch se deu um pouco melhor, então ele pode ter tido outra razão.

A única amiga que se deu bem foi a sra. Kitson, que recebeu cerca de 850 mil dólares do inventário da Getty Oil. Quando o valor das ações da empresa duplicou no início dos anos 1980, ela por fim seria a única pessoa a se tornar uma milionária que lia G.A. Henty.

Mais uma vez, a frugalidade desses legados pessoais estava de acordo com o feitio de Getty e se destinava a enfatizar grandes surpresas no ponderado documento. Pois, em um grandioso gesto atípico, Jean Paul Getty decidiu dispor do volume de sua fortuna pessoal na íntegra, de forma incondicional e sem as menores reservas.

INTRODUÇÃO 21

Ele sempre foi um homem chegado a surpresas ardilosas e ninguém sabia, além de Lansing Hays, sobre como ele estava reservando uma grande parte do dinheiro para um herdeiro desavisado: o modesto J. Paul Getty Museum em Malibu, que ele criara nas terras de sua fazenda sem falar para ninguém, mas nunca se atreveu a visitar.

Em termos de museu, o legado de Getty foi vasto. Em sua morte, seus recursos pessoais foram calculados em quase 1 bilhão de dólares (cerca de 2 bilhões hoje, considerando a inflação subsequente). Com essa quantia, o estranho museu que ele criara meticulosamente na forma de uma antiga vila romana nas margens do oceano Pacífico tornou-se, da noite para o dia, a instituição desse tipo mais bem agraciada na história moderna.

Segundo seu assistente pessoal, Norris Bramlett: "Esta era a sua esperança de imortalidade. Ele queria que o nome Getty fosse lembrado enquanto a civilização durasse."

Também era, como ele sabia muito bem, uma maneira extremamente eficiente de empregar uma grande quantidade de capital pagando pouco – ou quase nenhum – imposto. Na Califórnia, o museu contou como uma instituição de caridade e, desde que seus diretores gastaram 4% do capital em aquisições todos os anos, o Internal Revenue Service dos Estados Unidos não avaliaria seu recolhimento de imposto. Getty sempre foi visceralmente contra o pagamento de impostos – e, ao contrário dos cidadãos mais simples que sentem o mesmo, raramente teve de fazê-lo.

Além disso, o testamento não deu a menor explicação sobre o motivo pelo qual ele usou seu dinheiro assim e por que não foram impostas condições sobre a forma como os curadores do museu o gastariam. Quando o rival de Getty no campo do óleo, Armand Hammer, criou seu próprio museu, muito menor, em Los Angeles, preparou tudo nos mínimos detalhes. O barão do aço Henry Clay Frick tinha quase tornado impossível legalmente mudar uma aspidistra no átrio da Coleção Frick em Nova York – muito menos uma imagem. Mas se os curadores do Museu J. Paul Getty, em sua sabedoria, decidem vender toda a coleção e usar os recursos para criar um museu da bicicleta, um museu da bicicleta é o que o Museu J. Paul Getty se tornará irrevogavelmente.

Assim como o testamento não esclarece as razões do velho Getty por legar tudo dessa maneira, também deixa sem explicação um mistério mais intrigante: o destino financeiro dos membros de sua família ou, como ele gostava de chamá-los, a "dinastia Getty" – os filhos e os netos de três de seus cinco casamentos fracassados. Com o testamento mal os mencionando, qual seria o futuro deles? Getty os esquecera, ou eles foram deserdados de propósito?

Quando os arqueólogos descobriram os túmulos de alguns dos faraós mais ricos, às vezes encontraram, escondidos atrás da câmara funerária, outra câmara abarrotada de objetos ainda mais esplêndidos, onde residia o espírito dos mortos. Algo parecido aconteceu com o dinheiro deixado por Jean Paul Getty, pois era típico de sua natureza secreta que, por trás de sua fortuna pessoal – legada ao seu museu –, ele estivesse construindo lentamente uma segunda fortuna, ainda maior, que se encontrava em um fundo não abordado em seu testamento.

Esse enorme fundo sempre esteve separado da fortuna pessoal de Getty e cresceu com os ganhos de toda a vida do jogo secreto que ele jogava com o mundo havia mais de quatro décadas. Foi aí que ele empilhou as enormes quantias de dinheiro que, de acordo com as complexas regras pelas quais este jogo era jogado, alguns de seus descendentes herdariam – e alguns, enfaticamente, não.

Embora tal fundo tenha servido aos propósitos de Jean Paul Getty como uma espécie de monstro à prova de impostos, foi criado originalmente como uma chamada "fundo pródigo", para aplacar sua formidável mãe, Sarah, que o conhecia bem o suficiente para desconfiar de seus motivos. Foi por meio de sua insistência que o fundo foi estabelecido em meados da década de 1930 para proteger os interesses financeiros de seus netos do que ela viu como tendências do espírito pródigo de Getty e, apropriadamente, levava o nome dela – o Fundo Sarah C. Getty.

Era estranho ver o mais rico avarento do século publicamente proclamado um "esbanjador". Mais estranha ainda era a forma como ele parecia obsessivamente obrigado a aumentar o fundo, criando esta prodigiosa pilha de capital não tributado. Quando finalmente foi dividido entre seus beneficiários em 1986, o fundo foi avaliado em mais de 4 bilhões de dólares – desde então o capital resultante mais do que duplicou em valor novamente.

Pode-se pensar, como Sarah presumivelmente o fez, que esse fundo da prodigalidade garantiria aos seus descendentes todos os benefícios e prazeres que a riqueza pode trazer para aqueles que viajam pela dura estrada da vida: liberdade de ansiedades e preocupações, o melhor de tudo, amigos leais e – alguém ousaria dizer? – felicidade.

Leitor, pense novamente!

O grande mistério não respondido da fortuna de Getty é por que ela aparentemente acabou devorando muitos de seus beneficiários.

Por que esse enorme reservatório de riqueza provou ser não só a maior fortuna, mas a maior fortuna destrutiva do nosso tempo? E por que, enquanto milhões morrem por falta de dinheiro e inúmeros milhões escravizam, armam esquemas, cometem assassinatos, trabalham, se subjugam por vislumbres tão patéticos, deveria algo tão prazeroso como o dinheiro trazer tanta miséria e devastação aos herdeiros de Getty?

Os destroços humanos começaram a se acumular ao longo da vida do velho. Um filho se matou três anos antes dele morrer. Na mesma época, outro filho parecia tentar fazer o mesmo com o vício em álcool e heroína. O terceiro filho, deserdado na infância, cresceu cada vez mais amargurado pelo modo como fora tratado pelo pai. Somente o quarto e o mais novo dos filhos desfrutava do que, segundo os padrões normais, poderia significar uma vida razoável, mas ao custo de se desligar de qualquer coisa com a Getty Oil ou os outros negócios de seu pai.

Quando o velho morreu, a praga começava a afligir também a geração seguinte. O neto mais velho de Getty foi sequestrado pela máfia italiana, perdeu sua orelha direita no processo e depois embarcou em uma vida de vício em drogas, bebida e devassidão que quase o destruiria por completo. Mais tarde, sua irmã contrairia aids.

Na verdade, nos anos que se seguiram à morte de Jean Paul Getty, houve momentos em que a própria família parecia estar pronta para a autodestruição, quando um irmão lutou nos tribunais com outro sobre o legado vasto e envenenado. Como um jornalista observou, na década de 1980 o nome de Getty se tornou "um sinônimo de disfunção familiar".

As grandes fortunas podem ter efeitos desastrosos sobre os herdeiros – geralmente, inundando-os com muito dinheiro numa idade precoce. Mas, com a família Getty, lucros não diluídos nunca foram a raiz de toda a desgraça. Nenhum dos filhos de J. Paul Getty foi criado em luxo e cheio de mimos – nem mesmo com a expectativa de uma herança enorme. Nem os netos. Muito pelo contrário.

Balzac, fascinado por grandes fortunas – e com o estrago que as viu trazer às famílias de novos ricos no Segundo Império da França –, acreditava que, como escreveu, "por trás de toda grande fortuna se esconde um grande crime".

Mas até Getty o teria assustado. Pois, embora tenha havido um mínimo de trabalho sujo e jogo duplo na criação da fortuna Getty, não houve nenhum crime real para apontar o dedo – e nenhum "grande crime", sem dúvida.

No entanto, havia algo mais intrigante que Balzac teria amado: o caráter infinitamente complexo do próprio Getty. A história de sua fortuna é essencialmente a história de sua vida, e as contradições e obsessões desse californiano excêntrico sempre desempenharam um papel crucial na sua conquista. E um papel ainda maior na herança conturbada que ele deixou, tanto que o que aconteceu com seus filhos e seus netos também faz parte do seu legado. Alguns foram destruídos; outros, embora com muitas cicatrizes, se adequaram; e algumas das novas gerações, muito conscientes do que ocorreu, estão buscando driblar os perigos futuros.

Como tudo aconteceu compõe uma crônica extraordinária sobre o efeito de grandes quantidades de dinheiro em um grupo de seres humanos muito vulneráveis. Para entender isso, é preciso começar com a estranha criação da fortuna e o caráter do puritano solitário, assustado e mulherengo que se tornou o homem mais rico dos Estados Unidos.

PARTE UM

CAPÍTULO 1

PAI E FILHO

Jean Paul Getty não era um novato para grandes riquezas e os problemas que elas poderiam trazer para seus donos. Ele era, de fato, de uma segunda geração de milionários – seu pai, George Franklin Getty, tinha começado a fortuna da família com os lucros do *boom* do petróleo de Oklahoma em 1903. Mas, assim como acontece a uma grande árvore, é difícil imaginar o ramo que dela cresceu, já que o volume da fortuna de Jean Paul Getty quase ofusca a fortuna menor que a precedeu. Também ofusca o fato de que, sem seu pai e sua fortuna, os bilhões de Getty nunca poderiam ter existido.

Quando Jean Paul já estava com seus sessenta anos, tão rico quanto Croesus e muito orgulhoso de dormir com uma duquesa, com a irmã de um duque e com uma prima distante do czar da Rússia, um dos seus mais estranhos hábitos era recitar parte do Discurso de Gettysburg de Lincoln, que ele sabia de cor, para aqueles que queria impressionar. Ao concluir, ele mencionava que o sobrenome Gettysburg derivava do sobrenome de um antepassado dele, James Getty, que comprou o local da cidade histórica de William Penn pessoalmente e lhe deu seu próprio nome.

Pode parecer estranho que o americano mais rico do mundo se sentisse obrigado a produzir esse tipo de legitimação ancestral de crédito. O que é ainda mais estranho é que a história era falsa. Gettysburg recebeu o nome de uma família chamada Getty, e os ancestrais de Jean Paul não tinham nenhuma relação.

Para ir direto ao ponto, a história de seu pai, longe de exigir o aprimoramento com origens falsas às vezes oferecidas pela aristocracia inglesa, era uma dessas histórias de conquista do tipo que qualquer filho, principalmente americano, poderia se orgulhar. Entretanto, Jean Paul tinha razões pessoais para se sentir ambíguo sobre seu pai – e sobre como o curioso relacionamento entre eles desempenhara toda a criação bizarra de sua fortuna.

Jean Paul nasceu em Minneapolis em 1892. Seu pai, George, um homem poderoso e devoto, tinha 37 anos na época. Sua mãe, Sarah, nome de solteira Risher – olhos escuros, cabelo bem penteado e a boca de uma personagem insatisfeita que era ela – era três anos mais velha, de origem distante holandesa e escocesa.

Os Getty se originaram na Irlanda do Norte, chegando aos Estados Unidos no final do século XVIII e entrando no turbilhão da experiência imigrante americana. Como resultado, George começou a vida como descendente de fazendeiros pobres em Maryland. Seu pai morreu quando tinha seis anos, deixando o menino para trabalhar com a mãe nos campos até que seu tio, Joseph Getty, famoso como um pregador local de temperamento inflamado, o enviou para a escola em Ohio.

George era um menino forte e trabalhador, e a adversidade que veio com a morte de seu pai o deixou com uma resolução de ferro: sairia da pobreza. Enquanto isso, aprendeu com seu tio Joe os rígidos preceitos do cristianismo fundamentalista, somado ao ódio vitalício à bebida demoníaca e a uma fé constante na graça salvadora de Deus para arrebatar a humanidade da pobreza e do pecado.

Foi durante a Universidade de Ohio, e estudando para se tornar professor, que George primeiro chamou a atenção de Sarah Risher. Ela não tinha a intenção de passar sua vida casada com um professor, então o fez prometer que se tornaria advogado – oferecendo o dinheiro do dote para pagar suas despesas ao longo da faculdade de direito.

É apropriado que o nome de Sarah Getty ainda seja consagrado dentro do fundo que veio a dominar a fortuna de sua família, pois durante todo o casamento a astuta Sarah era a força motriz, criando um parceiro jovem, obediente e trabalhador para fazer dinheiro e ser bem-sucedido.

Um ano após o casamento em 1879, George já havia obtido o diploma de direito na Universidade de Michigan, e Sarah pediu para se mudarem para a próspera Minneapolis – onde seu marido transformou seus talentos legais em um negócio de seguros e começou a prosperar. Aos trinta e poucos anos, George e Sarah possuíam uma casa própria na parte mais elegante de Minneapolis e uma carruagem de dois cavalos, e eram pessoas respeitadas e promissoras na capital em expansão de Minnesota, o estado da Estrela do Norte.

Longe de enfraquecer seus ideais puritanos, o sucesso tornou os Getty mais crentes em sua fé. Do puritano tio Joe, George tinha absorvido uma noção calvinista de bem e de mal, e a riqueza mundana era vista como evidência de favor celestial. De acordo com essa crença prática, Deus recompensava aqueles que ouviam sua palavra – e sorria para aqueles cujos modos de vida repudiavam o Diabo e suas obras.

Como zelosos metodistas, George e Sarah eram sérios e abnegados. Tendo assinado a promessa em seus vinte e poucos anos, George permaneceu dedicado e abstêmio por toda a vida. E até ter 35 anos, sua vida parecia um livro de histórias dos benefícios que decorrem da conduta cristã. Ele tinha atendido à palavra de Deus. Havia trabalhado no vinhedo. Agora chegou a hora de George, como Jó, enfrentar seu período de tribulação.

Quando ele foi agraciado como o ser humano mais rico de seu país, uma das poucas propriedades que Jean Paul Getty estimava de verdade era uma fotografia antiga de uma garotinha que nunca tinha visto. Ela tinha cachinhos, uma grande tiara em seu cabelo e olhos emotivos.

Era sua irmã, Gertrude Lois Getty, que nasceu em 1880, logo após o casamento de George e Sarah, e morreu na epidemia de febre tifoide que varreu Minnesota no inverno de 1890. Sarah também contraiu a temível doença e, embora tenha se recuperado, desenvolveu uma surdez que se agravou cada vez mais, tornando-a completamente surda aos cinquenta anos.

Para George e Sarah, o falecimento de sua única filha, "o raio de sol da família", foi uma perda que pôs à prova sua fé como cristãos. Dos dois, George parecia o mais abalado, e por um tempo ele se voltou para o espiritualismo na tentativa de encontrar sua filha e sofreu uma profunda crise religiosa.

Quando emergiu disso, ele estava mais crente em sua fé do que nunca e, na verdade, abandonou o Metodismo para o credo mais rigoroso da Ciência Cristã, cujos princípios aderiu pelo resto de sua vida.

Como que para mostrar que Deus aprovou essa mudança de credo, pouco depois George recebeu um sinal. Aos seus quarenta anos, Sarah, que só havia concebido uma única vez, descobriu que estava grávida. E, em 15 de dezembro de 1892, a chegada de um filho era como um presente de Natal adiantado para substituir a filha.

Em sua gratidão a Deus, como poderiam os Getty não estimar tal criança? E George teve outros motivos para se alegrar com o recém-nascido Jean Paul Getty. Aqui estava um herdeiro para continuar o nome e herdar o que foi acumulado pelo lucrativo negócio de seguros nas prósperas cidades do Centro-Oeste dos Estados Unidos.

Sarah deu o nome ao filho em homenagem ao primo Getty de seu marido, John, mas era de seu feitio que ela também tinha que dar à criança um toque de sofisticação europeia, tornando o nome não "John", mas "Jean". Com o tempo, o nome seria comprimido para a simples inicial, "J." em "J. Paul Getty", e em sua família seria chamado pelo nome de Paul. Mas havia algo mais profético do que Sarah pode ter percebido quando deu ao filho essa conexão pessoal com a Europa. A Europa e sua cultura iriam atuar como ímãs para o filho e muitos dos membros da família nos anos seguintes.

Apesar da prosperidade da classe média dos Getty, a vida com dois pais puritanos e envelhecendo, assombrados pela ausência de uma filha, ofereceu pouco no que diz respeito a sociabilidade ou a alegria, e Paul, apesar de bem cuidado e protegido, teve uma infância solitária e sem afeição. Sua mãe desencorajava o contato com outras crianças por temer um novo contágio. E, enquanto era superprotetora com o filho, teve o cuidado de não lhe demonstrar muito amor – para o caso dela o perder, como perdeu sua irmã.

Anos depois, Paul contou à sua esposa que, quando era criança, ele nunca fora abraçado – nem teve uma festa de aniversário ou uma árvore de Natal. Seu grande interesse era sua coleção de selos, seu amigo mais próximo era um cachorro vira-lata chamado Jip.

Sem dúvida, a infância claustrofóbica o marcou, e ele sempre seria solitário, desconfiaria de seus companheiros e manteria pensamentos e sentimentos para si mesmo.

"Há muito tempo tenho exercitado um grau considerável de controle sobre a exibição de emoções", escreveu ele com orgulho quando tinha mais de oitenta anos.

Mas, na infância, o tédio nesta pequena família rígida também o afetou de outras maneiras. Em vez de aceitar passivamente os horizontes cinzentos da América puritana do século XIX, ele se rebelou em segredo e, ao longo de sua vida, uma parte dele sempre lutaria para escapar do tédio e da restrição da enfadonha domesticidade. Ele nunca ficaria inteiramente à vontade em meio a uma família. Em vez disso, estaria sempre em movimento, e até o início da velhice nunca sossegaria em um lugar por muito tempo. Deixado em seus próprios anseios, Paul Getty teria sido um andarilho.

Com o crescimento dos negócios, Deus satisfeito e sua casa em Minneapolis, George Franklin Getty tinha todas as razões para estar feliz – principalmente depois de receber mais um sinal de aprovação celestial.

Em 1903, quando Paul tinha dez anos, o Senhor guiou George para Bartlesville, uma cidade minúscula no que ainda era juridicamente território indígena em Oklahoma, para resolver uma reivindicação de seguro. Na época, ele não tinha como saber o resultado estupendo dessa viagem nada estimulante. Bartlesville estava zumbindo com a iniciante prosperidade do petróleo de Oklahoma. Sob aquela paisagem árida, se encontravam algumas das maiores reservas de petróleo do país. E George chegou bem a tempo de se beneficiar delas.

"Existem homens", escreveu seu filho, "que parecem ter uma afinidade estranha com o petróleo em seu estado natural. Acho que meu pai tinha algo disso nele".

Talvez ele tivesse, mas, inicialmente, foram pouco mais do que especulações vagas que levaram George a investir 500 dólares no "Lote 50" – uma concessão para os direitos de petróleo em 1.100 hectares de pradaria virgem fora de Bartlesville.

Mas o Senhor guiou George. Quando a perfuração começou no lote 50 em outubro, quase atingiu o petróleo na mesma hora e, um ano depois, George tinha seis poços de petróleo em produção. O preço do petróleo bruto era de 52 centavos o barril na época, e o lote 50 estava girando em torno de 100 mil barris por mês.

Além da orientação celestial, havia mais fatores mundanos para a rápida criação da fortuna de George: ele já tinha poupado reservas consideráveis de capital do negócio de seguros; conhecia a lei; e conduziu seus negócios de maneira honesta e abnegada.

Nos três anos seguidos de trabalho intenso, a empresa de George, chamada de Minnehoma Oil (um nome inventado, não a partir de uma romântica senhora de pele vermelha, e sim da junção das palavras "Minnesota" e "Oklahoma"), prosperou. Em 1906, George Getty era milionário.

CAPÍTULO 2

UMA INFÂNCIA
SOLITÁRIA

PAUL TINHA DEZ ANOS quando chegou em Bartlesville e teve o primeiro vislumbre do famoso poço de petróleo "Lote 50" de seu pai. Ele ficou profundamente desapontado. Sabendo que Bartlesville estava em território indígena, tinha ido lá esperando peles vermelhas, índias e tendas. Em vez disso, viu uma cidade improvisada, fedendo a petróleo e repleta de homens com macacão sujo.

Mas foi uma experiência formativa para qualquer menino observar seu pai se tornar rico com tanta facilidade – seria algo que não esqueceria. Tendo essa introdução particular para o negócio do petróleo, não seria difícil fazer o mesmo – caso precisasse. E, desde o começo de Minnehoma, George deu por certo que seu filho se juntaria a ele na companhia e, por fim, o sucederia na direção. Ele até encorajou seu pequeno filho a usar o próprio dinheiro para comprar duas ações da Minnehoma.

"Agora tenho que trabalhar para você", disse o pai, entregando-lhe os certificados de ações. George tinha o hábito de dispensar amostras de sua sabedoria caseira. "Um empresário só é tão bom quanto suas fontes de informação", foi uma delas. "Deixe suas ações falar mais alto que suas palavras", outra.

Entretanto, durante a infância e a adolescência, Paul permaneceu apático às palavras do pai – e também ao negócio do petróleo, tendo interesses próprios para ocupar seu tempo.

Mais tarde em sua vida, Paul falava de George com piedade e reverência consideráveis. "Ele era um grande homem e um verdadeiro filósofo", dizia solenemente. "Ele me ensinou tudo o que sei."

Para falar a verdade, Paul ensinou a si mesmo tudo o que precisava, e pai e filho muitas vezes entravam em atrito. De acordo com seu primo, Hal Seymour, "Paul e seu pai pareciam estar um no caminho do outro quando estavam juntos em casa".

Pelo seu feitio, Paul era mais próximo de sua mãe do que do sério George. Ele herdou sua boca virada para baixo, sua inquietação, sua natureza fechada. Então, ao crescer, outra semelhança surgiu entre eles. A surdez de Sarah a isolou, e Paul começou a imitar esse gosto pela solidão. Mesmo sua voz possuiria os traços de proximidade de sua relação. A dicção pausada que se tornou uma espécie de marca registrada da sra. Getty foi algo que ele aprendeu ao falar com uma mãe que tinha dificuldade de ouvir. E, como sua mãe, ele contava cada vez mais com a própria companhia. Foi então que o primo Hal se lembrou dele como sendo "excepcionalmente solitário, mesmo para um filho único".

Ao contrário de seus pais, ele encontrou pouco prazer nas alegrias do cristianismo; sua única paixão era pela leitura. Com dez anos, descobriu as obras de G.A. Henty, que iria apreciar aos seus oitenta anos.

Como um escritor de aventura para meninos, Henty inspirou uma geração de estudantes vitorianos, transportando-os do tédio da sala de aula empoeirada para os mais vívidos períodos da história, povoados com seus personagens mais emocionantes. *Sob a Bandeira de Drake, Com Clive na India, Com Moore em Corunna* – até mesmo os títulos eram um convite para um solitário filho único escapar de uma casa cristã opressora em Minnesota para um mundo exterior mais rico e excitante.

Agora que George estava se tornando rico e frequentava mais Oklahoma, Sarah decidiu que era hora de mais uma mudança – das terras planas e dos invernos gelados de Minnesota para a Califórnia ensolarada. Ela afirmou que sua saúde era delicada, e que precisava de calor e mudança de cenário. Como de costume, George concordou com ela.

Depois de visitar San Diego, que achavam provinciano, os Getty se decidiram por um terreno na recém-inaugurada South Kingsley

Drive, em uma esquina com o trecho ainda não pavimentado do Wilshire Boulevard, além dos limites da cidade de Los Angeles. Ali eles construíram uma casa.

Como uma família, os Getty tinham poucos amigos íntimos e se afastaram dos que possuíam com a mudança. Eles não bebiam, nem pecavam, e a crescente surdez de Sarah aumentou o senso de isolamento da família. Nos dias anteriores aos auxílios para uma audição eficiente, era difícil para qualquer família com uma mãe sofrendo com tal aflição antissocial ser convidativa àqueles que os rodeavam ou ficar à vontade com eles. Então, mais do que nunca, os Getty se limitaram aos próprios recursos. Eles eram pessoas autossuficientes e reclusas. Estes foram hábitos que Paul aprendeu cedo, praticou durante toda a vida e passou para seus filhos.

George tentou ser tão rigoroso com seu filho quanto com ele mesmo, mas quanto mais exigia, mais fraca era a reação de seu filho. Paul era teimoso, como muitas crianças solitárias são; e George, como os pais costumam fazer, imaginou que a cura era disciplina. Então, pouco depois de se mudar para Los Angeles, Paul foi enviado como aluno externo da escola militar local – o que ele obviamente odiava. O treinamento, a marcha, os uniformes e a disciplina não eram para ele. Ele permaneceu por quase quatro anos, adquiriu alguns amigos, mostrou aptidão para soldado e, quando escapou, ficou agradecido pela paz e privacidade de seu quarto na casa em South Kingsley Drive.

Costumava ser um consenso na teoria educacional que os meninos adolescentes que liam demais e que fossem deixados em paz com seus interesses estavam em risco de tentação sexual. Com certeza, isso se aplicava a Paul, e a abundante disciplina da escola militar não conseguiu curá-lo. Como um ávido leitor – ele era conhecido por seus colegas de classe como "Dicionário Getty" –, permaneceu resistente a atividades saudáveis em grupo, como marchar, dias de campo e jogos de equipe de todos os tipos. O resultado era previsível. Com o amor à leitura veio uma obsessão com o sexo oposto que permaneceu com ele por toda a vida. Em assuntos sexuais, ele descobriu algo em que era bom.

Talvez fosse seu jeito, que sempre fora cortês e encantador com o outro sexo. ("Paul nunca disse 'não' a uma mulher – ou 'sim' a um homem", observou alguém.)

Ou talvez fosse simples: saber o que ele queria – o que em assuntos sexuais, como nos negócios – trazia resultados. Em todo caso, por volta de seu décimo quarto aniversário, Paul aparentemente se gabava de ter perdido sua virgindade.

Se fosse verdade, isso era mais do que uma conquista para um menino de uma família cristã rica na Califórnia do que seria hoje. Pelos padrões dos Getty, também era seriamente pecaminoso, colocando-o em rota de colisão com todas as crenças puritanas rigorosas mantidas e praticadas solenemente por George e Sarah.

Cada vez mais, Paul estava irritava o pai – e vice-versa. Um período em que supostamente estudou economia na Universidade do Sul da Califórnia em Los Angeles foi seguido por outro, quando supostamente cursou direito em Berkeley. Mas as universidades, ao que parece, não eram para ele e, como um homem de dezessete anos, descontente, ele logo retornou a South Kingsley Drive.

Àquela altura, Paul era o precioso filho único de sua mãe, o dom de Deus e um consolo para a surdez e o avanço dos anos. Então, em vez de perdê-lo por completo, ela se condicionou a ignorar suas falhas e tendeu a apoiá-lo nas batalhas com seu pai.

Como um tipo de isca – e uma maneira de mantê-lo em casa –, Sarah arranjou uma forma para que ele tivesse uma entrada privativa para seu quarto, com uma chave própria. Com isso, ela começou a se opor aos amigos que ele trazia para casa, mas pouco podia fazer sobre eles – ela e George não poderiam interferir muito no interesse crescente de seu filho pela vida noturna de Los Angeles.

Sem contar a eles, Paul começou a pegar emprestado o carro do pai, um impressionante Chadwick Tourer de quatro portas, que ele silenciosamente empurrava para fora da garagem enquanto os pais dormiam e com o qual costumava visitar as casas noturnas locais com seus amigos para pegar garotas.

UMA INFÂNCIA SOLITÁRIA   37

Uma noite, depois que Paul esteve em um bar de estrada com amigos que a mãe não teria aprovado – e conhecido algumas garotas que ela teria aprovado ainda menos –, ocorreu um desastre. Uma das meninas derramou vinho tinto no estofamento do carro e, apesar de fazer o melhor para limpar, nada poderia remover a mancha.

Quando George viu o que aconteceu, ele deve ter percebido a verdade – que Paul não estava apenas pegando emprestado o carro da família por prazer noturno, mas cedendo ao seu monstro particular, o demônio da bebida. Por sua vez, a reação de George estabeleceu um importante precedente para futuras relações na família Getty. Nenhum surto de raiva paterna perturbou a paz em South Kingsley Drive. Como de costume quando se tratava de Paul, Sarah o impedia, e nenhuma palavra foi dita sobre o incidente.

No entanto, George tinha formas de registrar sua desaprovação. Na próxima vez que Paul tentou pegar o carro, encontrou a roda traseira presa por cadeado a um anel cimentado no chão da garagem.

Quando Sarah fez a família migrar mais de 3 mil quilômetros a sudoeste da congelada Minneapolis para a radiante Los Angeles, este trecho do sul da Califórnia ainda não se tornara o paraíso superpopuloso na extremidade do grande arco-íris americano que é hoje. Sua paisagem dourada estava imaculada, o oceano não poluído e o clima perfeito durante todo o ano ainda não tinha sido afetado pelos produtos da indústria do petróleo que fazia a fortuna de George.

Os Getty eram migrantes do leste em busca da felicidade – mas mesmo lá a felicidade se esquivava. Os prazeres ao ar livre do estado dourado não eram para George e Sarah. George, o dedicado homem do petróleo, estava preocupado – a vida ainda se concentrava nos campos petrolíferos de Oklahoma, a mais de mil e quinhentos quilômetros pela ferrovia a leste. E Sarah via Los Angeles tristemente deficiente em cultura e amenidades. Assim, era muito típico que a casa erguida pelo casal fosse mais uma referência a memórias do velho mundo do que uma celebração do novo.

Em seus sessenta anos, Paul sucumbiria a comprar uma casa permanente para si – a majestosa edificação Tudor em Sutton Place. E, ali, entre os laranjais da rural Wilshire Boulevard, se encontrava sua ancestralidade – a mansão de estilo Tudor, as janelas com mainéis, gabletes malconservados e telhas elisabetanas recém-pintadas. Como casa, pertencia ao mundo distante de outro antepassado imaginário de Getty. A nostalgia dava o tom do lugar e, alguns anos depois, quando George se sentiu rico o suficiente para levar Paul e Sarah em férias prolongadas, eles viajaram para a Europa.

Este ainda era o período em que heróis e heroínas de romancistas como Henry James e Edith Wharton acreditavam que só na Europa poderiam descobrir uma existência verdadeiramente civilizada. A Europa, naqueles dias distantes, ainda era a fonte da história, da arte e da sofisticação séria para a elite americana.

Porém, essa obsessão com a Europa era muito mais típica dos milionários da Costa Leste do que os novos ricos californianos, como George e Sarah. E é interessante que, justamente no momento em que os cineastas expatriados de Nova York subiam a estrada das colinas de Hollywood e começavam uma contracultura que conquistaria a Europa com uma visão domesticada dos Estados Unidos, os Getty realizavam esta jornada laboriosa para Nova York e, em seguida, a Europa, para um passeio planejado com cuidado de três meses de estrada passando por todas as principais capitais. A partir daquele momento, foi o mundo antigo, e não o novo, que capturou a imaginação de Paul Getty.

Como muitas vezes na família, o incentivo para esta viagem veio de Sarah. Se dependesse de George, ele se contentaria em cuidar dos negócios em Oklahoma. Mas Sarah era insistente, e então eles se foram – despachando o famoso Chadwick Tourer com eles, arrumando um motorista em Liverpool cujo sotaque mal conseguiam compreender, dirigindo para a França, determinados a experimentar e ver o máximo possível.

Os Getty eram viajantes bem ativos em vez de complacentes – algo que se estabeleceu como um padrão que Paul copiaria. Em Paris, desfrutaram de uma quinzena no Hôtel Continentale – apinhado de homens de negócios burgueses e viajantes comerciais – e não no Ritz, que George poderia ter conseguido com facilidade. Então, foram pelas estradas empoeiradas para Monte Carlo, Roma, Genebra e Amsterdã antes de voltar através do Canal da Mancha, visitando Londres e voltando para o navio *Aquitania* para Nova York.

Para o jovem de cabelo ondulado e os olhos azul-claros treinados para qualquer garota que via, essa viagem agitada foi uma experiência enriquecedora. Ele gostava de viajar, e ainda mais de hotéis. Ele estava entusiasmado com a riqueza e as possibilidades de aventura nessas cidades europeias. Mas deve ter se sentido inibido pela presença de dois pais idosos – uma mãe metodista rigorosa com problemas de audição e um pai cientista cristão abstêmio, moralista e renascido. Paul Getty, de dezoito anos, não podia esperar para voltar e começar a aproveitar todos aqueles lugares fascinantes sozinho.

De volta a South Kingsley Drive, Sarah ficou feliz pelo fato de seu irrequieto filho demonstrar tal interesse pela cultura europeia e, apesar de seus temores em perdê-lo, parece ter apoiado sua ambição de retornar à Europa depois de ele ter dito que desejava estudar na Universidade de Oxford.

George estava menos entusiasmado. As torres oníricas de Oxford não eram para ele, mas Sarah falou para ele conceder a Paul uma mesada adequada – na forma de um depósito bancário de 200 dólares por mês – e, em agosto de 1912, após uma breve viagem ao Japão, o filho de vinte anos e herdeiro cruzava uma vez mais o Atlântico, sozinho.

Ele viajou em grande estilo, já que era a viagem de um descendente de um milionário americano satisfeito. Uma viagem com ecos, por mais fracos que fossem, dos grandes passeios europeus em que aristocratas ingleses enviavam seus filhos para obter alguma cultura e conhecimento do mundo antes de voltar para casa e para sua herança. Essa viagem pela Europa teria um efeito profundo sobre Paul – mas não da maneira como seus pais esperavam.

Desde o início, foi uma empreitada considerável para um jovem americano solitário, não exatamente culto, fazer tal jornada por conta própria. Mas, assim como com as mulheres, Paul era inteligente e autoconfiante quando se tratava de obter o que queria. Ele já havia obrigado George a conseguir uma carta de apresentação de um de seus antigos colegas de direito, o advogado William Howard Taft, que então era o presidente republicano dos Estados Unidos. E uma vez na Europa comprou um Mercedes Tourer usado, encomendou vários ternos da Savile Row e partiu para o improvável objetivo de sua jornada – a Universidade de Oxford. Ele chegou lá em novembro, quando o semestre já havia começado.

Oxford antes da Primeira Guerra Mundial era uma sociedade muito fechada, e esse desconhecido, deslocado jovem americano, que não conseguiu completar um curso universitário em Los Angeles ou Berkeley, tinha pouco a oferecer em conhecimento ou uma educação formal de se elogiar.

Por sorte, isso não importava, já que o padrão de educação entre a maioria dos estudantes de graduação de Oxford era bastante baixo, e Paul não estava em Oxford em busca de aprendizado. Como Jay Gatsby, o que ele queria era bem diferente – o direito de se autointitular como um homem de Oxford, o que, com a determinação habitual, de certa forma conseguiu.

A carta do presidente dos Estados Unidos propiciou sua apresentação ao presidente do sofisticado Magdalen College, o confortável classista dr. Herbert Warren, que passou algum tempo com o jovem californiano seguro de si e acabou por recomendar alguém em sua faculdade para "orientá-lo" em economia. Paul também se tornou um membro não acadêmico da St. Catherine's Society, que ainda não era uma faculdade de Oxford credenciada, mas que lhe permitiu participar das aulas se ele desejasse – algo raramente praticado pela maioria dos alunos de graduação na época. E ele teve pouca dificuldade em encontrar moradia no centro da cidade.

Mas, apesar de ter afirmado que em Oxford tinha "vivido mais ou menos no Magdalen" e insistiu que "o pessoal do Magdalen me aceitou como um dos seus", ele não era membro do Magdalen College ou da Universidade de Oxford. Não que isso alguma vez o tivesse impedido de insinuar tacitamente que era – e anos mais tarde ele fazia uma ótima encenação de como seu tempo no elegante Magdalen o havia infiltrado sutilmente no seio da alta sociedade britânica.

"O primeiro amigo mais próximo que fiz no Magdalen", lembraria ele com carinho, "era o irmão do atual conde de Portarlington,

George Dawson-Damer". Logo em seguida, conheceu "Sua Alteza Real, o Príncipe de Gales",* que também se encontrava no Magdalen. "Nós", dizia Getty, casualmente, sempre "nos chamávamos de 'David' e 'Paul' e estabelecemos uma amizade próxima e calorosa que duraria quase meio século".

Nunca ficou muito claro quanto tempo Paul passou em Oxford ou se ele obteve o "diploma" que afirmava ter — nem como realmente "próxima e calorosa" era aquela amizade com o futuro rei da Inglaterra —, mas isso pouco importava. O importante era que, em Oxford, Paul tinha visto um mundo que admirava e invejava. Alguns de seus amigos do Magdalen convidavam para suas casas aquele rico e jovem californiano para desfrutar da elegante instituição do período, o fim de semana eduardiano, e mais tarde ele escreveria nostalgicamente como as casas que ele visitava eram "mansões no interior que, naquele último lampejo da era eduardiana, ainda estavam no auge do seu esplendor".

Ali, em forte contraste com a simples Califórnia ensolarada e os poços de petróleo sujos de Oklahoma, se encontrava um mundo de aristocratas com títulos, casas senhoriais, arte grandiosa — e mulheres maravilhosamente sofisticadas. Ali estava um mundo que iria persegui-lo pelo resto de sua vida.

Existem essencialmente dois tipos de esnobes — os que estão nesse meio e tentam manter o vulgar "do lado de fora" e os estrangeiros deslumbrados tentando se convencer de que estão "do lado de dentro". Paul estava na segunda categoria — e, sendo assim, uma parte importante de sua ambição seria garantir uma reivindicação dentro daquela zona ilusória e sagrada de títulos, deferências, fortunas antigas e realeza europeia que ele vislumbrou no Magdalen durante aquele período dourado antes do apagar das luzes por toda a Europa.

Depois de Oxford, Paul não teve pressa de voltar para a Califórnia. Ele estava se tornando um viajante compulsivo, considerando com seriedade sua tentativa de fuga. Em vez de ficar imerso no tédio de South

---

* Edward Albert Christian George Andrew Patrick David, futuro rei Edward VIII. [N.T.]

Kingsley Drive, voltou ao volante do Mercedes no caminho para o que ele havia decidido ser sua cidade favorita, Paris. O verão foi passado na Rússia, o outono em Berlim e, logo antes do Natal, ele estava em Viena, planejando passar o início de 1914 nas paisagens do Egito.

Mas dinheiro se tornara um problema – o que inevitavelmente o levou a entrar em conflito com seu pai. Dois mil dólares por mês significavam viagens razoavelmente básicas, e os pedidos por mais geravam uma resposta negativa de George, que estava cada vez mais irritado por essa "vagabundagem" do filho rebelde na Europa.

Àquela altura, Paul estava em fuga por mais de um ano, e foi na véspera do seu aniversário de 21 anos – que foi celebrado a bordo de um costeiro enferrujado, navegando para Alexandria – que seus pedidos de dinheiro explodiram em um amargo conflito com o seu pai.

Completamente atônito pelo que viu como uma "extravagância contínua e devassidão" de seu filho, George informou que tinha pegado de volta 15 mil dólares em ações que havia posto em nome de Paul na Minnehoma Oil. Isso provocou uma reação venenosa de Paul, mostrando um pouco da raiva e do ressentimento que, quando contrariado, ele poderia invocar contra o próprio pai.

Depois de um forte apelo pela permissão de manter as ações, Paul o atacou pela mesquinharia com seu único filho – lembrando-lhe que, quando William Randolph Hearst chegou aos 21 anos, o pai dele o presentou com o *San Francisco Examiner* e o edifício do jornal, que valia pelo menos 3 milhões de dólares.

Ele prosseguiu de forma amarga, dizendo que não tinha nenhuma intenção de ser "trapaceado do meu direito de nascença", e acabou dizendo que a atitude de seu pai não lhe deixava outra alternativa "senão lidar com o assunto como faria com um adversário".

Mais uma vez, parece que Sarah amenizara as coisas. Logo ela estava escrevendo carinhosamente a Paul, dizendo o quanto desejava poder "voar para vê-lo", e no início do verão ela até mesmo persuadiu George a cruzar novamente o Atlântico para que pudessem se encontrar com seu filho rebelde em Paris, apreciar a reunião e viajar para casa juntos.

Junho de 1914 viu os Getty se reconciliarem e ficarem mais uma vez no Hôtel Continentale; e foi lá que Paul revelou sua verdadeira ambição para o futuro. Uma vez que estava determinado a continuar viajando e a se dedicar à sociedade cosmopolita, ele se tornaria um diplomata – ou, se falhasse nisso, um escritor.

Sarah parece tê-lo apoiado. George não disse nada.

Apesar de suas limitações, George Getty não era estúpido e, em alguns aspectos, ele entendia seu filho muito melhor do que Paul entendia a si mesmo.

Em vez de desperdiçar um tempo precioso e dinheiro percorrendo a Europa, Paul deveria ser posto em segurança no único lugar onde um filho seu deveria estar – no negócio da família, aprendendo os macetes, tomando decisões e sendo preparado como seu sucessor.

Grandes eventos estavam agora do lado de George. Com a França e a Alemanha à beira da guerra, Paul não poderia voltar para a Europa como esperava no outono de 1914 para aprender sobre diplomacia francesa e alemã. Isso deu a George a oportunidade de lhe oferecer um acordo, que ele sabia que Paul não recusaria.

Esta foi uma proposta de negócios às claras, uma participação de 10 mil dólares para Paul buscar sua fortuna nos campos de petróleo de Oklahoma como o próprio George havia feito onze anos antes. George enfatizou que aquilo não era um presente, mas um investimento da Minnehoma Oil. Qualquer lucro seria voltado para a empresa, e Paul teria direito a uma comissão de 30%. Paul concordou.

As condições estavam mais difíceis desde que George tinha chegado a Bartlesville e tropeçou na prosperidade do petróleo de Oklahoma. A concorrência aumentara, grandes empresas como a Standard Oil chegavam, e era muito mais difícil para um explorador sozinho encontrar seu nicho de terra rica em petróleo, comprar sua licença de direitos minerais e fazer fortuna. Entretanto, uma vez que Oklahoma era uma área enorme, contendo um dos maiores campos petrolíferos naturais do país, ainda havia descobertas – e fortunas – a serem feitas por alguém suficientemente determinado. George estava certo de que, uma vez que Paul tivesse sua primeira prova real de dinheiro e sucesso, ele iria fisgá-los.

CAPÍTULO 3

O PRIMEIRO MILHÃO
DE DÓLARES

PARA UM JOVEM com uma disposição implacável, um pouco de capital e uma compleição resistente, a indústria do petróleo era a ponta de estoque do século XX. Ford produziria o seu milionésimo automóvel no final de 1914 e a guerra na Europa fez com que a demanda por petróleo aumentasse drasticamente. Então, à medida que o século avançava, a sede de petróleo dos Estados Unidos continuaria crescendo – e a indústria do petróleo inevitavelmente cresceria junto.

Foi em Tulsa, no coração do território rico em petróleo de Oklahoma, que Paul chegou para tentar sua sorte no final do outono de 1914. Em seu terno cinza pálido, colar engomado e chapéu de fedora, o homem de Oxford de fala mansa da Califórnia deve ter sido uma figura improvável entre os especuladores, perfuradores, engenheiros e viajantes que se aglomeraram no lobby do recém-construído hotel da cidade.

Entretanto, apesar de sua maneira e aparência, Paul não era tão suave e tão civilizado como aparentava. Aos 22 anos, ele media por volta de um metro e oitenta de altura e fisicamente era forte e muito consciente disso. Como um solitário, ele manteve seu ódio por esportes coletivos, mas era obcecado em fortalecer seu corpo. Ele nadava muito, usava pesos e alteres para melhorar seus músculos, praticou judô e, por volta dessa época, foi confiante o bastante como boxeador para treinar várias vezes com seu amigo, o futuro campeão mundial dos pesos-pesados, Jack Dempsey.

Pesos-pesados em treinamento gostam de lutar contra oponentes mais leves para melhorar sua velocidade, e o veredicto de Dempsey era que Paul "tinha um corpo bem definido, impetuoso por natureza e veloz. Nunca conheci ninguém com tamanha concentração e força de vontade – talvez mais do que seja bom para ele".

Durante aquele inverno e a primavera de 1915, Paul precisava de todas essas qualidades enquanto dirigia as extensões de Oklahoma em seu Ford maltratado, procurando por aquela porção de terra rica em petróleo para fazer sua fortuna. Ele tinha uma grande determinação, estimulado por seu desejo de se igualar à conquista original do pai.

Demorou quase um ano antes de ele ter conseguido. Em agosto de 1915, depois de driblar vários outros pretensos compradores, ele assegurou seu primeiro arrendamento de petróleo por uma pechincha de 500 dólares. Sua sorte deu frutos. Seu poço no chamado "Nancy Taylor Lease" logo produziria mais de mil barris por dia e, com os preços do petróleo bruto atingindo 3 dólares por barril no final do outono, seu capital começou a se acumular. Encorajado pelo sucesso, ele começou a comprar novos arrendamentos que se mostraram ainda mais produtivos e, no verão de 1916, sua porcentagem sobre o lucro que gerou para a Minnehoma Oil superou a marca mágica de 1 milhão de dólares.

Ele tinha 23 anos – e se tornara um milionário. Convencido de que havia coisas mais importantes na vida do que o petróleo, ele decidiu se aposentar.

Este deveria ter sido o momento que ele estava esperando – o tempo precioso para realizar suas verdadeiras ambições. E, se não fosse pela guerra, ele poderia tê-lo feito, navegando para a Europa, e a história de Getty teria um final diferente.

Mas a guerra estava tornando a Europa inacessível. Paul sempre afirmou que, naquela época, se ofereceu para ser piloto de avião e, enquanto esperava que seus documentos chegassem (o que nunca aconteceu), ele não teve outra alternativa senão retornar a South Kingsley Drive. Seu antigo quarto com entrada privativa estava esperando por ele, abarrotado de seus bens pessoais, cuidados com carinho por sua mãe. Para sua surpresa, ele se sentiu feliz por estar em casa.

Como ele escreveu mais tarde, "o sul da Califórnia era o lugar ideal para quem procurava se divertir. Tinha um clima maravilhoso, era um cenário espetacular e, além disso, abundante de jovens mulheres extremamente atraentes, e na maioria desapegadas".

Foram tais "jovens mulheres na maioria desapegadas" que o interessaram e, durante o verão de 1916, ele aproveitou a maior parte daquele 1 milhão de dólares no banco.

"Na minha experiência", dizia ele, "o dinheiro é o único afrodisíaco absolutamente infalível" – mas um carro elegante também ajudou, e ele comprou vários em sequência: um Cadillac conversível, um dos primeiros Chrysler, um Duesenberg vermelho claro.

Em South Kingsley Drive, com sua chave particular, ele voltava e saía quando queria, e às vezes até levava mulheres durante a noite.

"Melhor a 'felicidade profunda' da cama dupla em South Kingsley Drive do que a 'bagunça' do banco de trás de um Duesenberg", teria dito a sra. Patrick Campbell.

George e Sarah deviam saber o que estava acontecendo, e de acordo com seus princípios cristãos rigorosos, seu filho se tornara um pecador sem salvação. Mas, se eles o dissessem, correriam o risco de perdê-lo – e era algo que estava fora de cogitação para Sarah. Então, George e Sarah mantiveram seus sentimentos para si mesmos, Paul continuou seguindo o caminho das flores, e a paz e a harmonia foram alcançadas em South Kingsley Drive.

Contudo, para Paul havia agora um fator muito importante nessa situação agradável – o fato dele ter se tornado milionário. Graças ao seu dinheiro, ele também se tornou independente, e George não podia dizer a ele o que fazer. Isso significava que Paul conseguiu aproveitar os seus vinte e poucos anos em uma espécie de infância mimada estendida aprovada pela mãe, tolerada pelo pai e desfrutando de todos os prazeres de um adolescente moderno, rico e emancipado.

Era uma lição do poder moral do dinheiro, o que teria um efeito significativo sobre Paul e seus pais no futuro. O dinheiro removeu o imperativo moral da existência cotidiana e, graças ao seu dinheiro, Paul pôde viver uma dupla vida – o que se adequava a ele.

Ele não precisava mais se impor contra seu papai puritano, nem jamais deixaria de ser, pelo menos em teoria, o único filho dedicado da mamãe amada. Nunca precisando crescer, ele afirmaria seu amor pelos dois de forma ainda mais tocante até morrerem. Mas, ao mesmo tempo, ele também poderia ser uma espécie de "puritano licenciado" e aproveitar ao máximo muitas das coisas que seus pais desaprovavam – carros velozes e mulheres passageiras, clubes noturnos e gim ilegal, vida extravagante e más companhias.

Como resultado, o senso moral de Paul Getty parecia estranhamente contraditório ao seguir vários caminhos de menor contradição – desejoso por liberdade, mas ainda ansioso pelo amor de seus pais, ensaiando todo tipo de fugas, mas sempre retornando como uma criança rebelde para a casa em South Kingsley Drive.

Como cristão, George devia estar contando com o fato de que a vida nada edificadora de pecado de seu filho não poderia continuar para sempre. Este era o momento para a paciência cristã. Deus, em sua sabedoria, faria sua presença ser sentida, assim como fez com o apóstolo Paulo na estrada de Damasco. Uma vez que isso acontecesse, seu filho desvirtuado veria o erro de seus caminhos, renasceria em Cristo, e George e Sarah poderiam se alegrar com a salvação de mais um pecador.

Era uma teoria otimista e, até certo ponto, funcionou. A vida ociosa e hedonista de Paul não podia continuar. Algo tinha que por um fim àquilo. Entretanto, quando aconteceu, não era o que George havia pedido – e Paul não reagiu da maneira que seus pais rezavam para que ele reagisse.

O nome da garota era Elsie Eckstrom, e ela afirmou no tribunal que era virgem antes que Paul lhe desse álcool, a conduzisse para casa e a deflorasse na South Kingsley Drive.

O advogado de Paul afirmou que Elsie não era virgem, mas uma frequentadora habitual de bares de estrada e casas noturnas, que bebia e dançava e dormia com todos e teve nada mais do que ela merecia.

A verdade sobre Elsie não é mais tão importante – mas o que ninguém negou no tribunal foi que as relações sexuais ocorreram sob o teto da residência dos pais de Getty e que um bebê, uma menina, nascida em 1917, foi batizada de Paula.

Depois de muita publicidade indesejável com manchetes no *Los Angeles Times* durante setembro de 1917, Paul, relutantemente, providenciou 10 mil dólares para a srta. Eckstrom e a bebê, e o que era a primeira descendência do homem destinado a se tornar o cidadão mais rico de seu país sumiu de cena junto com qualquer outro escândalo. Desde aquele dia, a família Getty não ouviu mais nada a respeito dela.

Mas o intrigante era que, como na história de Sherlock Holmes sobre o cachorro que não latia à noite, ainda não havia ocorrido nenhum surto de raiva, nenhuma advertência, nenhuma reação evidente da família Getty. Pouco depois, no entanto, Paul deixou sua vida de ociosidade na Califórnia e voltou a trabalhar para Minnehoma nos campos de petróleo de Oklahoma.

George Getty poderia se consolar com o pensamento de que seu filho, mesmo um pecador, estava dedicado ao negócio familiar, demonstrando um tino extraordinário para a indústria do petróleo. Ele tinha energia, intuição e visão, era um empresário mais duro do que George já havia sido, e seria um sucessor admirável na direção da Minnehoma Oil quando o pai decidisse se aposentar.

Na verdade, Paul já estava mostrando sinais de assumir como a força motriz na Minnehoma. Durante 1919, foi sua ideia ampliar as operações da empresa de Oklahoma para os campos de petróleo costeiros recém-descobertos na Califórnia. Inicialmente, George não estava entusiasmado, mas Paul insistiu, e a operação californiana da Minnehoma se mostrou altamente lucrativa, mais do que duplicando o valor de capital da empresa (o que levou à reestruturação da Minnehoma sob o novo nome de George Getty Inc.).

Agora também Paul mostrou sinais de aproveitar ativamente a vida nos campos petrolíferos – aprendendo as habilidades de engenheiro de petróleo, colocando-se à prova dos trabalhadores mais durões das plataformas, acompanhando-os para beber e sair com prostitutas durante a noite e lutando com os punhos quando necessário. Era uma vida de homem que o pretenso intelectual se viu apreciando por completo. Não mais se ouviu falar de literatura ou diplomacia. "Nada", escreveu Paul, "pode descrever adequadamente a emoção e o triunfo que alguém experimenta quando ele [sic] faz jorrar seu primeiro poço em produção".

Apesar disso, George não estava feliz com o filho. Paul não se arrependeu de suas transgressões – nem mostrou o menor sinal de fazê-lo. George também teve suas dúvidas sobre sua probidade, enquanto o observava correr riscos e aprovar negócios que ele mesmo não teria sancionado. Talvez tenha ocorrido também certo ciúme, o ciúme profissional do homem mais velho que teme que seu filho possa substituí-lo e o ciúme sexual do puritano envelhecido que vislumbra, no comportamento do filho, algo da diversão que ele mesmo poderia ter tido.

Com o fim da guerra na Europa, Paul estava ficando inquieto e começara a tirar férias mais longas e a viajar para o exterior – primeiro para o México e depois para a sua amada Europa. Não era difícil imaginar o que Paul estava fazendo em suas viagens, e George e Sarah devem ter sentido que a última chance de salvação de seu filho estava em encontrar uma boa esposa, se estabelecer na Califórnia e criar uma família.

CAPÍTULO 4

FEBRE MATRIMONIAL

AO SAIR DA ADOLESCÊNCIA, as jovens possuem um tipo especial de beleza e, embora não sejam mais crianças, estão livres das demandas que vêm tão rapidamente com a idade adulta. Foi esse frágil e transitório estágio de feminilidade que parece ter excitado Paul Getty na casa dos trinta anos.

Ele não apenas gostava de jovens virgens, mas, sendo muito rico, podia obtê-las. Elas lisonjeavam seu ego, o mantinham jovem e possuíam bem menos expectativas do que mulheres mais velhas. Vivendo a vida como ele queria, Paul nunca foi muito empático com as exigências emocionais dos outros.

Embora fosse um fator importante em sua sexualidade, o gosto por ninfetas ao estilo Lolita também foi motivo de muitos dramas e desastres subsequentes na família. Isso o levou a cinco casamentos fracassados, todos com mulheres jovens o bastante para serem suas filhas.

O primeiro começou em 1923, quando, aos trinta anos, ele propôs casamento a Jeanette Dumont, dezessete anos, uma beleza de escola secundária de olhos escuros e meio polonesa. Agindo não muito diferente de um adolescente ansioso, manteve o romance escondido de seus pais, e só quando ele e sua noiva-infante retornaram a Los Angeles de um casamento secreto em Aventura, no México, em outubro, Paul lhes contou que estava casado.

Na verdade, eles ficaram encantados e se apaixonaram pela nora colegial. Eles ajudaram os recém-casados a encontrar um apartamento perto de South Kingsley Drive e quando Jeanette descobriu que estava grávida fizeram tudo o que podiam para seu filho se sentir feliz com a perspectiva de uma família.

Mas uma família era a última coisa que Paul desejava. Nem desejava Jeanette, uma vez que a noiva virgem se transformou em esposa grávida e dependente. Em vez de se aproximar da paternidade com alegria, ele se afastou e, como o filho único mimado que era, fez esforços raivosos para fugir.

Com sua preciosa liberdade ameaçada, o lado agressivo de sua natureza logo se tornou aparente. Jeanette grávida era cruelmente negligenciada enquanto ele retornava à vida noturna de Los Angeles com parceiros mais receptivos. Quando ela se queixou, seguiram-se amargos bate-bocas.

De acordo com o depoimento posterior no processo de divórcio, foi nesse momento que ele gritou para ela: "Estou enjoado e cansado de você, enjoado e cansado de ser casado."

De acordo com a mesma fonte, mais tarde ele "bateu nela e a machucou", até mesmo ameaçando matá-la. Então, ele a deixou.

Mas, apesar das brigas, era de se supor que, quando o filho que Paul não queria nasceu, em 9 de julho de 1924, ele orgulhosamente o chamasse de George Franklin Getty II – em homenagem a seu pai.

Enquanto isso, George estava longe de estar bem. No início de 1923, com 68 anos, ele sofreu um grande derrame cerebral no campo de golfe Brentwood, em Los Angeles, que afetou sua fala e a parte direita de seu corpo.

Com seu pai fora de ação, Paul assumiu o comando da empresa. Mais tarde, ele afirmou que, devido à má administração e ao desperdício de capital em arrendamentos de petróleo não lucrativos, a George Getty Inc. estava dando prejuízo. Entretanto, ao dizer isso, e tentando aumentar a eficiência, ele fez poucos amigos entre a velha guarda na empresa. Quando seu pai lutou para voltar ao trabalho seis semanas depois, ele foi recepcionado por numerosas queixas de funcionários antigos sobre "o menino", revoltados com a maneira como foram tratados em sua ausência.

Contudo, durante seu período no comando da empresa da família, Paul também estava ponderando o futuro – e considerando que a George Getty Inc. cresceu a partir da operação de produção de petróleo relativamente simples de um conglomerado de petróleo, capaz de refinar e comercializar uma gama de produtos petrolíferos para o rápido crescimento do mercado dos Estados Unidos. Claramente era ali que residia o futuro – mas não foi o que seu pai ou seus diretores seniores queriam ouvir.

Então, o ressentimento acumulado de George virou raiva quando, como a gota-d'água, as pessoas lhe disseram como Paul estava se comportando com Jeanette.

"Esse garoto merece uma surra", foi sua reação surpreendente. Pois George mal podia andar pelo escritório com uma bengala, e muito menos dar uma "surra" em seu filho corpulento. O que não impediu o aumento de sua raiva quando ele ouviu que Paul, tendo sumariamente abandonado a esposa e o bebê, estava prestes a se envolver em um divórcio escandaloso.

Até mesmo Sarah se voltou contra ele quanto a isso, confidenciando a um amigo que acreditava que Paul tinha sido "possuído pelo Diabo".

Longe de ser curado do problema no casamento com Jeanette e em todos os outros que haviam se sucedido, Paul permaneceu firme na agonia do que mais tarde chamou de "febre matrimonial". Como um alcoólatra com uma bebida, ele estava mais entusiasmado com a condição de casado do que nunca.

A verdade era que ele adorava se casar, mas odiava o casamento. Casar era emocionante e romântico, mas o casamento trazia obrigações e restrições de uma família, e ele estava fugindo de obrigações e restrições por quase toda a sua vida. Mas nada disso o impediu de se envolver mais uma vez – antes que ele estivesse legalmente separado de Jeanette.

No início de 1926, ele se encontrava de volta ao México no Duesenberg vermelho brilhante, ativo na trilha de concessões de petróleo no Golfo do México, nos intervalos entre estudar espanhol na universidade da Cidade do México.

Na universidade, ele se envolveu com duas belas alunas, Belene e Allene Ashby, filhas de um fazendeiro do Texas e, de forma sensual como sempre, conduziu um romance com duas ao mesmo tempo. Belene era a mais bonita, mas Allene tinha apenas dezessete anos, e a tentação de se casar com outra ninfeta provou ser demais para o viciado em ninfetas Paul Getty.

Então, naquele outubro, ele e Allene Ashby se dirigiram para Cuernavaca no Duesenberg e se casaram. No seu entusiasmo, ele parece ter negligenciado o fato de que, uma vez que seu divórcio com Jeanette ainda não estava finalizado, ele não apenas havia se envolvido em um segundo casamento, mas também cometido bigamia.

O México sendo o México, ninguém mencionou isso ou parecia notar. E, ao contrário de sua antecessora, Allene não apenas evitou a gravidez, mas mudou de ideia sobre ser a sra. J. Paul Getty. Paul também estava perdendo o interesse, e eles se separaram rapidamente, sem sofrimento e de forma bem amigável.

Contudo, Paul era muito conhecido agora para se casar de forma incógnita – mesmo em Cuernavaca, no México. De alguma forma, a notícia vazou até South Kingsley Drive e, no início de dezembro, George Franklin Getty chamou seu advogado.

Uma das qualidades que George Getty compartilhava com Paul era uma habilidade distinta para esconder seus sentimentos. Durante esse período, e apesar do seu estado de saúde enfraquecido, ele conseguiu disfarçar sua raiva pelo comportamento de seu filho, e um clima amistoso foi aparentemente restaurado dentro da família Getty – tanto é que, após o drama de ter deixado Jeanette, Paul deve ter sentido que ele tinha sido perdoado.

Mas, com a doença, os pontos de vista religiosos de George estavam se tornando mais duros. Em 1913, ele já havia avançado em sua filiação à Terceira Igreja Científica de Cristo em Los Angeles e se juntou à organização mundial da Primeira Igreja em Boston, Massachusetts. Agora que a doença o fazia levar os ensinamentos de sua igreja mais a sério do que nunca, naquele outono ele se tornara "um estudante de sala de aula da Ciência Cristã", participando de um curso intensivo de duas semanas sobre a mensagem da fundadora da Ciência Cristã, Mary Baker Eddy. Dentro dos ensinamentos daquela senhora formidável, George teria descoberto a condenação mais amaldiçoada do comportamento do seu filho.

"A infidelidade para a aliança do matrimônio é o flagelo social das raças", escreveu a sra. Baker Eddy. "É a pestilência que anda na escuridão, a destruição que consome ao meio-dia."

"O mandamento 'Não cometerás adultério'", acrescentou, "não é menos imperativo do que o outro, 'Não matarás'".

Palavras fortes. Mas para o cientista cristão dedicado não havia escapatória delas. E George se tornara um crente ainda mais devoto.

No entanto, ele teve de restringir esses sentimentos ao advogado e a si mesmo. Com certeza, ele não criticou abertamente Paul, e 1927 começou com uma família Getty aparentemente unida, com Paul e seus pais embarcando durante um feriado para o continente europeu.

Mesmo em 1927 era incomum que um homem casado duas vezes e com mais de 35 anos tivesse um longo feriado europeu com dois pais idosos, mas, apesar de seu lado galanteador, Paul permaneceu tão envolvido com eles como sempre. Ele ainda era o mesmo filho obediente e atento que tinha ido de férias com eles antes da guerra, e o trio parecia ter se divertido.

Eles foram para Roma, depois para a Suíça e Paris – até mesmo ficando no confiável Hôtel Continentale. Como sempre, Sarah estava feliz por voltar para a Europa, mas a saúde frágil de George parece tê-los obrigado a retornar mais cedo que o planejado de transatlântico.

Sem pressa para retornar, Paul os viu embarcar, depois alugou um apartamento próximo à Torre Eiffel e permaneceu em Paris. O filho amoroso tinha cumprido sua tarefa. O sofisticado homem dos prazeres poderia assumir o controle.

Pode-se imaginar o alívio com o qual Paul começou a desfrutar da Europa, uma vez que estava livre para viajar, satisfazendo a si mesmo, e para se envolver em qualquer caso de amor passageiro que lhe agradasse. Isso se tornou seu meio favorito de exercício e relaxamento, e de Paris ele seguiu para Berlim, onde a vida noturna o atraiu. Começou a aprender alemão, e não faltavam mulheres bonitas dispostas a ajudar aquele rico estrangeiro a aprender sua língua.

Mas os negócios o chamaram de volta à Califórnia. Seu pai estava perdendo o controle sobre a empresa, e precisavam de Paul como um solucionador de problemas, impulsionando a produção de várias propriedades dos Getty na Califórnia. Era um trabalho difícil, e George reconheceu isso oferecendo-lhe um terço do capital da George Getty Inc. por 1 milhão de dólares. Pode parecer estranho um pai vender para seu filho parte de uma empresa que este herdaria, mas havia, sem dúvida, vantagens fiscais para a venda. Certamente, Paul não parecia preocupado com o acordo, especialmente porque George lhe permitiu pagar um quarto do preço em dinheiro e o restante em notas promissórias.

Com muito a fazer, só no início do verão Paul pôde escapar novamente para a Europa. Sua primeira parada foi Amsterdã, para as Olimpíadas de 1928, quando viu o corredor finlandês Nurmi marcar um novo recorde olímpico em 10 mil metros. Então, era hora de jogos bastante diferentes.

Paul sempre amou Viena, mas no começo ele mal reconheceu a cidade da qual se lembrava antes da guerra. No entanto, embora a antiga prosperidade tivesse desaparecido, ele ficou tranquilo ao descobrir que no Grand Hotel, pelo menos, "o serviço, a comida, os vinhos e os móveis eram tão superiores [sic] quanto eram antes da guerra". Ele estava apenas começando a se divertir quando um novo surto de febre matrimonial o atingiu em cheio.

Era outra jovem de dezessete anos – uma loura de olhos azuis impressionante dessa vez –, e ele a viu jantando com um casal mais velho no restaurante do hotel. Depois, tentou sua sorte e enviou um bilhete convidando-a para jantar duas noites depois. Como era jovem e tola, ela aceitou.

Paul logo descobriu que ela não era a jovem fácil que ele esperava, mas uma aluna de um convento do norte da Alemanha, que estava de férias com seus pais e uma amiga em Viena. Seu pai, Herr Doktor Otto Helmle, era o chefe rico e poderoso do complexo industrial de Badenwerk em Karlsruhe. O nome dela era Adolphine – mas todos a chamavam de Fini.

Paul tinha 36 anos e achou que suas táticas de cortejar jovens, aperfeiçoadas ao longo de anos, funcionariam tão bem como antes. Em vez de tentar disfarçar sua idade, ele interpretou o homem mais velho sofisticado e simpático, falando alemão com um sotaque que a divertiu.

Fini ficou intrigada. Seu admirador estava mais perto da idade de seu pai do que da dela, mas ele era muito mais educado e culto do que os poucos meninos que ela conhecia. Paul era tão divertido e atento, e ela achou difícil recusar quando ele sugeriu que se encontrassem de novo. Ele era persistente – e logo havia outras coisas que ela achou mais difícil recusar. Eles se apaixonaram e, quando ela voltou para Karlsruhe, ele a seguiu. Quando falou de casamento, ela insistiu em conversar com o pai – e, no pai de Fini, Paul Getty encontrou forte oposição.

Um católico alemão rígido e tradicional que amava sua família e representava as virtudes burguesas, o dr. Helmle parecia ter se posicionado contra Paul – e vice-versa. Frente a este americano divorciado que havia enfeitiçado sua amada Fini, o Herr Doktor, indignado, recusou a permissão para a união – e, a partir desse momento, o romance tornou-se menos um caso de amor entre Paul e Fini e mais uma batalha de vontades entre Paul e dr. Helmle.

Fiel à sua natureza, Paul mergulhou de cabeça na disputa para ganhar – e finalmente o fez persuadindo a apaixonada Fini a ignorar seu pai e a fugir com ele para Cuba. Na tentativa de salvar a reputação de sua filha, Frau Helmle viajou com ela, e Paul e Fini se casaram em dezembro de 1928, alguns dias depois de seu divórcio com Allene Ashby ser finalizado. De Cuba, eles foram para Los Angeles, e Paul apresentou sua mais recente esposa a George e Sarah.

Esperando que Paul estivesse se aquietando, cumprimentaram calorosamente Fini e ficaram felizes quando eles se mudaram para um apartamento próximo. Entretanto, assim como aconteceu com Jeanette, a realidade da vida conjugal começou a repelir Paul a partir do momento que sua esposa ficou grávida. Ele estava cada vez mais ausente e ela, triste e solitária. Logo, Fini passou a ficar enjoada pela manhã, depois com saudades de casa. Quando seus pais lhe escreveram sugerindo que ela retornasse à Alemanha para ter o bebê, Paul não fez nada para impedi-la. Mas ele também não iria com ela.

Em vez disso, ele insistiu em ir para Nova York para testemunhar em primeira mão a quebra da bolsa de Wall Street em outubro de 1929. A crise o impressionou como a última badalada de uma era financeira inteira. Pensando no futuro, ele partiu para a Alemanha e chegou a Berlim a tempo de estar com Fini quando o bebê nasceu. No começo, ele fora afetuoso com ela, e parecia que o casamento daria certo. Eles chamaram o bebê de Ronald e, por alguns dias, Paul pareceu animado com a perspectiva de um segundo filho.

Mas não por muito tempo. Fini queria levar a criança para ver seus pais em Karlsruhe. Paul se recusou a acompanhá-la – e assim o casamento terminou.

O dr. Helmle voltou ao ataque, insistindo para sua filha permanecer em Karlsruhe e pedir o divórcio. Paul não fez nenhuma objeção, tendo encontrado uma garota bonita em um salão de dança de Berlim e a feito se mudar para seu apartamento. Mas o dr. Helmle provou ser tão duro quanto seu genro e, aconselhado por um advogado de alto nível e especialista em divórcios, logo exigiu compensação por grandes danos para sua filha.

Então, Paul decidiu ser aconselhável salvar o casamento e até organizou um novo encontro com Fini em Montreux, mas então, em 22 de abril, recebeu notícias que o fizeram voltar para a Califórnia. George teve um segundo derrame e estava morrendo.

Demorou nove dias de trem e transatlântico para retornar a South Kingsley Drive. Ele chegou para encontrar o pai ainda vivo, mas a mãe surda estava tão perturbada que só se comunicava por escrito. Como um cientista cristão dedicado, George estava se recusando a consultar um médico, e a aversão ao leito de um hospital era considerável. Isso, pelo menos, foi algo que Paul foi capaz de aliviar. Ele acalmou sua mãe, insistiu em chamar um médico e, durante trinta dias, manteve a vigília na cama do enfermo.

George morreu em 31 de maio de 1930, com Paul e Sarah ao lado da cama. Ambos foram tomados pela tristeza. Foi, escreveu Paul, "o golpe mais pesado, a maior perda que sofri na minha vida". Mas o pior ainda estava por vir. No dia seguinte, quando foi lido o testamento, Paul descobriu que George não havia legado sua fortuna para ele, mas para sua mãe.

O controle dos mais importantes interesses petrolíferos dos Getty havia passado para os executores. O filho de Paul, George F. Getty II, de três anos, recebeu 350 mil dólares. E, apesar de Paul ter sido "lembrado" com a ridícula soma de 250 mil dólares, seu pai efetivamente o havia deserdado.

CAPÍTULO 5

O SEGREDO DE GETTY

COMO ERA ESPERADO de um homem que passou a vida desenvolvendo a inescrutável expressão de um chinês jogador de pôquer, Paul não mostrou ao mundo exterior nenhum sinal da extensão do seu desastre. Por isso, sempre houve um mistério sobre o que ele realmente sentiu sobre a maneira como seu pai o tratara.

Externamente, ele parecia inalterado, comportando-se quase como se o testamento não tivesse sido escrito. Estava tão próximo de seus pais, então como algo poderia ter mudado? O querido pai o amava, e Paul o amava. Isso era tudo o que importava e nunca poderia mudar.

Dois dias após a morte de George, ele escreveu com dedicação uma nota para a imprensa, louvando as virtudes de seu pai. "Sua bondade amorosa e seu grande coração, combinados com uma simplicidade encantadora, fizeram de George F. Getty o ídolo de todos os que o conheciam. Sua habilidade mental foi excepcional até o final. Eu, seu filho e sucessor, só posso me esforçar para dar continuidade, com a minha habilidade, ao trabalho da vida de um homem mais capaz."

Não há motivo para duvidar de sua sinceridade quando escreveu isso. Quarenta anos depois, ele ainda insistiria piedosamente que "o amor, o respeito e a admiração que tive pelo meu pai eram ilimitados. Sua morte foi um golpe que apenas os anos que se passaram puderam apaziguar".

Mas o "golpe" era mais grave do que um simples sofrimento por alguém que amava. Pois, no final das contas, o testamento lhe causara um sério dano financeiro – e foi um grave revés para suas ambições pessoais.

Também veio como uma surpresa. Até o momento em que o testamento foi lido, Paul se considerava como sucessor de seu pai – e com razão. Durante anos, ele ajudou a enriquecer a empresa da família. Ele dera início a alguns dos empreendimentos mais rentáveis da empresa e, mesmo antes de comprar sua parte do capital por 1 milhão de dólares, permitia que dinheiro que era seu por direito fosse reinvestido na George Getty Inc. Ele deve ter contado com o fato de que tudo isso passaria para ele.

Assim, George F. Getty infligiu uma punição considerável a seu filho; e por mais calmo que tenha parecido em público, não era da natureza de Paul aceitar punição de ninguém.

Na verdade, ele estava irritado com a maneira como fora tratado. Muitos anos depois, o contador de Getty, que era muito próximo dele na época, disse a seu biógrafo, Ralph Hewins, que "quando seu pai morreu, Paul se sentia enganado e magoado, e desde então construiu uma armadura protetora". Claus von Bülow, que se tornou o "chefe executivo" da empresa, diz o mesmo. Ele acredita que, após a morte de George, Paul passou o resto de sua vida pondo-se à prova contra o julgamento de seu pai. "O pai iria engolir suas palavras. E quando essa era a intenção de Paul", acrescentou, "tornava-se uma obsessão".

Se Paul tinha essa profunda obsessão, por que sempre dizia o quanto amava o pai?

Durante os dias que se seguiram à morte de George, Paul teve que enfrentar um fato que nunca admitiria em público – que seu pai tinha feito muito mais do que deserdá-lo.

Durante todos aqueles anos de romances e casamentos falidos de Paul, pai e filho evitavam qualquer confronto real sobre o assunto mais delicado de todos – a escandalosa "imoralidade" de Paul. Mas, de repente, a farsa acabou. Em seu testamento, George tinha feito o que nunca ousou fazer cara a cara – julgar seu filho nos termos mais fortes à sua disposição. A sra. Baker Eddy havia declarado o adultério e a quebra de laços matrimoniais como algo semelhante a assassinato. Agora, ao deserdar seu único filho e herdeiro, George o estava rejeitando tão veementemente como ele poderia ter feito a um assassino.

Para Paul, aquela rejeição foi contra a base do estilo de vida maravilhosamente sedutor que ele estava aperfeiçoando desde seus vinte e poucos anos. Graças à sua própria fortuna precoce, ele conseguiu permanecer como uma criança mimada, imune às críticas e à pressão paterna. Em seu papel de filho único mimado, sabia que, enquanto se comportasse, sempre poderia contar com o carinho e o perdão de seus pais. Mas não mais. Ao deserdá-lo, George mostrou que Paul não foi perdoado – o que o deixou com um sério dilema.

Sua reação óbvia deveria ter sido a indiferença. George estava morto, Paul era relativamente jovem e ainda rico, e ele poderia viver sua vida como desejava. Por que a agonia sobre o julgamento de um pai falecido?

Isso é o que se poderia esperar de alguém que parecia tão frio e implacável, mas não foi o que aconteceu. George sempre significaria muito para Paul para ser esquecido. O "papai querido" sempre seria o guardião da consciência dele.

Isso deixou a Paul uma segunda possibilidade: fazer o que seu pai queria que ele fizesse – arrepender-se, mudar e se conformar com uma vida moral, piedosa como a de George e Sarah. Mas isso era também impossível. Paul estava entrando na casa dos quarenta, velho demais para desistir de todos aqueles prazeres inofensivos que, por vinte anos, tornaram sua vida digna de ser vivida.

Entretanto, havia ainda uma terceira solução. Se pudesse reverter o julgamento de seu pai e, de alguma forma, o forçasse a "engolir suas palavras" de forma póstuma, seus problemas acabariam. Ele estaria livre para viver como desejava, viajar como antes, aproveitar suas mulheres, tratar suas esposas e seus filhos como bem entendesse e ainda se recusar a se aquietar.

A única maneira de fazer isso era fazer uma fortuna suficientemente grande para responder à convicção evidente de George de que a imoralidade de Paul o desqualificava como administrador dos assuntos da George Getty Inc. Para um puritano como George F. Getty, a piedade estava intimamente ligada ao crédito e à dignidade, e assim ganhar dinheiro era um sinal de virtude. Então, Paul ainda se redimiria produzindo um triunfo financeiro – a origem da obsessão contínua que von Bülow notaria trinta anos depois. Daquele momento em diante, sua obsessão iria impulsioná-lo até que ele acabasse criando a maior fortuna do país.

É aqui que se percebe a singularidade de Paul Getty como homem de negócios e como ser humano. Seja qual fosse a definição, ele era um tipo de aberração, uma combinação sinistra de genialidade empresarial implacavelmente ambiciosa com o desenvolvimento emocional de um adolescente ávido por sexo.

Daqui por diante, o empresário iria operar em potência máxima, sempre tentando aumentar o volume de dinheiro que proporcionaria ao adolescente seu álibi diante dos pais. Como homem de negócios, ele possuía qualidades formidáveis – originalidade, força de vontade e uma obsessão pelo controle dos detalhes.

Todas essas qualidades foram impiedosamente postas à prova perante ele – e Paul também começara a impor um controle rigoroso sobre as próprias despesas. Ele nunca tinha sido pródigo consigo mesmo – ainda menos com os outros –, mas cada pequena mesquinharia passara a ter um significado mais profundo – para se adicionar, de forma insignificante, à enorme pilha de riqueza e informar silenciosamente o guardião fantasma de sua consciência de que ele não foi o libertino imoral que seu pai rejeitara.

Da mesma forma, qualquer aquisição pessoal foi decidida de forma estrita com base no lucro. Como bom puritano, George F. Getty era um asceta dedicado; então Paul começou a vencê-lo aqui também. Ele não permitiria ser permissivo consigo mesmo na compra de um lugar para viver, uma obra de arte, até um mobiliário, a menos que pudesse se convencer de que apreciaria o valor.

O resultado foi uma vida estranhamente dedicada, com tudo nele orientado para um propósito primordial: o acúmulo de quantidades cada vez maiores de capital. Para que então, e somente então, o adolescente pudesse ser autorizado a continuar como antes da morte do pai – perseguindo adolescentes, recusando-se a assumir qualquer responsabilidade real como marido ou pai, sempre em trânsito e sempre capaz de acreditar que poderia contar com o amor de seus pais por ele.

Como receita para uma vida feliz, o sistema de Paul Getty deixou muito a desejar, mas, no que diz respeito aos negócios, sua psicologia pitoresca se tornou uma verdadeira fonte de força, afastando-o das fileiras felizes de outros multimilionários bem-sucedidos. A partir de certo ponto, os responsáveis por criar todas as grandes fortunas enfrentam o problema de manter a motivação. Por que continuar? Por que se preocupar em adquirir ainda mais dinheiro quando se tem todas as pinturas impressionistas, jatos particulares e mansões em Park Lane?

Há inevitavelmente um ponto em que até mesmo o mais dedicado acumulador de riqueza precisa de algum motivo para continuar – comprar poder político, criar uma coleção de arte, construir uma grande casa ancestral ou mesmo, se tudo mais falhar, usar o dinheiro para a filantropia.

Crítico mordaz do cenário social, o economista Thorstein Veblen, em seu clássico *Teoria da classe ociosa*, inventou uma frase para descrever a forma como os grandes novos ricos americanos do século XIX, como os Vanderbilt e os Rockefeller, empregaram sua riqueza excedente de forma competitiva. Ele chamou de "consumo conspícuo": a construção das grandes mansões de Rhode Island que mal eram usadas, a realização de festas enormes que ninguém, exceto os ridiculamente ricos, poderiam igualar. Impulsionados por uma concorrência tão suntuosa, algumas vezes atingiram o ponto que Veblen identificou como "desperdício conspícuo" – o gasto de grandes quantidades de dinheiro para derrotar seus rivais em uma guerra de ostentação sem sentido.

Tais problemas nunca perturbaram Paul Getty. Longe de exigir qualquer interesse externo, ele possuía um sistema perfeito de motivação obsessiva. Longe de nunca se aborrecer com o dinheiro, quanto mais ele o tivesse, mais profundo seria o seu senso de satisfação. Ele teria considerado a ideia de consumo conspícuo como impensável, a noção de desperdício conspícuo uma obscenidade grosseira.

Pessoalmente, ele não precisava de nenhuma das armadilhas externas de sucesso. Pelo contrário, queria privacidade e silêncio para desfrutar do jogo solitário que estava jogando. Assim como não tinha necessidade de que outros o invejassem ou aplaudissem, não sentiu nenhuma obrigação de compartilhar seus ganhos com a multidão. Ele era obcecado consigo mesmo e autossustentável. Tudo de que precisava para garantir que seu pai "engolisse suas palavras" era dinheiro – e o máximo possível. Enquanto pudesse fazer isso, Paul poderia viver sua vida como queria. Enquanto pudesse fazer o pai ficar calado, seu dinheiro teria cumprido o objetivo mais importante.

CAPÍTULO 6

FUNDO MATERNO

QUANDO OS DIRETORES da George Getty Inc. nomearam Paul como seu presidente, fizeram isso com a evidente convicção de que, como um acionista minoritário que possuía apenas um terço do capital, ele não teria poder para fazer decisões sérias. Graças à vontade de seu pai, a chefe da empresa, com dois terços do capital, tinha oitenta anos, era surda e sofria com excesso de peso e solidão – sua mãe, Sarah.

Para a sorte de Paul, ela o amava muito – e ele fez o seu melhor para garantir que seu amor continuasse. Ela ainda o chamava de "criança querida", enquanto ele se referia a ela como "amada mamãe". Duas vezes por semana, e até três vezes, ele costumava ligar para a casa em South Kingsley Drive para levá-la para sair. Na época, ela mal podia andar. Um elevador foi instalado para levá-la ao quarto, e ela precisou de um serviçal em cada braço para alcançar seu Cadillac. Às vezes, ele a levava pelo sopé das colinas de Santa Mônica, mas o que ela gostava mesmo era de alimentar os leões-marinhos que ainda se esparramavam na praia de Malibu.

Devia ser uma cena estranha – leões-marinhos latindo da beira da água, uma viúva com excesso de peso vestida de preto e o filho de meia-idade bem-vestido, jogando arenques para os animais na direção dela.

Contudo, o que deve ter sido ainda mais estranho foi a conversa entre eles. Pois os leões-marinhos ofereceram a Paul sua melhor chance de influenciar sua mãe e persuadi-la a transferir seu poder na empresa para ele.

Era uma grande tentação para uma senhora idosa cansada de concordar. Ela, afinal, tinha pouca experiência de negócios. Era muito ingênua e velha, e Paul poderia ser persuasivo quando se tratava de obter o que queria.

Entretanto, Sarah sempre fora obstinada e, apesar dos argumentos de Paul, algo a impediu. Em primeiro lugar, ela acreditava que as vontades de George deveriam ser respeitadas. Como ele considerou oportuno colocá-la nesta posição de responsabilidade, ela tinha o dever de aceitá-la. Em segundo lugar, ela conhecia o filho. Ela o amava muito. Ele era tudo o que tinha, mas ela sabia o quão imprudente e descuidado ele poderia ser e, durante períodos econômicos tão perigosos quanto o início dos anos 1930, a impetuosidade poderia levar uma companhia como a George Getty Inc. ao desastre.

Pior ainda, se ela o entendeu bem, Paul sugeria a inversão completa do que o querido pai representava. George construiu a empresa descobrindo petróleo, comprando arrendamentos de terra e depois produzindo. Ele era um homem do petróleo, não um financista inteligente, e acreditava em se ater às coisas que a empresa fazia melhor. Sempre teve um honesto pânico cristão de dívidas. Ela podia ouvi-lo agora. "A última coisa a fazer é emprestar. A primeira coisa a fazer é sempre pagar suas dívidas."

Foi sobre isso que suas discussões com Paul começaram. O que Paul acreditava era em expansão, ampliando a empresa em cada ramo do setor de petróleo – refino, marketing e, finalmente, criando uma rede de postos de gasolina que comercializariam produtos da Getty em todo o país. Quando ela perguntou de onde viria o dinheiro, ele respondeu que a empresa tinha capital na reserva e que estava disposto a emprestar também, se necessário. Ele mesmo inventou um lema próprio, o qual repetiu quando ela mencionou o medo do pai das dívidas. "Compre quando todos os outros estão vendendo e aguarde até que todos os outros estejam comprando."

Na verdade, ele estava convencido de que a quebra de Wall Street em 1929, longe de ser uma advertência terrível, estava oferecendo à George Getty Inc. uma chance única de mudança do cenário econômico da indústria do petróleo. Uma vez que as ações do petróleo na bolsa de valores de Nova York caíram, agora era hora de comprar, levando as reservas de petróleo a preços de barganha por meio de ações subvalorizadas.

Para Paul, isso parecia mais sensato do que o desenvolvimento de novos campos petrolíferos, como ele próprio havia feito no passado. Também oferecia uma oportunidade incomparável para alcançar sua grande ambição. Ao adquirir com cuidado as ações de companhias de petróleo citadas publicamente, ele poderia ganhar aos poucos o controle delas. Alguns estavam muito vulneráveis, e ele tinha sua estratégia preparada para as empresas que desejava. Era hora de agir antes que as barganhas desaparecessem.

Quando explicou isso para sua mãe, ela ficou muito agitada, mas ele sabia como acalmá-la. "Os tempos mudam, e é isso que papai faria se estivesse aqui", disse a ela.

Sarah terminaria concordando — mas nunca se convenceu de que ele estava certo.

Durante os três anos seguintes, Paul prosseguiu em sua estratégia de aquisição com a energia e habilidade de uma invasão geral visando ao saque. Ansioso como sempre por refutar o pai, ele se tornou um financista mais habilidoso. Ele era paciente, destemido e perspicaz, mas, por trás de cada operação, estava a meticulosidade com a qual as preparava. Tudo era checado mais de uma vez. Nada era deixado ao acaso.

Mesmo assim, seu primeiro grande negócio acabou em desastre. Em setembro de 1930, ele convenceu uma Sarah relutante em pegar dinheiro emprestado do Security-First National Bank para a compra de ações de 3 milhões de dólares da Seaboard mexicana, uma empresa californiana com arrendamentos ricos em petróleo em Kettleman Hills cujas ações ele considerou subvalorizadas.

Após o acordo, Paul teve que ir apressado para a Europa e, portanto, não conseguiu cessar o pânico quando as ações continuaram a cair. Se estivesse presente, ele teria persuadido seus diretores a se manterem firmes em sua decisão — como deveriam ter feito —, mas na sua ausência o banco insistiu em vender as ações para pagar o empréstimo antes que se afundasse ainda mais em dívidas — perdendo, assim, quase 1 milhão de dólares.

Ao retornar, Paul encontrou o clima da sala de reuniões da George Getty Inc. "gelado", segundo ele mesmo, acrescentando que pelo menos "minha mãe foi inocentada por isso".

Este foi o mais próximo que Paul já chegou de um verdadeiro desastre. Essa foi uma lição reveladora, que o lembrou de que falhar naquele momento significaria perder tudo e provar que seu pai tinha razão. Ele não tinha outra alternativa senão continuar, mesmo que isso significasse arriscar cada centavo que possuía, invocando qualquer fonte de crédito que pudesse reunir.

Em vez de jogar em segurança, ele aumentou as apostas. Usando toda sua energia e tudo o que possuía, começou a licitar a Pacific Western, uma das maiores produtoras de petróleo da Califórnia, cujas ações haviam caído nos últimos doze meses de 17 para 3 dólares.

Desta vez ele conseguiu. No final de 1931, estava quase falido – mas também estava firme no controle da Pacific Western. Seus planos estavam funcionando e a próxima empresa em seu plano de campanha era a nona maior companhia petrolífera dos Estados Unidos, a Tide Water Oil, de 200 milhões de dólares. Tomá-la era uma proposta intimidadora para um pequeno desconhecido – mas ele precisava de algo grande para se justificar frente ao pai, mesmo que isso o levasse a um conflito com a mãe.

Inicialmente ela foi condescendente, e ele conseguiu vender o campo petrolífero em San Joaquin Valley da George Getty Inc. por 4,5 milhões de dólares sem grande oposição. Este seria o fundo de guerra com o qual ele planejava financiar sua campanha.

Em março de 1932, as ações da Tide Water caíram para o valor recorde de 2,50 por ação. Entretanto, Paul sabia que compras excessivas poderiam elevar o preço da ação e alertar a direção da Tide Water para a ameaça que ele representava. Era tempo de cautela e anonimato – qualidades que nunca lhe faltaram. No final de março, Paul havia adquirido uma participação significativa na Tide Water sem que ninguém na empresa soubesse quem ele era, ou mesmo ficando alheios ao fato.

Durante esse período após a morte de seu pai, a situação financeira de Paul se manteve intimamente ligada à sua vida privada. Se tivesse perdido sua fibra moral, como aquele milhão de dólares no acordo da Seaboard mexicana, ele estaria admitindo que seu pai tinha razão ao deserdá-lo. Mas como tinha tanta fé no próprio futuro, e como seus planos estavam se aperfeiçoando constantemente, ele não tinha necessidade de se preocupar com qualquer crítica vinda do túmulo no que dizia respeito à sua "imoralidade".

Como resultado, o período após a morte de seu pai viu Paul tão sexualmente aventureiro como sempre e atingido por um novo surto de sua antiga aflição – a febre matrimonial.

Dessa vez, a causa foi um pouco mais velha do que antes. Contudo, embora Ann Rork tivesse 21 anos quando Paul se envolveu com ela no outono de 1930, ela pouco havia mudado da ninfeta de catorze anos com covinhas que ele tentara seduzir oito anos antes. Ela deve ter sido uma adolescente precoce, pois Paul a levara a bares e casas noturnas até então – incluindo o alerta furioso de Sam Rork, o pai ciumento de Ann, que tinha ouvido falar da reputação de Paul Getty.

O próprio Rork era um antigo produtor de Hollywood, não muito famoso como o descobridor da estrela do cinema mudo, Clara Bow, a "femme fatale" original. Ele adorava sua filha tagarela e encorajou suas ambições de se tornar uma estrela, dando-lhe o papel principal juvenil em *A Blonde Saint*, um drama romântico inexpressível estrelando o ídolo das matinês Gilbert Roland. Porém, em 1930, Rork, que foi atingido pela Grande Depressão, ficou mais maleável quando o admirador multimilionário de sua filha voltou a procurá-la – mesmo que agora ele tivesse 37 anos e três casamentos fracassados em seu histórico.

Paul teve que terminar o romance no outono de 1930 para ir à Alemanha o mais rápido possível para contestar o processo de divórcio de Fini. Uma vez que os advogados do dr. Helmle em Berlim ainda tentavam obter compensação por danos indenizatórios, Paul queria comparecer pessoalmente no tribunal, mas sua aparição fez pouca diferença. Helmle foi o mais difícil possível. Ele contratou detetives que produziram novas evidências de mais uma mulher que vivia com Paul durante seu período em Berlim e, incapaz de obter o acordo que queria, adiou o caso até que Paul cedesse. Como Paul não o fez, não teve outra alternativa senão retornar para os Estados Unidos ainda casado legalmente com Fini.

Então, o casamento teve que esperar tanto quanto Ann Rork, com seus olhos pretos e rosto de bebê, ficava ansiosa. Não que isso importasse. Ann estava grata ao seu rico protetor e, como ele insistia em dizer que a amava, estava preparada para esperar.

Em agosto de 1931, Paul a levou para morar em um apartamento no New York Plaza e, dizendo-lhe que gostaria de se casar com ela, perguntou se sentia o mesmo. Quando ela assentiu, ele disse: "Tudo bem. Então nos casaremos aqui. Como nos amamos, não precisamos de mais ninguém, nem precisamos de uma licença ou de uma cerimônia."

E, ao que parece, foi assim mesmo. Muitos anos depois, Ann disse ao biógrafo de Getty, Robert Lenzner: "Eu achava que Paul era Deus. Seu conhecimento era tão incrível. Ele foi", acrescentou, "meu primeiro namorado e era muito atencioso quanto a isso. Ele me apresentou àquilo de forma apropriada. E espero tê-lo agradado".

Parece que ela conseguiu, pois nos meses seguintes eles foram vistos juntos, primeiro na Alemanha e, no início de 1932, em Paris, onde ficaram no velho apartamento de solteiro de Paul, perto da Torre Eiffel. Mas assim que Ann descobriu que estava grávida, o romance terminou e ele se comportou como sempre fez com a ideia de uma família.

Quatro anos depois, o testemunho de Ann no processo de divórcio seria o mesmo ao da antiga lista de queixas que todas as esposas de Paul já haviam feito antes: negligência, abuso e traição. Ela afirmou ter estado tão infeliz que até tentou se matar engolindo iodo – o que lhe queimou a garganta, mas não fez mais mal além disso.

Como esses pobres amantes ainda não eram casados – exceto aos olhos da divindade privada de Paul Getty –, o relacionamento teria terminado de vez se não fosse pela criança que Ann estava esperando. Da mesma forma que com seus filhos anteriores, George e Ronald, Paul, que odiava famílias, ainda tinha um sentido supersticioso da importância de sua prole. Não que isso significasse que ele possuía o mais sutil lampejo de paternidade, ou um vestígio de desejo em ter seus filhos perto dele. Ele definitivamente não tinha.

FUNDO MATERNO

Em uma visita recente a San Simeon, William Randolph Hearst lhe ensinara sobre sua responsabilidade em ter vários herdeiros para fazer uma dinastia. Paul gostou da ideia da dinastia, e as palavras de Hearst parecem tê-lo impressionado.

Havia problemas com Ann, no entanto. Um herdeiro precisava nascer no casamento e, apesar de estar preparado para se casar com ela, Paul ainda estava casado legalmente com Fini e ficando velho para um segundo rompante de bigamia.

Quando o verão terminou, Paul e Ann estavam de férias na Itália – ela, bastante grávida; ele, compulsivamente infiel. Em Roma, ele frequentou casas noturnas e, em Nápoles, a arrastou, bufando e protestando, até a cratera do Vesúvio. Então, voltaram de navio para Gênova, e o navio ainda estava no mar no dia 7 de setembro quando Ann deu à luz – o terceiro filho de Paul. O bebê nascera prematuro, pequeno, e, quando o navio chegou no porto de La Spezia, foi registrado Eugene Paul Getty.

Paul e Ann voltaram para a Califórnia e arranjaram um apartamento nas colinas de Santa Monica. Inicialmente, Paul estava com receio de apresentar Ann à sua mãe como esposa – em parte porque ela não era e em parte porque Fini tinha sido a favorita de Sarah. O divórcio com Fini não tinha sido finalizado até agosto – com indenizações pesadas e Fini tendo a custódia de Ronald, de dois anos, que passaria os próximos anos com ela na Suíça. Paul estava ressentido com o que considerava uma grande injustiça e um terrível desperdício de dinheiro. Sobre o dr. Helmle, ele nunca o perdoaria nem esqueceria o que aconteceu.

Porém, pelo menos, isso significava que ele e Ann agora podiam legitimar seu filho casando – o que fizeram no local favorito de Paul para cerimônias de casamento em Cuernavaca, em dezembro de 1932. Isso também significava que Ann podia conhecer sua mãe. Compreensivelmente, talvez, as duas mulheres nunca se importaram uma com outra – e, nos últimos anos, Ann culpou Sarah pelo término de seu casamento. Contudo, enquanto isso, Paul fez o que nunca havia feito antes. Ele havia comprado uma casa de praia de frente para o mar em Malibu, onde ele e sua jovem família podiam viver juntos. Com o único detalhe de que não o fizeram. Paul ainda estava ligado, como sempre, à sua mãe, e mantinha roupas e pertences em seu quarto em South Kingsley Drive – assim como um chamado "ninho de amor" em Santa Mônica, onde levava suas amantes. Ann se sentiu solitária e negligenciada enquanto observava o oceano.

"Já que você é tão rico, por que tem que trabalhar?", perguntou ela – uma pergunta que ele não queria responder. No momento em que o segundo filho deles, Gordon, nasceu, em dezembro de 1933, eles mal estavam se falando.

A lenda diz que Paul chegou ao hospital para ver sua esposa e o filho recém-nascido, olhou para o bebê e murmurou: "Hmm, se parece com você." Depois, partiu rapidamente.

Paul tinha coisas mais importantes para pensar do que bebês, estando obsessivamente envolvido em uma única coisa – a batalha pela Tide Water Oil. Esse gigante doente parecia ser um prêmio aparentemente impossível para um competidor isolado, como Paul, conquistar. Ao persegui-lo, Paul exibiu uma série de qualidades que representam grande parte de seu sucesso subsequente – concentração total, domínio dos detalhes nos acordos complicados envolvidos, amor ao risco e uma ótima habilidade para explorar qualquer oportunidade que o beneficiasse. Ele ainda se mantinha em seu estranho jogo solitário, que apenas alguém com uma obsessão absoluta teria esperança de vencer.

Ele sabia que para ganhar tinha que ter a única coisa que seu pai lhe negara propositadamente – controle financeiro total da George Getty Inc. Se tivesse todo o capital de Sarah, junto ao seu próprio, ele poderia pegar dinheiro emprestado na quantia que precisasse. Se isso tivesse que levar a futuras batalhas com sua "amada mamãe", que assim fosse.

Isso exigiu mais do que visitas aos leões-marinhos para convencê-la, e ela resistiu por um longo tempo. Finalmente, ele ganhou pela árdua argumentação e, como um presente de Natal no final de 1933, ela quase lhe deu o que queria. Como negociadora, ela era bastante similar a ele e, em um acordo que seria encerrado "se ele não aceitasse por escrito em, ou antes, do meio-dia de 30 de dezembro", ela ofereceu vender a Paul seus dois terços na empresa da família em troca de notas promissórias pelo preço de compra de 4,6 milhões de dólares, com uma renda fixa de 3,5% ao ano. Como sempre, ela assinou sua oferta com "Atenciosamente, Sarah C. Getty".

Essa renda de seu filho seria sua pensão como viúva e, como um amortizante, ela ofereceu a Paul um presente de Natal oportuno para ele – um presente adicional de 850 mil dólares se ele aceitasse.

Ele não tinha alternativa, pois agora a disputa pela Tide Water estava aberta, e ele enfrentou um inimigo igualmente determinado – a gigantesca Standard Oil de Nova Jersey, que já era a principal acionista da Tide Water. Porém, mais uma vez, Paul teve sorte. A legislação federal antitruste fez com que a Standard desembolsasse suas ações – as quais estavam sendo colocadas em uma nova empresa chamada Mission Corporation.

Nesse jogo de xadrez de milhões de dólares, o próximo passo de Paul foi, obviamente, comprar tantas ações da Mission quanto possível, aumentando assim sua participação na Tide Water. Porém, mais uma vez, ele se viu tomando um xeque-mate de sua mãe.

Ele ainda não tinha conseguido convencê-la da sagacidade que era a George Getty Inc. comprar ações da Tide Water e, como ela possuía notas promissórias de Paul por 4,5 milhões, Sarah poderia impedir que a compra acontecesse. Pois, como Paul descobriu rapidamente, nenhum banco iria lhe conceder empréstimo na escala que queria, uma vez que souberam que ele estava 4,5 milhões de dólares no vermelho – ainda que o dinheiro fosse para sua mãe.

Então, começou a última rodada no curioso concurso entre a "amada mamãe" e o "querido filho". Para continuar comprando a Mission Corporation, Paul precisava que Sarah liquidasse sua dívida. Como ele a lembrou, ela não precisava dos 140 mil dólares que ele pagava anualmente, já que suas despesas anuais nunca ultrapassavam os 30 mil.

Ela pareceu ter concordado, mas, como uma negociadora inteligente, mudou o argumento. O que a deixava mais preocupada, disse ela, não era ela mesma, mas as futuras gerações dos Getty. Paul podia estar certo. O tempo diria. Mas quando George lhe deixara todo seu dinheiro, ele o estava deixando em um fundo para os netos e para todos os Getty ainda não nascidos que viriam. Ela não podia suportar a ideia de que, ao deixar Paul seguir seu rumo, poderia estar privando as futuras gerações de seu patrimônio.

Ela havia discutido isso com seus advogados, pois sua solução para o problema era engenhosa. Ela criaria "um fundo irrevogável de prodigalidade" para proteger os interesses dos filhos dele contra os possíveis resultados de sua especulação comercial, e contribuiu com 2,5 milhões de dólares seus. Ao colocar o capital familiar em um fundo, o dinheiro estaria protegido contra as supostas tendências "dispendiosas" de Paul, e também contra a sua possível bancarrota.

Ele concordou e contribuiu com algumas ações supervalorizadas que possuía na George Getty Inc. para que o fundo pudesse começar no final de 1934 com um capital de 3,368 milhões de dólares.

Esse foi o início do famoso Fundo Sarah C. Getty, que dominaria as finanças familiares por muitos anos.

Financeiramente, o acordo serviu muito bem para Paul, já que ele foi nomeado administrador principal com poder absoluto para usar o capital do fundo de acordo com seu discernimento para qualquer transação que envolvesse os interesses petrolíferos da família – como adquirir novas ações da Mission Corporation ou da Tide Water.

Ele também se adequava a Sarah, já que satisfez sua consciência em cumprir seu dever para com a fortuna da família e de seus netos, de outra forma, desprotegidos.

No que diz respeito aos beneficiários do fundo, os termos eram simples. Para satisfazer a principal preocupação de Sarah, de que seu filho deveria cumprir suas funções como pai, foram providenciadas provisões adequadas para Ann e os quatro filhos de Paul: George II, de dez anos; Ronald, de quatro anos; Paul Jr., de dois anos; e Gordon, de um ano. Enquanto Ann permanecesse legalmente casada com Paul, deveria receber anualmente 10% da renda do fundo, mas os pagamentos às crianças eram desiguais. Durante 1934, os 21 mil da renda do fundo remanescente depois que Ann foi paga foram distribuídos da seguinte forma: Paul Jr. e Gordon receberam 9 mil cada. George II não recebeu nada, uma vez que já havia sido beneficiado pela herança de 300 mil de seu avô, o falecido George Getty. E a parcela de Ronald foi limitada a 3 mil dólares.

Essa desvantagem foi imposta a Ronald porque seu pai parece ter convencido Sarah de que Ronald receberia uma quantia substancial de dinheiro no testamento de seu avô materno, o dr. Helmle. Era uma desvantagem que teria sérias consequências no futuro, uma vez que o próprio fundo aumentava dramaticamente em valor. Uma condição adicional do fundo era que, se ganhasse mais de 21 mil dólares por ano, George, Paul Jr. e Gordon deveriam compartilhar igualmente o excedente. Ronald estava especificamente excluído de qualquer outro rendimento do fundo além de sua renda anual de 3 mil dólares.

Outra cláusula importante que causaria problema nos anos vindouros estabeleceu que Paul, como principal administrador, deveria ter controle efetivo de como todos os pagamentos futuros deveriam ser feitos – seja sob a forma de dividendos em dinheiro ou outras ações dentro do fundo.

Quanto aos futuros beneficiários, seus netos ainda não nascidos, Paul e Sarah queriam garantir que eles ganhariam suas próprias vidas antes de herdar o dinheiro do fundo. Foi firmado que, até o último dos quatro filhos de Paul morrer, os netos como um grupo poderiam herdar sua parte do capital. Embora a herança de Ronald fosse estritamente limitada, não havia tais limitações sobre seus filhos, que seriam tratados exatamente como seus primos.

Como aconteceu, a criação do Fundo Sarah C. Getty foi um momento histórico para os Getty, pois o fundo se tornou um fator crucial em todo o seu futuro financeiro – tornando-se o efetivo guardião da fortuna da família em rápida expansão. O que ninguém, incluindo Paul, parece ter percebido no início foi a maneira sem remorso com que o lendário fundo cresceria. Não só proporcionaria ao seu principal fiduciário precisamente o que ele precisava – uma fonte de capital para usar quando necessário para suas aquisições de negócios – como também estava adaptado à sua obsessão de reunir maiores somas de dinheiro para a família para satisfazer sua consciência.

Um "fundo de prodigalidade" como esse era a maneira ideal de conquistar a grande fortuna que o deixara obcecado. À prova de tributação, falência e extravagância pessoal, o fundo que recebeu o nome da mãe de Jean Paul Getty ajudaria a criar a maior fortuna dos Estados Unidos.

CAPÍTULO 7

"BOOM TIME"

Embora os anos 1930 tivessem sido difíceis para os Estados Unidos e para o mundo, foi uma época excepcionalmente gentil com Paul Getty. Assim como a morte de seu pai em 1930 o fez se dedicar a ganhar dinheiro, a criação do Fundo Sarah C. Getty e sua aquisição do controle total das empresas da família significaram que sua campanha para obter a Tide Water Oil podia começar.

Mesmo assim, suas chances de sucesso eram escassas. Em 1935, a Tide Water teve um montante de negócios que chegava a 100 milhões contra o 1,5 milhão da George Getty Inc., e a então administração da Tide Water estava ciente da ameaça representada por Paul e preparada para impedi-lo.

Paul, entretanto, tinha as vantagens do pequeno operador determinado – velocidade, surpresa e desafio pessoal; e a criação do fundo lhe deu a arma financeira de que precisava. Ele foi impedido de usar o fundo para pedir dinheiro emprestado, mas era seu único administrador – e, sendo assim, estava livre para usar seus recursos para adquirir as ações de petróleo que queria.

Como um magnata moderno, ele queria a Tide Water completa, com todos os seus itens – refinarias, capacidade de armazenamento e a rede de marketing através da qual ele esperava vender seus produtos petrolíferos. Ele seguiu de corpo e alma na ideia de assumir a Tide Water com esperança de adquirir a operação de óleo em grande escala.

No começo da disputa, ele recrutou com astúcia David Hecht, um advogado de empresa jovem e inteligente. Com Hecht ao seu lado, continuou a circular e abriu caminho para adquirir as partes cruciais de que precisava. Teve seus momentos de sorte – como a festa da véspera de ano-novo com Randolph Hearst, em 1935, quando soube que os Rockefeller estavam descartando uma participação de 20% na Mission Corporation e, com a ajuda de Hecht, os adquiriu. Mas, em sua maior parte, a aquisição era uma mão de obra cansativa e concentrada, que apenas alguém tão determinado e tão dedicado quanto Paul poderia ter conseguido.

Ele trabalhou inexoravelmente e, em 1936, quando acumulou uma equidade suficiente dentro da Mission Corporation para lhe dar uma participação de 25% na Tide Water, o equivalente financeiro da guerra de trincheira começou entre ele e os diretores da Tide Water. Com sua determinação, e isso era algo em que Paul era bom, e com início da guerra em 1939 ele tinha praticamente conseguido.

Pois, até então, o tão esperado aumento da indústria do petróleo havia chegado. O uso do automóvel nos Estados Unidos e o consequente consumo de gasolina começaram a subir em 1936, apesar da Grande Depressão, de modo que as ações da Tide Water compradas por 2,50 dólares com a queda do mercado em 1930 ficaram em 17 dólares em 1938.

Foi um avanço espetacular, o que significou que, além de deixá-lo tão perto do controle da Tide Water, suas operações de compra de ações também o tornaram muito rico. Em 1938, como dono da George Getty Inc., sua fortuna pessoal era de 12 milhões de dólares e, em relação à promessa para sua mãe, ele tinha feito o Fundo Sarah C. Getty ainda mais rico. O fundo, que havia começado com pouco mais de 3 milhões de dólares em 1934, passara a valer 18 milhões.

O dinheiro no Fundo Sarah C. Getty era o núcleo da enorme fortuna de que ele ainda precisava para criar se fosse "fazer o papai engolir suas palavras". Uma parte importante de sua estratégia financeira era investir todos os lucros no próprio fundo, garantindo assim que seu capital aumentasse constantemente, sem afetar os gastos ou a tributação. Isso era o que Sarah queria e, como o capital dentro do fundo beneficiaria seus filhos e netos ainda não nascidos, ele poderia argumentar que o dinheiro mais do que o justificou contra qualquer crítica a respeito de seu modo de vida.

Pois o próprio fundo se tornou sua desculpa para viver como queria, numa época em que se tornava mais avesso do que nunca à vida familiar, considerada um obstáculo terrível para seu sucesso. Mesmo na velhice, ele ainda insistia que a vida como um marido comum o teria limitado e o impedido de ter sucesso – uma vez que uma família teria desviado sua atenção, desperdiçado seu precioso tempo e diminuído sua concentração. Como ele observou em momento de extrema exasperação, "um relacionamento duradouro com uma mulher só é possível se você for um fracasso nos negócios".

Mas se Paul Getty não podia oferecer para suas esposas e filhos a sua presença ou seu amor, o sucesso nos negócios permitiu que ele lhes desse algo que considerava mais importante – grandes quantidades de dinheiro para o futuro. Com muito dinheiro em segurança no fundo, ele estava livre para dedicar toda a sua atenção ao aperfeiçoamento do modo extraordinário de vida que estava levando.

Ele ainda era impulsionado por dois impulsos avassaladores – aventuras sexuais, de preferência no exterior, e aquisição de grandes quantidades de dinheiro. Para obter êxito nessas duas atividades, ele precisava criar uma maneira de gerenciar seus interesses comerciais – o que incluía o dia a dia tocando a George Getty Inc. e a batalha pela Tide Water – durante seus longos períodos na Europa.

Já que amava o anonimato, e muito de seu prazer em viajar para o exterior obviamente vinha do sexo, a última coisa que Paul exigia ao redor dele era uma equipe de executivos e assessores. Estes foram designados para os escritórios da Getty em Los Angeles, e ele aprendeu a operar sozinho ou com uma única secretária, armazenando todas as informações de que precisava em sua cabeça. Paul acreditava que o negócio desperdiçava muito tempo com papelada, comitês e em discussões de qualquer natureza. Não esquecendo nada, e delegando o que não era essencial, ele se tornou um grande expoente do papel do capitalista como uma banda de um só homem, tomando as decisões mais minuciosas com o mínimo de complicações e burocracia.

Certa vez, Victor Hugo chamou Alfred Nobel, o inventor da dinamite, que também gostava de viver em hotéis e odiava famílias, de "o bilionário vagabundo da Europa". Paul Getty, que era muito parecido, estava se tornando seu sucessor.

Seu método preferido de responder a uma carta era rabiscar uma resposta na margem e enviá-la de volta no mesmo envelope. Ele tinha uma obsessão por poupar artigos de papelaria, principalmente envelopes pardos caros, que sempre tinha e reutilizava com cuidado. Todos os documentos necessários ficavam no antigo baú de viagem que o acompanhava sempre. E um item essencial em seu arsenal de negócios era o pequeno livro preto que nunca o deixava, contendo números de telefone, não só de suas inúmeras namoradas, mas também de contatos comerciais importantes ao redor do mundo, através dos quais ele conduziu pessoalmente todos os seus negócios.

Contudo, o instrumento crucial sem o qual seu modo de vida não poderia dar certo era o telefone; e, como o serviço telefônico transatlântico melhorou constantemente nos anos 1930, o tempo que Paul passava na Europa aumentou. Foi o telefone que o permitiria deixar os Estados Unidos para sempre.

Enquanto as linhas transatlânticas da Europa para a América estivessem abertas, Paul estava operacional – seja lá o que pudesse fazer no momento. O intervalo de tempo de oito horas entre a Europa e a Califórnia estava a seu favor, permitindo que ele se encontrasse com uma mulher, a alimentasse e a apreciasse, e estivesse de volta ao telefone antes que os escritórios de Los Angeles fechassem à noite.

Ao combinar essa vida de prazer muito bem programada com uma atitude puritana em relação à sua existência, ele não era tão hipócrita como soava. O sexo promíscuo, teria argumentado Paul, não era nem de longe tão ruim para um homem de negócios como a variedade matrimonial. Demandava menos tempo, custava menos, era infinitamente menos exigente e, de fato, somava-se à sua habilidade enquanto empresário. Como ele disse uma vez: "O sucesso dos negócios gera um impulso sexual e a força sexual impulsiona os negócios."

Seu argumento era que, para ele, o dinheiro e o sucesso continuavam a ser a prova mais segura da virtude, e fiel às regras muito rígidas pelas quais ele levava a vida, nunca foi exagerado ou precipitado em qualquer comportamento pessoal.

Ele foi obrigado a viver em bons hotéis durante seus períodos no exterior, mas isso foi porque apenas os bons hotéis tinham quadros telefônicos confiáveis. E mesmo no seu preferido, o Hôtel Georges V, em Paris, sempre fez questão de negociar a suíte mais barata oferecida. Ele não desperdiçou nada, comeu com economia e registrou todas as corridas de táxi em seu diário. Ele poderia fornicar, mas não era esbanjador.

O sexo ajudou o negócio, o que, por sua vez, trouxe mais dinheiro para os cofres sagrados do Fundo Sarah C. Getty.

De maneira nada surpreendente devido as circunstâncias, seu quarto casamento desmoronara como todos os outros, a única diferença foi que Ann Rork Getty era mais difícil do que suas predecessoras. Na alegre pretensa atriz, Paul havia encontrado o seu igual nas disputas matrimoniais.

Ela mesma se casaria quatro vezes; e, mesmo na primeira vez, deixou claro que não tinha a intenção de suportar os namoricos e o abuso de seu marido para sempre. Era generosa e popular, e, em vez de olhar com tristeza da casa de praia para o oceano, convidou amigos de Hollywood para vê-la. Então, quando Paul voltava, encontrava uma casa cheia dos convidados de sua esposa que o tratavam com muito pouco respeito. Às vezes, ele mesmo os ouvia encorajando Ann pelas suas costas.

"Ele deveria lhe dar um Rolls-Royce, querida."

"Ele deveria vesti-la em pele de marta em vez de vison."

Incapaz de lidar com esse comportamento, ele ficou mais longe do que nunca – e depois de uma ausência bem longa, um dos amigos de Ann de Hollywood a apresentou ao advogado mais durão da cidade, que abriu um processo que Paul chamou de "um divórcio bem barulhento". "Barulhento" era a palavra que ele escolhera por ter sido derrotado publicamente.

Quaisquer que fossem suas falhas como atriz na tela, Ann Rork Getty era uma estrela no banco de testemunhas e aproveitava a história de terror do namoro e do casamento com Paul – suas tentativas

"BOOM TIME" 81

de suicídio, seu comportamento no Vesúvio e suas noções pouco ortodoxas sobre o papel de pai e marido.

Ela abriu o processo pedindo uma parte de sua fortuna, então ele teve sorte de que os grandes arranjos de divórcio do atual estado da Califórnia ainda não existiam. Ela causou muita preocupação e aborrecimento antes de concordar com o que chamou de "um belo acordo" de 2.500 dólares por mês e mais mil por mês para cada uma das duas crianças.

Embora fosse o pai de quatro filhos jovens, Paul não mostrou o menor interesse em nenhum deles; e, com os jornais de Los Angeles se divertindo com os detalhes lúgubres de seu divórcio, ele decidiu fugir para Nova York antes de voltar ao exterior. Graças a seu deus, o telefone, seus assuntos também poderiam ser conduzidos a partir de lá e, com o dinheiro que acumulava, Paul se sentiu no direito de arranjar um dos endereços mais chiques da cidade.

Seria errado pensar que a fortuna recém-adquirida de Paul Getty não fazia diferença em seu modo de vida. Na verdade, uma série de mudanças importantes passara a influenciar o seu comportamento. Mas todas essas mudanças eram governadas por dois princípios cruciais: elas não afetariam seus balanços e não o desviavam do grande jogo financeiro que ele jogava. Caso contrário, Paul parecia bastante ansioso para equiparar sua vida de acordo com seus ganhos.

Em Nova York, ele se mudou para um endereço que, por uma estranha coincidência, era o mesmo da mansão Tudor, onde ele terminaria seus dias, Sutton Place. Mas, em vez de comprar um apartamento nesse elegante bloco de Nova York ao lado do rio, ele preferiu alugar – pois era dedutível de impostos e não podia ser pago pela empresa. Além disso, o apartamento apelava a elementos esnobes de sua natureza, sendo propriedade da esposa do primo de Winston Churchill, a ex-herdeira Amy Phipps, naquela época sra. Freddie Guest.

As pinturas do século XVIII da sra. Guest e o mobiliário francês também lhe chamaram a atenção, o suficiente para fazê-lo pensar em colecionar por conta própria – o que na verdade ele fez, começando a comprar com considerável conhecimento e sucesso. Como sempre, através da leitura e de visitas aos museus, ele se tornou um especialista considerável no mobiliário francês do século XVIII. Como logo percebeu, a Depressão forçou a queda dos preços, e ele conseguiu comprar uma série de peças importantes a preços baixos.

Isso se tornaria o princípio por trás de quase toda a sua coleção subsequente. Tudo, qualquer coisa que ele comprasse tinha que ser uma pechincha – pois só com uma barganha poderia se convencer de que não estava desperdiçando dinheiro. Isso se aplicava a quase tudo que comprou – de meias, pelas quais ele se recusou a pagar mais do que 1,50 dólar por par, a talvez o maior negócio exclusivo do período: o Pierre Hotel, na esquina da Quinta Avenida com a 61th Street, de frente para o Central Park. Quando construído em 1930 como o hotel de luxo mais exclusivo de Nova York, custou mais de 6 milhões de dólares. Paul comprou por 2,35 milhões, pelo simples motivo de que era uma pechincha que ele sabia que nunca poderia perder.

Um aspecto no qual as aspirações sociais de Paul vieram à tona ao longo desse período foi relacionado ao sexo. Com a febre matrimonial mais uma vez no ar, era bastante característico ele começar a cortejar Louise "Teddy" Lynch – uma cantora rechonchuda de casa noturna de 23 anos. Mas a srta. Lynch não era uma cantora de casa noturna qualquer. Outra conexão de Churchill, o financista Bernard Baruch, era seu tio, e a própria Teddy tinha ambições sérias como cantora de ópera.

Para Paul, o prestígio de ter uma noiva tão inteligente o levou a contemplar o horror do matrimônio mais uma vez, pois ele tomou um cuidado incomum para cortejar a mãe de Teddy, que não se opôs a ter um homem quatro vezes casado e de 44 anos como um genro em potencial. Mas nem ele nem Teddy pareciam apressados em se casar depois que o noivado foi anunciado no final de 1936.

Ela era uma jovem independente que queria aprimorar seu canto. Então, enquanto Paul pagasse suas aulas de canto, Teddy parecia contente em tratá-lo como uma figura paterna sexualizada, sem fazer grandes exigências sobre seu tempo ou sua fidelidade.

"BOOM TIME" 83

Isso era exatamente o que ele queria, e esse relacionamento não interferiu em suas incursões na Europa atrás de mulheres. Enquanto ele estava perseguindo Helga e Trudi e Gretchen em Berlim, Teddy iria ter lições de canto em Londres. Pois, apesar do problema com Fini, Paul manteve seu amor por Berlim, que, como muitos estrangeiros no período, tratou como o seu bordel. Como muitos empresários estrangeiros, ele também tinha uma atitude bastante acrítica em relação aos nazistas, admirando a eficiência com a qual eles pareciam dirigir o país.

Ele não era um simpatizante ativo do nazismo, mas poderia se envolver com nazistas de maneiras que poderiam ter sido desconfortáveis para o seu futuro se Teddy não tivesse desviado seu interesse e sua atenção para um país um pouco mais seguro. Em 1939, ela desejava estudar canto na Itália e, tolerante como sempre, Paul a acompanhou até Roma. Foi um episódio estranho em suas vidas. Tentando manter as aparências, Paul sugeriu que ficassem em hotéis separados; enquanto ela estava cantando, ele visitava ruínas e museus de Roma com afinco.

Foi durante esse período que ele ficou apaixonado tanto por Roma quanto pela Itália fascista. Uma noite, ele levou Teddy para assistir à ópera *Rigoletto* e ficou entusiasmado para ver Mussolini na audiência. "O maior filho da Itália desde o imperador Augusto", escreveu ele sobre aquela noite em seu diário.

Por mais que admirasse Mussolini, Paul estava se preocupando cada vez mais com o efeito da guerra em sua segurança pessoal e ansiava retornar aos Estados Unidos. Teddy estava igualmente ansiosa para continuar cantando. Nenhum deles cederia um centímetro, e o resultado foi o curioso compromisso do quinto casamento e último de Paul.

Ao meio-dia de 17 de novembro de 1939, ele e Teddy se encontraram perante o prefeito de Roma no histórico Campidoglio, o Capitólio Romano, e foram declarados marido e mulher. Depois, almoçaram em silêncio no hotel Ambassador e se despediram. Em vez de esperar para consumar o casamento, Paul teve que pegar o trem da tarde para Nápoles, onde embarcou no *Conte di Savoia* para Nova York. Teddy permaneceu em Roma.

CAPÍTULO 8

GUERRA E A ZONA NEUTRA

A ENTRADA DOS ESTADOS UNIDOS na guerra em 1941 teve um efeito estranho sobre Paul Getty. Embora estivesse chegando aos cinquenta anos, ele escreveu como um estudante em seu diário sobre cumprir seu dever de modo que "os amados Mamãe e Papai possam se orgulhar de mim". Contudo, com a idade ele se tornara cada vez mais temeroso por sua segurança – e o que tinha visto na Europa o deixou obcecado pelo poder da Alemanha nazista.

Ele se ofereceu como voluntário para a Marinha, mas sabia que era muito velho para ser aceito. Uma vez rejeitado, fez uma extraordinária combinação entre fazer a sua parte e ficar o mais longe possível do perigo durante o período da guerra.

Um dos elementos não essenciais da Mission Corporation, que ele agora controlava, era a pequena e semimoribunda Spartan Aircraft Company, em Tulsa, Oklahoma. A fabricação de aeronaves para o esforço de guerra era uma ocupação patriótica, Tulsa era um território familiar e, se algum lugar estava a salvo da ameaça da Luftwaffe alemã durante a Segunda Guerra Mundial, esse lugar seria Oklahoma.

Mesmo assim, quando assumiu o comando pessoal da Spartan Aircraft, Paul a tratou como uma localização de guerra em perigo e construiu um abrigo de concreto com quatro quartos, à prova de bombas, pela fábrica. Foi ali que ele viveu e a partir dali ele dirigiu pessoalmente a Spartan Aircraft de 1942 até a guerra acabar.

Ele foi de fato muito bem-sucedido. Obcecado pelo trabalho como sempre, provou ser um gerente de fábrica excepcional, dirigindo a força de trabalho com afinco, trabalhando até tarde em qualquer contratempo e conseguindo que a Spartan produzisse um excelente monomotor de treinamento para a Força Aérea do Exército dos Estados Unidos. Estava tão ansioso para o que ele sentia que seria a aprovação de seus pais que passou quase todo o seu tempo em sua fábrica em Tulsa, e quando, no final de 1941, Sarah Getty faleceu, aos 89 anos, sua entrada no diário poderia ter sido a lamentação de um jovem para a sua jovem mãe: "Na noite passada, gentil e docemente, minha querida e amada mãe faleceu."

Ao mesmo tempo, como se em compensação pela perda de sua mãe, sua esposa, Teddy, retornou da Itália, onde foi capturada pelos italianos perto de Siena. Nem ela nem seu marido pareciam ter sofrido excessivamente um pelo outro, mas consumaram sua noite de núpcias há tanto adiada. Ansiosa por retomar sua carreira como cantora, Teddy continuava nada submissa, embora gostasse de um toque da vida conjugal; mas quando apresentou a Paul ao seu quinto filho, batizado Timothy, em 1946, seu marido preferiu optar pelo trabalho em Tulsa do que pela vida de casado com Teddy.

Timmy se revelou um bebê enfermo. "O pobre Timmy", foi assim que Paul escreveu sobre o filho durante o nascimento. Ao longo de sua curta vida, Timmy sofreu muito, desenvolvendo um tumor cerebral aos seis anos, que exigiu uma longa cirurgia. Mas, embora Paul sempre tenha dito o quanto estava tocado pelo "triste e pequeno Timmy", parecia tão incapaz como sempre em lidar com a infelicidade pessoal – ou a vida de casado. Muitas vezes, Teddy pedia para que todos vivessem juntos como uma família, mas Paul ficou em Tulsa, contando com o consolo de garçonetes, vendedoras de lojas, garotas de programa – qualquer uma para salvá-lo dos temidos tentáculos do casamento.

Quando a guerra terminou, algo aconteceu com ele. Talvez fosse o aparecimento da menopausa masculina, enquanto alguns acreditavam que o ímpeto da juventude tivesse se apagado. Talvez ele já não sentisse o desejo de fazer seu pai morto "engolir suas palavras" obtendo grandes quantias de dinheiro. Seja qual for a causa, permaneceu em Tulsa em seu bunker precioso e, em vez de retornar ao negócio de petróleo, organizou a mudança da Spartan Aircraft em fazer aeronaves para criar casas em trailers.

Foi uma atividade estranha para um gênio financeiro como Paul Getty. Porém, o desafio de produzir casas móveis parece tê-lo intrigado; ele se empenhou em inúmeros problemas para elaborar detalhes de design e marketing e ficou orgulhoso quando a produção atingiu 2 mil unidades.

Depois de quatro anos em seu bunker, ele precisava de algo mais do que trailers para entusiasmá-lo. Sentindo isso, logo estava falando sobre desistir de tudo para se tornar um rato de praia. Até chegou a vender uma parcela de participações em sua preciosa Western Pacific – a única vez que o fez o –, e seu biógrafo Robert Lenzner está convencido de que ele continuaria a vender se não tivesse enfrentado obstáculos legais para se desfazer de mais ações do Fundo Sarah C. Getty.

Isso foi uma sorte para a família Getty. Pois não lhe deixou mais escolha do que permanecer no negócio do petróleo; e isso, por sua vez, significou que, em 1948, quando reconheceu a chance que só aparece em vários milhões de vidas, estava preparado para aproveitá-la.

Da mesma forma que no Oriente Médio, onde nada é o que parece, a chamada Zona Neutra entre a Arábia Saudita e o Kuwait é tudo menos neutra. Durante séculos, os sauditas ao sul e os kuaitianos ao norte discutiram sobre a posse da divisão aparentemente inútil de cerca de 3 mil quilômetros quadrados de deserto, situada entre seus vizinhos e o Golfo Pérsico. A questão foi resolvida com um típico acordo árabe.

Ignorando os beduínos nômades, que eram os únicos seres humanos pobres o bastante para ir lá, a área era definida como uma espécie de terra de ninguém e chamada de Zona Neutra. Seus dois vizinhos mantinham a dupla soberania – "um meio de interesse mútuo" – sobre a única coisa que poderia ter valor um dia, os direitos minerais. Mas, durante muitos anos, não havia compradores.

Mesmo quando o maior campo petrolífero do mundo, o enorme campo Burghan no Kuwait, foi descoberto na década de 1930, a poucas milhas ao norte de seus limites, a própria Zona continuou a assustar os produtores de petróleo com seu terreno inóspito, seu clima escaldante, e o atoleiro geopolítico de seus direitos minerais.

Com o fim da guerra na Europa, ficou claro que os campos petrolíferos dos Estados Unidos teriam dificuldade em satisfazer a crescente economia de automóveis americanos e o interesse voltou a se concentrar no Golfo Pérsico como a alternativa mais provável. Mesmo a Zona Neutra, com todos os seus problemas, começou a ser discutida, ainda que "por alto", entre as principais empresas petrolíferas.

Inevitavelmente, as informações sobre isso chegaram até Paul Getty – mas, ao contrário da maioria dos executivos seniores das principais companhias de petróleo, ele não era estava ali para "tentar". Ele era um realista. "Se alguém quer ser alguém no setor de petróleo do mundo, é preciso apostar na reivindicação do Oriente Médio", disse ele. E como ele decidiu que enfaticamente queria ser alguém no mundo do petróleo, tomou uma das suas inspiradas decisões.

Sem ter a região pesquisada, nem colocar um pé no Oriente Médio, decidiu que ele e apenas ele teria a concessão saudita para a Zona Neutra.

Até então, ele estava mais preocupado com sua segurança pessoal do que nunca e decidiu que nunca arriscaria viajar pelo ar. Então, não tinha nenhuma intenção de se aventurar na própria Zona Neutra. Em vez disso, ele teve a sorte de descobrir o agente ideal dentro de sua própria organização – Paul Walton, um jovem geólogo que havia trabalhado na Arábia Saudita na década de 1930 e era o então chefe de exploração na divisão das Montanhas Rochosas da empresa petrolífera Pacific Western. Walton conhecia o Golfo Pérsico. Ele conhecia sua população e seus problemas, e estava ansioso para retornar. Então, Getty o convidou a Paris e o informou sobre sua missão.

Ele fez isso com sua obsessão habitual por detalhes, gastando quatro dias completos com Walton no Hôtel Georges V até que todas as possibilidades fossem abordadas – o preço exato em que Walton deveria começar a licitar a concessão do petróleo, a velocidade com que ele tinha de agir e a até que ponto iria.

Tendo feito isso para sua satisfação, Getty esperou.

Ele estava agindo por instinto, pois até então ele não tinha visto um único relatório de pesquisa sobre a Zona Neutra. Mas seu instinto estava tão bom como sempre. Quando Walton fez seu primeiro reconhecimento aéreo do local, foi como Paul havia suspeitado. Espalhados pelo deserto, havia vários montes parecidos com uma cúpula idênticos a formações semelhantes do Kuwait que abrangiam o campo de Burghan ao norte.

Como isso tornava quase certo que os depósitos de petróleo do campo continuaram através da Zona Neutra, Walton estava sendo muito cauteloso quando relatou que as chances de um grande achado de petróleo lá eram de 50%. (Mais tarde, ele disse que teria dado maiores probabilidades, mas tinha visto locais semelhantes na Arábia Saudita que se revelaram "secos como o inferno" e não queria extrapolar as probabilidades.)

Era típico de Paul que, mesmo agora, ele fosse tão desconfiado e ensimesmado que proibira Walton de enviar suas notícias por telefone, rádio ou por telegrama, o que poderia ser passível de intercepção. Em vez disso, insistiu em uma carta de correio aéreo anônimo – que levou ao todo nove dias para chegar a Paris a partir de Jiddah. E, ao longo dessa espera, Paul, com seu rosto sombrio e seu autocontrole, continuou a vida como de costume, não demonstrando o menor sinal do que estava acontecendo.

Ao receber a carta, ele ficou em júbilo. As chances de 50% são altas para os negócios de petróleo, e ele começou a licitar a grande fortuna de petróleo em potencial da Zona Neutra. Supostamente, ele estava preparado para apostar toda a sua fortuna pessoal, os fundos do Fundo Sarah C. Getty e qualquer coisa que pudesse alavancar para a maior jogada de sua vida.

Para que um homem tão receoso tome uma decisão tão ousada, e para um homem tão avarento arriscar tanto, mesmo antes de resolver todos os problemas de transporte, refino e comercialização do petróleo que ele esperava encontrar, é uma decisão muito imprevisível para sua natureza complexa. Algo que deixou atônito e espantado mesmo aqueles que o conheciam melhor.

Mas o estranho ainda era o fato de que, enquanto tudo isso estava acontecendo, não havia a menor mudança na vida anônima que ele levava. Agora, no final dos seus cinquenta anos, continuou a dirigir seu império de vários milhões de dólares a partir do quarto 801 do

Hôtel Georges V em Paris, onde também dormia com suas mulheres, lavava suas meias, ouvia como música de fundo gravações de lições de "aprenda você mesmo" de árabe e todas as noites registrava com precisão as despesas do seu dia em seu diário – "táxi: 5 francos, passagem de ônibus: 1 franco, jornal: 10 cêntimos".

No entanto, esse era o homem que estava negociando para pagar ao Rei da Arábia Saudita e o Sultão do Kuwait, como coproprietários da Zona Neutra, um milhão de dólares garantidos por ano, mesmo que nunca se encontrasse o petróleo, um royalty sem precedentes de 40% em cada barril de petróleo produzido – mais um pagamento de 20 milhões para o privilégio de procurar por petróleo em um deserto árido a cerca de 3 mil quilômetros de distância de onde ele estava sentado.

O sucesso na Zona Neutra não veio de modo fácil. Paul logo descobriu que o sindicato Aminoil, que incluía uma das principais companhias petrolíferas americanas, a Phillips Petroleum, tinha chegado antes dele e também comprou uma concessão para a Zona do Kuwait. Como a concessão de Paul foi concedida pelos sauditas, isso significava que ele tinha que trabalhar em conjunto com os funcionários da Aminoil – o que levou a atritos, disputas e terríveis mal-entendidos.

Nem foi tão fácil conseguir o petróleo – por mais que Paul estivesse convencido de que tudo estava ali esperando para ser descoberto. Não foi até o início de 1953 que seus técnicos da Pacific Western encontraram o que estavam procurando – um reservatório que se conectava com um suposto mar subterrâneo de petróleo. Foi uma descoberta que, em termos petrolíferos, a revista *Fortune* descreveu como estando "em algum lugar entre colossal e histórico". Mas foi só então que Paul mostrou sua verdadeira originalidade e estilo de negócios que tornaria a fortuna dos Getty estratosférica.

Grande parte do petróleo na Zona Neutra estava na forma de um chamado "óleo de refugo" barato, o petróleo de baixa qualidade proveniente de poços rasos, que custam pouco para produzir, mas para os quais havia pouca demanda real. Paul percebeu que, desde que pudesse levar esse petróleo para os Estados Unidos em quantidades suficientes, as refinarias de petróleo mais modernas não teriam dificuldade em processá-lo para o mercado interno americano em crescimento constante. O problema era levá-lo lá, construir refinarias adequadamente grandes e comercializá-lo. Resolver tal problema era colocar à prova o empreendimento mais ambicioso de sua vida, e exigia coordenação e financiamento em grande escala.

Contrário em dar aos proprietários de petroleiros o poder de mantê-lo refém no futuro, ele decidiu construir sua própria frota de petroleiros – gastando mais de 200 milhões de dólares nos enormes superpetroleiros que levariam seu petróleo barato da Zona Neutra, não só para os Estados Unidos, mas também para a Europa e o Japão. (Com a ajuda de seu amigo com ótimos contatos, o industrial francês e ex-ás da aviação, comandante Paul Louis Weiller, Getty conseguiu montar os petroleiros em estaleiros franceses com um subsídio do governo francês de 35% – e depois receber a Légion d'Honneur por serviços prestados à França).

Mais 200 milhões de dólares foram gastos em uma nova refinaria em Wilmington, na costa leste dos Estados Unidos, e 60 milhões na atualização da antiga refinaria da Avon na Califórnia. Eram empreendimentos enormes. O rio Delaware teve que ser aprofundado e as instalações portuárias construídas para levar os supertanques de Getty até Wilmington. O número de estações de serviço da Tide Water nos Estados Unidos foi mais do que duplicado para fornecer pontos de venda para a gasolina de Getty.

As despesas eram grandes, mas os lucros eram ainda maiores. A partir dos poços rasos, o petróleo custou tão pouco para produzir que os salários e as despesas gerais eram mínimos. A demanda mundial de gasolina e petróleo continuava a aumentar, e nos doze anos seguintes, a Western Pacific construiria 15 poços independentes na Zona Neutra, produzindo grande parte das importações americanas de petróleo do Oriente Médio e tornando a Western Pacific a sétima maior produtora de gasolina nos Estados Unidos.

Como Paul controlava pessoalmente a empresa – e ele e o Fundo Sarah C. Getty eram seus principais acionistas –, os lucros enriqueceram imensamente ele e seus herdeiros. E, em 1956, para garantir que sua contribuição para a dinastia Getty fosse lembrada, ele mudou o nome de sua próspera empresa. Em vez de Western Pacific, passaria a ser conhecida como Getty Oil Company.

O que foi tão estranho com toda essa elaborada operação foi que Paul continuou a dirigir quase todos os detalhes em pessoa. A criação de um ótimo campo petrolífero, de uma grande frota de petroleiros e de instalações portuárias e refinarias enormes nos Estados Unidos, tudo isso foi controlado por esse indivíduo extraordinário, sentado quieto no quarto 801 do Hôtel Georges V em Paris. Ele costumava trabalhar durante toda a noite e não se preocupar com comida. Entretanto, por sua vez, toda essa incrível empreitada mudou seu modo de vida particular.

Uma vez que estivesse perto de um telefone, ele poderia continuar suas viagens, seus assuntos, seus interesses pessoais, enquanto seus empreendimentos mais ambiciosos pareciam permanecer o que sempre tinham sido – parte do jogo eterno que ele estava disputando com o mundo para sua satisfação pessoal.

Quando Paul conheceu Penelope Kitson em 1953, ela tinha apenas 31 anos – uma elegante inglesa de classe alta, muito segura de si, com três filhos e um casamento insatisfatório. Eles se tornaram amigos íntimos e ela gostava de sua companhia, achando-o encantador, extraordinariamente experiente e possuía "o cérebro mais sagaz de qualquer um que já conheci".

Ele ficou encantado por ela e disse que a amava, mas desde o começo algo lhe dizia que, se alguma vez se apaixonasse por ele, ela ficaria à sua mercê – assim, Kitson nunca se apaixonou. Como uma mulher inteligente, ela podia ver as limitações dele com muita clareza – que não era um homem para se casar ou deixar que dominasse sua vida, e que, por trás de seu lado mulherengo, havia uma total incapacidade de suportar o dia a dia de relações normais, responsabilidades, prazeres, problemas de uma família. Como uma realista, ela não se permitiria o luxo de achar que poderia mudá-lo. Não que ela desejasse isso, pois sabia que, se o fizesse, destruiria o modo de vida que ele criou com cuidado – o que, por sua vez, possibilitou seus empreendimentos comerciais. Então, permaneceram como amantes, iguais, amigos e parceiros.

Quanto mais ela conhecia Paul, mais ela o via como um homem com poderes extraordinários de concentração e força de vontade, e percebeu que sua atitude em relação às mulheres (incluindo ela mesma) era parte crucial de sua natureza. Não lhe incomodava que ele fosse sexualmente obsessivo, e que "não conseguisse tirar as mãos de qualquer mulher que se aproximasse dele". Ela afirma que, como nunca teve ciúmes de natureza sexual, isso não era um problema entre eles.

Mas ela sentiu que ele era um personagem muito estranho – dominador, inteligente, independente, mas sem um ingrediente importante para sua natureza. "Suponho que alguém teria que dizer que parte dele nunca cresceu." Parte dele permaneceu como o filho egoísta e mimado que fora tratado de forma indulgente por George e Sarah. (Daí grande parte do problema com seus filhos e sua família.) "Mas ele era determinado por tudo o que queria, e nunca delegaria nada a ninguém, porque ninguém estava à altura dele."

No que diz respeito a Penelope, isso lhe serviu para manter sua independência, especialmente porque sentiu que Paul estava mais apaixonado por ela do que ela por ele, e que, uma vez que isso mudasse, ela o perderia. Depois de seu divórcio, ela comprou uma casa em Kensington, que ele visitava com frequência quando ia para Londres. Uma vez que ela era decoradora de interiores, ele a contratou para decorar as cabines principais dos petroleiros que ele estava construindo.

Ele se desculpou por não propor casamento dizendo que um vidente em Nova Orleans disse uma vez que, se ele se casasse pela sexta vez, morreria. (Provavelmente isso não é verdade. Ele sempre citava videntes para confirmar ou desculpar qualquer linha de conduta.)

Entretanto, ele também disse a ela: "Pen, você sempre será minha número 1." Dessa vez, ele não estava mentindo e, até morrer, ela permaneceu praticamente a única pessoa próxima a ele que não ficava intimidada por sua personalidade, reputação ou seu dinheiro – por isso ele confiava nela.

GUERRA E A ZONA NEUTRA

★ ★ ★

Uma área em que as peculiaridades de Paul Getty se mostravam evidentes era em seu papel de colecionador de arte. Com o crescimento de sua fortuna, ele estava começando a levar o papel de colecionar a sério. Comprara recentemente a chamada "casa de fazenda" em Malibu – uma residência de verão construída em pedra numa localização privilegiada com vista para o oceano Pacífico – e a usava como cenário para o valioso mobiliário francês do século XVIII que havia comprado por preços bem baixos antes da guerra.

Desde então, ele adquiriu mais pechinchas – entre outras, o retrato de Rembrandt do comerciante Marten Looten, que comprou de um homem de negócios holandês temeroso na véspera da guerra por 65 mil dólares, e o soberbo tapete Ardabil, que adquiriu por 68 mil dólares de um dos mais perspicazes comerciantes internacionais, lorde Duveen, quando vossa excelência estava no seu leito de morte. Em um passeio pela Sotheby's, também adquiriu por 200 dólares uma pintura conhecida como *A Madonna de Loreto*, que convenceu a si mesmo de que foi pintada parcialmente por Rafael.

Em questões artísticas, seu ímpeto principal continuou sendo encontrar uma pechincha – o que o impediu de se tornar um genuíno colecionador. Até mesmo Penelope admite que "Paul era muito sovina para se permitir comprar uma ótima pintura".

Para ser mais preciso, sua falta de apelo emocional o tornou parecido com uma criança muito inteligente que conhece muito, mas que não possui sensibilidade estética madura para qualquer coisa. Isso era evidente no seu pequeno livro de anotações, em que escreveu sobre seu tema favorito: a França do século XVIII. Com algumas de suas informações levantadas das enciclopédias, muito poderia ter sido escrito por alguém de 12 anos obcecado por fatos – o que revela ainda mais sobre a mente de Paul Getty.

Quase tudo dentro daquele livro de anotações se relaciona com dinheiro. São descritas várias peças importantes em sua própria coleção – mas sempre em termos de preços de mercado, valor estimado e exatamente quanto ele gastou nelas.

Isso pode ser fascinante. Quem, além de Paul Getty, teria pensando a respeito do custo atual de fazer uma mesa *boulle* e concluir que um nobre francês teria pagado um pouco mais em termos reais em 1760 do que o custo de um "carro estilo sedan de alta qualidade" na década de 1950?

Da mesma forma, ele poderia ficar absorto nas minúcias do conhecimento – sobre o pigmento preciso usado em uma ou outra de suas pinturas, por exemplo.

O que ele parecia incapaz de fazer era confiar em seu apelo emocional a qualquer obra de arte, no caso de seus sentimentos lhe escaparem, de modo que precisava mesmo era de alguém em quem confiasse para aconselhá-lo enquanto ele acumulava sua coleção. Em setembro de 1953, ele conheceu essa pessoa. Durante uma viagem à Itália com outra de suas amantes na época, a efusiva jornalista de arte inglesa Ethel le Vane, ele encontrou, sem querer, em um corredor do Excelsior Hotel em Florença, um dos maiores conhecedores da pintura italiana, Bernard Berenson, que, sem saber quem era Paul, convidou-o a tomar chá no mais sacrossanto dos locais artísticos, sua Villa I Tatti na colina de Settignano, perto da França.

Foi uma ocasião estranha. Da parte de Paul estava a profunda reverência com que ele tratava o grande conhecedor, cheio de qualidades que o próprio Paul achava que lhe faltassem: julgamento artístico, verdadeiro senso crítico, apreço e conhecimento. E, da parte de Berenson, havia um total desconhecimento do fato de que aquele estranho americano com a amiga falante estava se tornando o bilionário mais rico de seu país.

Quanto na vida é uma questão de momento e hora certa! Vinte anos antes, Berenson não teria deixado passar despercebido ninguém tão rico como Getty e ele e Joe Duveen o teriam lisonjeado com toda a atenção, despertariam seu entusiasmo latente pelas pinturas que poderiam vender, e terminariam ajudando-o a criar uma grande coleção.

Em vez disso, o momento passou. Getty prometeu tirar algumas fotos de algumas de suas estátuas de mármore; e Berenson deixou clara a esperança de que eles pudessem se reencontrar, mas isso nunca aconteceu. Berenson era velho e desiludido – especialmente consigo mesmo. Getty estava aterrorizado de desperdiçar dinheiro e ser enganado; e não até que estivesse morto, ele daria aos outros o prazer e a responsabilidade de gastar ainda que uma parte de sua enorme fortuna em obras de arte apropriadas para sua coleção.

Enquanto isso, a escultura clássica parece ter lhe chamado a atenção. Como um geólogo treinado, sentiu-se confortável com o mármore, e sua recente compra de alguns pedaços de estatuária romana, combinada com essa visita de outono na Itália, trouxe algumas coisas muito estranhas e, como acabou se revelando, consequências de grande alcance.

Foi uma das peças romanas que havia comprado da coleção de lorde Lansdowne, uma estátua romana de Hércules, que o inspirou a visitar o lugar onde fora supostamente descoberta – a Villa de Adriano, no Tivoli, fora de Roma. Mesmo com as escassas ruínas que permanecem, a vila é um lugar lúgubre e com certa atmosfera, e Paul, que não era nada senão sugestionável, parece ter sido pego pela consciência de seu único dono, o mais artisticamente criativo e enigmático de todos os imperadores romanos, Adriano.

A sensação de *déjà vu* é bastante comum. Mas para um homem muito rico, um "self-made man", há um incentivo adicional para acreditar em reencarnação – por causa da explicação que pode oferecer para o sucesso, de outra forma, inexplicável. Como E.L. Doctorow fez o "self-made" Henry Ford se lembrar a respeito do "self-made" Pierpont Morgan em sua célebre novela *Ragtime*, "eu explico minha genialidade dessa maneira – alguns de nós acabamos por viver mais vezes do que outros".

Paul, que parece ter sentido isso muito forte, também pode ter se influenciado pela razão que Henry Miller acredita: "O sexo é uma das nove boas razões para se acreditar em reencarnação... as outras oito não têm importância."

O que é claro é que sua visita à Villa de Adriano ocorreu em um momento impressionável, quando a súbita ascensão de sua riqueza e demais empreendimentos encontrou uma espécie de eco no que ele já tinha aprendido sobre as atividades de Adriano. Assim como Adriano, enquanto envelhecia, tinha ficado na vila e continuou a tocar os empreendimentos e grandes eventos nos cantos mais distantes do Império Romano, Paul estava fazendo com que coisas grandes acontecessem nos confins distantes do Império Getty. Adriano tinha sido o homem mais rico da terra, e Paul estava se tornando o mesmo. Ele também gostava de pensar que tinha uma atitude romana estoica para com a vida e sentiu que não era muito diferente de um imperador romano. Finalmente, para o verdadeiro esnobe – e os esnobes se tornaram um pouco mais esnobes do que Paul Getty –, que pedigree poderia se aproximar da descendência direta de um imperador romano?

Quanto mais Paul pensou nisso – e ele parece ter pensado muito nisso –, mais identificou semelhanças, ecos, ressonâncias, entre o há muito falecido imperador Adriano e ele mesmo.

"Gostaria muito de pensar que eu era uma reencarnação do espírito de Adriano, e eu gostaria de imitá-lo o máximo que pudesse", confidenciou a uma amiga em Londres.

CAPÍTULO 9

PATERNIDADE

PARA UM HOMEM que pensava tanto em dinastias, Paul Getty era um pai ausente. Se ele não estivesse tão imerso na vasta expansão de sua fortuna, alguém se perguntaria se seria possível encontrar um pouco de tempo para seus quatro filhos que estavam crescendo tão longe dele. Provavelmente não. Não era tanto por falta de tempo, mas ele via seus filhos como uma ameaça para as duas coisas que ele mais estimava – ganhar dinheiro e a busca por prazer.

No entanto, muito ocasionalmente ele fez contato com eles, talvez por curiosidade, como um monge trapista farejando os prazeres da carne – apenas para recuar da tentação. Descrevendo tais ocasiões em seus diários, ele sempre se apresenta como um pai tão amoroso e devotado a seus filhos que é difícil perceber que quase nunca os via. O jovem Ronald é descrito como "brilhante e amável", George é "muito maduro, com uma excelente mente e personalidade", e Paul e Gordon são referidos como "meus dois queridos filhos".

O mais intrigante das aventuras raras de Getty com a paternidade ocorreu numa véspera de Natal, em 1939, com a guerra na Europa declarada, e fornece a única ocasião em que os quatro filhos "queridos" se encontravam em uma sala juntos. Ele tinha acabado de sair de Nápoles para a casa em Los Angeles, tendo deixado sua nova noiva, Teddy, para enfrentar a guerra sozinha na Itália. Por uma vez, ele deve ter sentido a necessidade das consolações de uma família, e chamou sua ex-esposa Ann para que levasse Paul e Gordon para uma loja de brinquedos, onde viram um pinguim vestido como Pato Donald – e ele lhes comprou presentes de Natal. Fini e Ronald foram morar em Los Angeles logo antes da guerra. E assim, no dia de Natal, "todos os quatro filhos amados", como ele insistia em descrevê-los – George, de quinze anos; Ronald, de dez anos; e Paul e Gordon, sete e seis respectivamente – foram trazidos para a casa em South Kingsley Drive para desejar votos de feliz Natal a sua vovó de 87 anos, Sarah.

Getty deve ter arranjado isso mais como uma deferência filial, em vez de uma afeição paterna, pois parece uma ocasião desconfortável – a velha senhora muito surda e coxa, os quatro meninos desconhecidos que compartilhavam seu sangue e eram tão estranhos na companhia uns dos outros e a presença daquele misterioso pai rico de cara fechada que deve ter parecido quase um total estranho.

Mas novamente ele fez parecer uma festa feliz para uma família mais unida quando escreveu em seu diário sobre a "linda árvore na sala de estar da mãe" e os "montes" de presentes de Natal. "Mamãe gostou disso como uma adolescente", afirma ele. Paul parece ter ficado tempo suficiente para cumprimentar sua prole e beijar sua mãe idosa na bochecha antes de partir, como um fantasma de Natal.

À medida que a saúde de Sarah se deteriorou depois disso, e ela morreu dois anos depois, esse exercício na reunião de Natal não se repetiu e permaneceu o único contato que haveria entre os jovens Getty durante a infância, apesar de todos viverem na Califórnia – e neles, em última instância, estava depositado o futuro da maior fortuna dos Estados Unidos.

O que fez com que Paul Getty fosse um pai tão inquietante e tão desastroso era a forma como ele quase não manteve relação com seus filhos na infância e na adolescência – e então, quando lhe convinha, restabelecia os relacionamentos como se não nada embaraçoso tivesse acontecido, tentando prepará-los para perpetuar o que ele sempre gostou de chamar de "dinastia Getty".

Não tinha como dar certo, pois até então o dano já havia sido feito. Os meninos sentiram falta do pai quando precisavam dele, nenhum deles o conhecia e cada um deles fora afetado de maneira diferente. Quase inevitavelmente, todos os meninos eram ciumentos e desconfiados uns dos outros, de modo que a "dinastia", em vez de ajudar a sustentar seus membros, na verdade produziu antagonismos terríveis entre eles. O ciúme, a amargura e o litígio sem escalas

PATERNIDADE

resultariam dos problemas que Paul Getty legava aos filhos quando lhes deu um bilionário fantasma como pai.

O primogênito, George Getty II, deveria ter sofrido menos. Ele era muito novo para conhecer seu pai quando ele abandonou a pobre Jeanette em 1927, e ela se casou novamente com rapidez – um afortunado e gentil corretor da bolsa de Los Angeles, Bill Jones, que tratou o jovem George como um filho, enviando-o para uma escola particular em Los Angeles e depois para Princeton, onde planejava estudar direito.

Durante a infância, o contato de George com seu pai era mínimo, mas Jeanette o fazia ligar regularmente para a vovó Getty, que sempre teve seu neto primogênito como seu ponto fraco. A criança não só detinha o precioso nome de seu estimado marido, mas George Getty Sênior o deixou com 300 mil dólares em seu testamento. Inteligentemente investido por seu padrasto, essa soma de dinheiro estava aumentando, e a crescente renda do Fundo Sarah C. Getty garantiria que George sempre estaria confortavelmente livre de dificuldades financeiras, além de tudo o que ele viesse a ganhar.

Essa situação deveria ter agradado a George, que tinha herdado pouco da genialidade e da capacidade de conduzir os negócios como seu pai, e que tinha sido criado para a vida pouco exigente de um advogado californiano nada ambicioso por outros meios independentes de sobrevivência. Mas não foi assim. Com o nome e a posição dele, o destino de George foi selado desde o início. Ele estava destinado à empresa fundada por seu avô e homônimo e, em 1942, quando tinha dezoito anos e em seu primeiro ano em Princeton, seu pai o chamou para o papel que ele tinha que desempenhar na vida.

George estava prestes a se juntar ao Exército dos Estados Unidos, com a intenção de retornar a Princeton quando a guerra terminasse, mas, pela primeira vez em sua vida, seu pai se interessou por ele, levando-o a visitar o antigo campo petrolífero de Atenas, cena de vários dos seus sucessos em sua distante juventude. Ali deixou claro a George que seu futuro estava irrevogavelmente na indústria do petróleo, e que um dia ele poderia dirigir o negócio da família.

Como George poderia recusar? Primeiro ele teve que servir durante quatro anos no Exército, no início como um oficial de infantaria, depois na equipe de acusação de crimes de guerra. Dispensado em 1946, ele decidiu que, em vez de completar a universidade, se uniria ao pai.

George se fez um homem de negócios consciente e, como o herdeiro de seu pai, ascendeu com uma rapidez nem um pouco surpreendente na hierarquia da administração das empresas Getty. Depois de servir de forma respeitável como representante de seu pai na Zona Neutra da Arábia, retornou à Califórnia para se tornar vice-presidente da Tide Water Oil aos 31 anos. O sucesso estava acenando, e sua vida deveria ter sido tranquila.

Entretanto, como homem de negócios, George já estava sofrendo uma falha fatal. Quando criança, ele parece ter herdado de sua mãe uma sensação de medo e admiração pela figura ausente do pai que ele nunca perdeu. Mesmo adulto, ele nunca superou isso, e quanto mais responsabilidade ganhou como herdeiro de Paul Getty, mais o medo pelo pai serviu para miná-lo. No final, ajudou a matá-lo.

Mas os problemas de George não eram nada comparados às desvantagens que seu pai despejou sobre seu infeliz meio-irmão, o "brilhante e adorável" Ronald. Sendo meio alemão, Ronald foi o estranho da família desde o início.

Logo que seu pai obteve o bem pago divórcio da mãe de Ronald, Fini, em 1932, mãe e filho foram morar na Suíça. Fini nunca voltou a se casar e, até o início da guerra em 1939, ela e Ronald foram amparados pelo avô alemão do menino, o dr. Otto Helmle, que desde o divórcio se tornou um dos opositores mais amargos de Getty.

Durante esse período, o dr. Helmle teve outros assuntos em mente. Como um católico proeminente, foi secretário do Partido de Centro Alemão, precursor dos democratas-cristãos do pós-guerra e, em 1933, recusou o cargo de ministro da Economia no primeiro governo de Hitler como chanceler. Mais tarde, quando sua oposição aos nazistas cresceu, sentiu-se feliz sabendo que sua filha e seu neto estavam em segurança na Suíça, onde poderia visitá-los com facilidade. Então, quando criança, Ronald cresceu na Suíça, falando alemão, acreditando que era suíço e mais ou menos sem saber da existência de seu pai verdadeiro.

Em 1939, o dr. Helmle foi banido de toda atividade política com seu amigo e colega de partido, Konrad Adenaeur, e foi preso por um período, perdendo todo o seu dinheiro no processo. (Em 1944,

PATERNIDADE

teve a sorte de escapar da prisão pela segunda vez – por se envolver na trama contra o Führer).* No momento da prisão, ele enviou Fini e seu neto de dez anos para a segurança de Los Angeles, onde pela primeira vez Ronald soube sobre seu pai.

"Mesmo assim", diz ele, "eu não o conhecia, e quase nunca o vi. Ocasionalmente, minha mãe costumava me levar para visitar minha avó Sarah, mas tudo que lembro sobre ela era que parecia gentil e estava em uma cadeira de rodas, e era tão surda que a comunicação era impossível. Meu pai estava dirigindo a fábrica de aeronaves em Tulsa no momento, então eu nunca o via. De vez em quando, um cheque dele chegava para o meu aniversário. Uma vez, ele me enviou um par de patins e era só isso. Não consigo dizer que pensei muito sobre ele, embora eu percebesse que havia alguma coisa faltando na minha vida, especialmente quando via outras crianças saindo para jogar bola com seus pais e nunca fiz isso".

Foi aos poucos que Ronald aprendeu que, além de tudo o que ele sentia falta na ausência de um pai, estava sofrendo uma desvanta-gem mais séria. Seus meio-irmãos, George, Paul e Gordon, estavam incluídos no Fundo Sarah C. Getty e, como tal, estavam destinados a se tornar grandes herdeiros da fortuna cada vez maior dos Getty. Ronald não estava.

O que tornou a situação tão injusta foi que o motivo dessa de-sigualdade flagrante não era sua culpa. Excluir o bebê Ronald do Fundo Sarah C. Getty foi a maneira escolhida por seu pai para ficar quite com o dr. Helmle sobre o divórcio – incluindo o dinheiro que custou para o acordo e a forma como os atrasos o impediram de se casar com Ann Rork antes do nascimento de seu terceiro filho, Paul. E, como para sublinhar o caráter arbitrário da exclusão, enquanto Ronald estava excluído do fundo, qualquer filho que ele pudesse vir a ter foi incluído.

Para ser justo com Getty, em 1936, quando o fundo foi estabe-lecido para o benefício de seus filhos e netos não nascidos, o capital envolvido era relativamente pequeno; e, como ele estava preocupado

---

* Trata-se da "Operação Valquíria", que realizou um atentado malsucedido contra Hitler em 20 de julho de 1944, na tentativa de tomar o controle do governo alemão durante a guerra e livrar os soldados alemães de seu voto de lealdade (*Reichswehreid*) para com o Führer. [N.T.]

com o que viu como a vitória de Helmle, sentiu que o rico dr. Helmle deveria, portanto, ter o privilégio de sustentar seu neto.

O que nenhum dos dois previu era que Helmle perderia todo o seu dinheiro para os nazistas, enquanto Getty iria construir a maior fortuna dos Estados Unidos.

Após a guerra, Fini e Ronald voltavam para a Alemanha ou para a Suíça a cada verão, de modo que, como Ronald diz, "a Europa sempre foi um lar para mim, e Los Angeles uma espécie de intervalo na minha vida. Naturalmente, pensei que eu fosse mais europeu do que americano".

Não antes de 1951, quando Ronald tinha 22 anos e estava em seu último ano de administração na Universidade do Sul da Califórnia, seu pai se achou apto para contatá-lo. Como com George, ele queria que Ronald tomasse seu lugar no império empresarial da família em rápida expansão. E como Ronald diz: "Fiquei satisfeito por ter me pedido para trabalhar para ele, mas não posso dizer que foi uma reunião emocionante."

Um curso de treinamento se seguiu com a Getty Oil, e em 1953 Ronald se juntou ao departamento de marketing da Tide Water Oil da Getty, onde teve tanto sucesso que três anos depois estava administrando o departamento com um salário de 40 mil dólares por ano.

Mas na Tide Water ele entrou em contato crescente com o jovem vice-presidente, seu meio-irmão George, e uma disputa começou, com ciúmes e amargura de ambos os lados. Apesar de seu sucesso, George sempre se sentiria inseguro diante do pai, e se ressentia por ter esse meio-irmão em sua companhia no caso de atrair mais do que sua justa parte de afeição paterna. Ronald, por outro lado, estava se tornando cada vez mais ciente da enorme desvantagem que seu pai havia imposto a ele, o único de seus filhos excluído do Fundo Sarah C. Getty. Foi uma consciência que cresceria como um câncer nos anos seguintes, até que tudo o destruísse.

Em comparação com os problemas que Paul Getty impôs a George e Ronald, a vida parecia muito mais fácil para Paul e Gordon, os dois meninos que concebera tão casualmente com aquela ex-criança prodígio, Ann Rork. Como estava cada vez mais na Europa e no Oriente

PATERNIDADE

Médio durante a década de 1950, ele os viu menos ainda durante a adolescência do que tinha visto George e Ronald, deixando-os expostos à força impositiva da personalidade dominante de sua mãe.

Quando seu casamento terminou com o divórcio "barulhento" – e lucrativo – em Reno, em 1936, Ann embarcou em uma carreira conjugal em que três outros maridos ricos, intercalados com vários amantes, ocuparam o lugar nada lamentado de Paul Getty. O primeiro a aparecer foi Douglas Wilson, um milionário nada memorável de Memphis, no Tennessee, com quem teve uma filha, a meia-irmã bonita mas abusada, de Paul e Gordon, Donna.

Wilson foi sucedido por Garret "Joe" McEnerney II, um advogado de San Francisco, e foi o término desse casamento que deixou Ann – ou "sra. Mack", como ela era chamada – na posse de uma confortável casa com trepadeiras na Clay Street nº 3788 em Presidio Heights, perto da parte mais elegante de San Francisco.

Durante esse período, Getty estava dando aos meninos nada mais que seu nome e sustento. Há somente uma referência em seu diário no meio da guerra, registrando apenas uma visita que ele os fez. Gordon recitou um poema sobre o qual escreveu "sobre as boas qualidades dos negros", mas em vez de dizer o que pensava de Gordon ou de seu poema, Getty, obcecado como sempre, registrou que "Paulo tem onze anos e pesa 40kg, enquanto Gordon tem dez e pesa 34kg".

"Meus filhos, todos eles, são grandes recompensas", acrescentou ele – tão grandes que não viu Paul nem Gordon nos doze anos seguintes. E, um ano depois, quando Paul, com doze anos, escreveu ao pai uma carta, Getty a enviou de volta sem responder, mas com os erros ortográficos corrigidos.

Paul ainda estava amargo com os anos que se seguiram. "Nunca superei isso", disse ele. "Eu queria ser julgado como um ser humano, e nunca conseguiria isso dele."

Uma vez que os meninos não tinham praticamente nenhum contato com o pai, eles não tinham ideia da vasta expansão de sua fortuna. Segundo o juiz William Newsom, um amigo e contemporâneo de ambos os meninos da Escola Secundária St. Ignatius de San Francisco: "Eles sabiam que tinham um pai rico, até muito rico, mas como ele quase não tinha influência sobre suas vidas, não se ouvia muito sobre ele." O juiz Newsom descreve a vida em Clay

Street naquele momento como "financeiramente confortável, nada pródiga, mas com o dinheiro não sendo um problema. Nem Paul nem Gordon pareciam preocupados com o dinheiro ou com a falta dele – nem pareciam divagar em expectativas".

Mas se o pai ausente deixou uma lacuna nas vidas de Paul e Gordon, a sra. Mack parecia mais do que capaz de preenchê-la. Ela tinha uma presença poderosa, e influenciava seus meninos à medida que cresciam nessa família não convencional no meio do pós-guerra em San Francisco.

Agora, na segunda metade da década de 1930, uma mulher sexy e agitada com olhos bonitos e cabelo avermelhado, a sra. Mack era quase tudo o que Jean Paul Getty não era – teatral, tranquila e exuberante. Ainda a pretensa rainha do cinema, ela era uma mulher animada com, de acordo com sua filha, "um QI muito alto". Era conscientemente artística, com um gosto considerável por literatura e música. Era uma mulher de recursos, que, quando faltava dinheiro, sempre podia obter um pouco mais por conta própria através da especulação imobiliária no Marin County.

Com essa mãe – e nenhum pai em cena para impor limites a seu estilo –, os meninos deveriam ter tido uma adolescência idílica – e de várias maneiras eles tiveram.

Uma boêmia por natureza, a sra. Mack acreditava na liberdade e deixou os meninos em grande medida por conta própria. Mas ela também era uma criatura social, e a sociabilidade que tanto tinha enfurecido Jean Paul Getty fez com que ela incentivasse seus dois filhos a entreter seus amigos em casa. (Sendo três anos mais nova do que Gordon, a meia-irmã dos meninos, Donna Wilson, estava inevitavelmente ofuscada nessa casa dominada pelos homens. Uma garota muito bonita, ela também era muito tímida e tendia a ser negligenciada, desempenhando um papel pequeno na vida de seus irmãos até muito mais tarde.)

A sra. Mack era a mais hospitaleira das mães e, durante a adolescência dos meninos, a casa em Clay Street se tornou uma casa aberta para os amigos da escola de Paul. Parte da atração era, sem dúvida, a própria sra. Mack – que era uma daquelas mães míticas que gozavam de um amplo relacionamento com todos os amigos de seus filhos. Alguns deviam estar apaixonados por ela, enquanto outros se lembravam dela como uma espécie de tia rica e libertina. O juiz Newsom

PATERNIDADE

a compara com a ultrajante tia Augusta, de Graham Greene em seu romance *Travels with My Aunt*, mas a reação habitual dos velhos frequentadores da "3788" é que "a sra. Mack era tia Marne* da vida real".

De temperamento tolerante, a sra. Mack não levantou nenhuma objeção aos meninos e seus amigos beberem em casa à medida que cresciam, com base, como disse Donna, em que "era melhor deixá-los se embebedar onde você sabia onde eles estavam do que em algum outro lugar desconhecido".

Numa época em que poucos pais de classe média eram tão liberais sobre o assunto, isso aumentou a popularidade da casa dos Getty e da própria sra. Mack, que era favorável a beber e alguém que "se sentaria e tomaria uma cerveja conosco", como um dos amigos de seus filhos lembra com carinho. Em breve, a casa em Clay Street foi chamada de "Clube 3788" – ou simplesmente "Trinta e sete, Oitenta e oito".

Os membros do "3788" formaram um grupo fascinante ao redor dos Getty, com o jovem Paul como o líder do bando, que inevitavelmente era chamado "gangue Getty". Tendo herdado o encanto e a sociabilidade irlandesa de sua mãe, ele entretinha seu público, fazendo-os rir de suas histórias e façanhas, e se passando como o aspirante a rebelde e playboy.

Mas havia mais das atrações do 3788 do que Ann e álcool, e a casa se tornou um ícone cultural entre a classe média de San Francisco do pós-guerra. A música era de extrema importância para a família – particularmente para Gordon, cuja coleção de gravações de óperas já era enorme e cada vez mais crescente –, assim como era seu conhecimento de ópera e os seus melhores cantores.

Vários deles – incluindo personagens tão lendários como a soprano Licia Albanese e o tenor lírico Tagliavini – realizaram recitais na casa ao visitar San Francisco, e o amor dos meninos pela ópera se desenvolveria nos anos seguintes, de modo que, mesmo em seus períodos de desacordo mais profundo, eles permaneceriam unidos como membros do culto esotérico dos amantes de ópera dedicados.

---

* Referência à personagem do romance de Patrick Dennis, *Auntie Marne: An Irreverent Escapade,* de 1955, e posteriormente adaptado para o cinema, em 1958, cuja personagem principal – tia Marne – é uma mulher exuberante e exótica, que costuma promover festas com convidados boêmios e ecléticos da sociedade. [N.T.]

Enquanto lar, Clay Street parecia um cenário perfeito para que os meninos se desenvolvessem como seres humanos inteligentes e originais e, à primeira vista, o jovem Paul parecia aproveitar ao máximo, vivendo sua vida mimada, social, ajudada e encorajada por sua adorada mãe. Como ela, ele bebia muito. (Às vezes, cerveja com arenque defumado para acompanhar os dry martinis dela como café da manhã.) Popular com seus amigos e atraente para as meninas, uma vida encantadora parecia estar à frente dele.

Com Gordon, as coisas eram bem diferentes. Ambos os meninos eram bonitos, mas de maneiras muito distintas. Com o rosto de traços retos e vívido, Paul parecia um sátiro adolescente, mas quando Gordon atingiu mais de um metro e oitenta de altura, ele se parecia cada vez mais com uma versão tamanho família do jovem Schubert. Como Donna diz, "Paul transpirava sexo, enquanto Gordon não transpirava nada demais", e Paul era inequivocamente o favorito de sua mãe. De acordo com Bill Newsom, ela "achava que ele era o menino mais inteligente, mais esperto e o mais bonito da Califórnia".

A reação de Paul aos mimos de sua mãe foi aproveitar ao máximo e continuar alegremente com sua vida. Mas quando Gordon não recebeu a mesma atenção de sua mãe, fechou-se em si mesmo, criando uma parede de autossuficiência que logo se tornou parte fundamental de sua personalidade.

Ao reagir contra os caminhos mais liberais de sua mãe, Gordon parecia puritano e, em contraste com sua mãe e seu irmão, nunca foi bom bebedor. Paul teve uma sucessão de carros motorizados glamorosos, incluindo um Cord e um Dodge conversível, que dirigia com estilo e bem rápido. Gordon escolheu veículos mais simples – um estável Oldsmobile e um Buick ainda mais estável, que ele dirigia com grande responsabilidade.

Enquanto a vida em Clay Street parecia tranquila, a ausência de uma figura paterna afetou os dois meninos mais do que seus amigos gostariam. No caso de Gordon, não restava nenhuma alternativa além de sua mãe e, quando descobriu que não conseguia lidar com as maluquices da sra. Mack nem com sua embriaguez ou seus amantes, ele tendeu a criar uma vida privada longe de casa. Antes de ir para a universidade, ele se mudou para a tranquila casa irlandesa de seu

PATERNIDADE

antigo colega de escola, Bill Newsom, fazendo de Newsom pai uma espécie de figura paterna. Até então, Gordon era um solitário inteligente e determinado, cujo verdadeiro lar era música, poesia e teoria econômica. Isso ficaria muito claro nos problemas e nas distrações dos anos vindouros.

Ao contrário do autossuficiente Gordon, que não precisava de uma religião organizada, Paul, aos dezesseis anos, sofreu uma séria conversão com os jesuítas de St. Ignatius. E, embora à primeira vista a vida dele parecesse mais invejável do que a de Gordon, ele era, de fato, mais vulnerável que seu irmão. Se ele se inspirou em alguém, deve ter sido no bonito Edgar Peixoto, um encantador advogado fracassado, que foi um dos muitos pretendentes de sua mãe. "Um homem elegante e o mais inteligente, que infelizmente fora tomado pela bebida", é como um dos amigos de Paul se lembra dele. Bill Newsom, lembrando a conversa de Peixoto e sua memória fenomenal para as rimas irreverentes de Norman Douglas, diz: "A maioria de nós pensava que Edgar era um herói." Paul o fez, mas Gordon não.

A personalidade de Paul parecia conter muitas contradições. Seu caráter selvagem escondeu certa melancolia e, por trás da necessidade crônica de amigos, havia uma insegurança considerável. Enquanto Gordon adorava as certezas do xadrez e da teoria econômica, Paul era atraído pelos excessos da literatura romântica. Ele era um grande leitor e passou a colecionar livros, tendo começado com uma primeira edição de *O grande Gatsby*. Ele apreciou a decadência *fin-de-siècle* de Wilde e Poe, mas sua descoberta valiosa foi aquele pretensioso diabolista, Aleister Crowley. O autodenominado "príncipe das trevas e a grande besta 666", que se valia de uma ingestão diária de heroína que teria derrubado uns seis homens mais incautos, Crowley passou a ser considerado um precursor da "geração psicodélica" dos anos 1960; para Paul ter se interessado naquele momento por ele é uma pista de como sua mente estava funcionando e da maneira como seus interesses se desenvolveriam.

Paul tinha terminado o ensino médio e estava prestes a ir para a Universidade de San Francisco quando a guerra da Coreia explodiu em 1950. Sua mãe sugeriu usar sua influência com um general que conhecia para impedir que ele fosse convocado, mas ele não deixou. Em vez disso, foi para a Coreia, tornou-se cabo, mas mostrou pouca aptidão para a vida de soldado, servindo durante seu tempo em um escritório no quartel-general de Seul. Um ano depois, Gordon também interrompeu seus estudos em economia em Berkeley para se juntar às forças armadas, assumiu um posto comissionado, mas não gostava do Exército assim como Paul e passou seu tempo de serviço no acampamento-base de Fort Ord.

Quando retornou da Coreia, Paul já estava apaixonado por Gail Harris, a filha única do juiz federal George Harris. Ao contrário dos Getty, que eram recém-chegados à cidade, os Harris eram a terceira geração em San Francisco, e o juiz, nomeado por Truman, era uma figura de liderança na comunidade. Mas, apesar de toda a rebeldia de Paul, o juiz e sua esposa, Aileen, gostaram muito dele, e ele, por sua vez, estava apaixonado o bastante por Gail para largar a bebida. Quando Paul e Gail decidiram se casar; a única pessoa que não estava a favor era a sra. Mack.

Odiando perder seu filho favorito, ela argumentou que, aos 23 anos, ele era muito novo, rebelde e imaturo para o casamento. Mas, apesar de suas advertências e objeções, os Harris apoiaram os jovens amantes, que se casaram, discretamente, na Capela de Nossa Senhora da Caminhada de Woodside, em janeiro de 1956.

O pai do noivo, que então estava na Inglaterra, foi fiel à norma e ignorou o casamento, mas, a pedido de Penelope Kitson, enviou um telegrama de parabéns assinado "Seu pai amoroso" – embora não tenha enviado um presente.

Gordon parecia firmemente casado com a poesia, a teoria econômica e a música – acima de tudo a música. Ele possuía uma voz de barítono para combinar com seu tamanho, e sonhava em estudar no conservatório e um dia ter fama mundial e fortuna como cantor de ópera.

Até aquele momento na vida deles, nenhum dos irmãos tinha prestado a menor atenção aos negócios do petróleo, aos meio-irmãos George e Ronald, ou ao pai desconhecido, que estava acumulando riqueza em quantidades tão inimagináveis debaixo da areia em um dos pontos mais quentes, secos e desconfortáveis na Terra.

PARTE DOIS

CAPÍTULO 10

O MAIS RICO
AMERICANO VIVO

E M OUTUBRO DE **1957**, Paul Getty emergiu do armário capitalista no qual ele estava vivendo em relativa obscuridade havia tanto tempo. A revista *Fortune*, depois de vários meses de pesquisa entre os super-ricos dos Estados Unidos, incluindo Rockefeller, Morgan, Hunt e Ford, declarou publicamente Jean Paul Getty, um "empresário expatriado que vive em Paris", o "mais rico americano vivo".

As fotografias tiradas dele na época dão a impressão de uma criatura noturna de repente flagrada em seu esconderijo pelo flash da câmera e exposta à luz cruel do dia. O jogo secreto em que ele havia se envolvido com discrição desde que seu pai morrera não era mais secreto, sua riqueza não era mais privada, e uma série de coisas importantes começaram a mudar para Getty – e para aqueles que o rodeavam.

A grande fortuna e os interesses comerciais que ele criara não podiam continuar sendo o negócio discreto que conduzia havia tanto tempo por telefone e a distância, dos quartos de hotéis, com registros gravados na memória ou guardados em caixas de sapatos. De agora em diante, ele, cada vez mais como outros milionários importantes, fazia o melhor para manter seu estilo de vida inalterado, mas se tornara uma figura pública, sujeita a todas as pressões sobre os muito ricos – publicidade, cartas com pedidos, especulação, inveja, adulação sensacionalista; e suas características começaram a se tornar conhecidas também. Ele fingiu se arrepender da perda de seu "gratificante" anonimato prévio, lembrando como antes os repórteres que cobriam eventos em que ele estava presente o ignoravam. "Pelo que sei", disse

112 TODO O DINHEIRO DO MUNDO

ele, "eles achavam que eu era um garçom". Só que não mais. "Depois de evitar os holofotes durante toda a vida", escreveu ele, "para meu aguçado senso de desconforto me tornei uma curiosidade, uma espécie de excentricidade financeira da noite para o dia".

Na verdade, ele era vaidoso o suficiente para apreciar a notoriedade. Mas, de acordo com sua secretária, Barbara Wallace, "foi então que as coisas começaram a dar errado".

Ann Rork Getty tinha razão quando acusou seu ex-marido de "não ter interesse algum por seus filhos até que eles tivessem idade suficiente para ocupar seus lugares em sua preciosa dinastia". Na verdade, a falta de interesse por sua prole era positivamente sobre-humana. Pode-se perguntar: como alguém conseguia permanecer tão indiferente à própria carne e sangue para ignorá-los durante anos, nunca escrevendo para eles, nunca se perguntando se eram inteligentes, tolos, bonitos, interessados em mulheres e em animais, músicos ou criminosos insanos. Getty nunca havia perguntado. Ele não estava interessado e, até que tivessem idade suficiente para ser úteis, nunca havia se incomodado com eles.

Para o filho, Paul Junior, deve ter sido tentador responder com uma falta de interesse semelhante. Como precisava apoiar não só Gail, mas seu filho primogênito, Jean Paul Getty III, nascido em novembro de 1956, ele decidiu por volta dessa época se aventurar no negócio da família em um emprego – e contatou o meio-irmão George, agora vice-presidente da Tidewater Oil, propriedade da Getty, com sede em Los Angeles. (A empresa havia mudado recentemente o nome de Tide Water para Tidewater.)

Além do fato de ter um mesmo pai, os dois meio-irmãos não tinham nada em comum. Eles não se conheciam e nunca se conheceriam. Mesmo assim, George ofereceu a Paul um emprego – trabalhando em uma bomba de gasolina em uma estação de serviço da Tidewater, com a calça branca alinhada, o elegante chapéu branco e a gravata-borboleta preta brilhante de um atendente de posto Tidewater.

Em pouco tempo, Gordon, que não tinha muito o que fazer, se juntaria a ele, e depois de algum tempo ambos os irmãos foram encaminhados para treinar na sede da Tidewater. Mas ainda não havia quase nenhum contato com o distante pai até a primavera de 1958, quando, do nada, ele telefonou para Paul, convocando-o para ir à Paris. Ele teria a chance de se por à prova – na instalação da Getty Oil na Zona Neutra da Arábia.

Paul respondeu que, como ele tinha uma esposa e um filho ainda bebê, gostaria de levá-los com ele.

"Tudo bem", disse o pai. "Primeiro traga-os para Paris para que eu possa conhecê-los."

O que explica como Paul, Gail e o bebê chegaram para o almoço com o chefe da família no início do verão no Hôtel Georges V, em Paris. Ele também explica como aconteceu algo que teria grandes consequências para a família Getty. O grupo ao redor daquela mesa começou a ficar muito bem juntos.

Gail, que não conhecia o sogro, esperava "um homem extremamente ranzinza". Em vez disso, ele cumprimentou seu filho com: "Paul, ninguém me disse que sua esposa era bonita", e passou a encantá-la, como só ele poderia encantar uma mulher bonita. O velho misantropo também ficou encantado com seu neto – "um malandrinho esperto de cabelo vermelho" com "uma habilidade notável para fazer seu vovô obedecer as suas ordens", como o próprio Getty escreveu com entusiasmo atípico no diário sobre aquela noite.

Naquele momento, aquele vínculo familiar poderia ter terminado ali mesmo, não fossem os eventos em Paris na época. Uma manifestação violenta havia começado contra a política argelina de Charles de Gaulle – e as barricadas estavam subindo desconfortavelmente perto do Hôtel Georges V.

Getty não era um homem para revolução violenta – e, um tanto alarmado, decidiu se retirar para Bruxelas com sua família. E lá eles ficaram durante as semanas seguintes, vivendo em um luxo pouco convencional no Grand Hotel e indo todas as manhãs para a recém--inaugurada Exposição de Bruxelas. Lá, eles tomavam seu desjejum no Pavilhão Canadense de waffles com xarope de bordo, seguido de uma viagem ao Pavilhão Soviético do qual Gail ainda lembra "o mais delicioso caviar que já provei". Getty, como um homem de certos hábitos, começou a se divertir.

Um feriado agradável com os membros mais jovens de sua família era algo que Paul Getty não experimentara antes. Em Gail, ele tinha a nora perfeita, que achava suas histórias fascinantes e o ouvia, mais ou menos fascinada, por horas a fio.

O "malandrinho de cabelo vermelho", Jean Paul Getty III, de dezessete meses de idade, continuou como uma fonte de prazer permanente; e Paul Junior começou a cativar o pai como nenhum de seus outros filhos já havia feito antes. Quando a temporada em Bruxelas terminou, Getty chegou a uma decisão importante, não apenas para Paul e Gail, mas para toda a família Getty.

Embora tudo tivesse sido providenciado para a chegada de Paul e sua família na Zona Neutra, Getty mudou de ideia. Como ele disse, a vida em um trailer no calor do deserto árabe não era algo para um casal recém-casado com um bebê. Gordon ainda não era casado, e poderia ocupar o lugar de seu irmão – o que ocorreu algumas semanas depois, quando foi despachado para a instalação da Getty Oil na Arábia.

A verdade sobre isso tudo era que "Big Paul", como a família às vezes o chamava, ficou apegado ao que ele chamava de "minha pequena família", e não tinha a intenção de perdê-los.

Como Paul rapidamente se tornou seu filho favorito, era hora de ele ter o bezerro mais gordo. E, como aconteceu, havia um posto ideal dentro do império Getty esperando por ele. Quanto mais o velho pensava nisso, mais gostava.

Como parte da expansão de sua capacidade de refinaria na Europa, a Getty Oil adquiriu a pequena empresa italiana Golfo Oil Company, com uma refinaria em Gaeta, nas proximidades de Nápoles. Havia um escritório em Milão, mas Getty planejava expandi-lo, mudar seu nome para Getty Oil Italiana e transferir sua sede para Roma. Quem melhor para ser o gerente geral do que seu filho Paul?

Na verdade, Paul, com seu amor por viagens e livros e lazer, era um jovem inadequado para ser encarregado de qualquer coisa, particularmente porque ele não tinha experiência de gerenciamento.

O MAIS RICO AMERICANO VIVO

Mas nada daquilo importou para seu pai. Paul era seu filho e qualquer filho dele deveria achar a gestão da Golfo Oil uma operação tão simples quanto fazer um piquenique.

Foi em seu recém-descoberto modo superpaternal que o antigo magnata continuou a mostrar à sua "pequena família" tal afeição atípica. De Paris, ele os levou para Milão – em paradas tranquilas e bem devagar – em seu antigo Cadillac; e, uma vez em Milão, insistiu em instalá-los em um apartamento no centro da cidade – perto do escritório da Golfo na Piazza Eleonora Duse. A fatídica conexão da nova geração da família Getty com a Itália tinha começado.

Não que nenhum deles pudesse ter adivinhado o papel crucial que a Itália iria desempenhar em todas as suas vidas – principalmente porque sua primeira reação a Milão foi, em geral, desfavorável. Os prazeres de Milão levam tempo e paciência para serem descobertos, e os jovens Getty odiaram o clima, não gostaram da comida e não conseguiam entender o idioma.

Também ficou claro que Paul nunca seria empresário. Mas ele se aplicou, tentou entender os meandros do negócio do petróleo e, quando seu pai lhe disse "sempre use um terno escuro", imediatamente comprou um.

Foi durante esse período de lua de mel entre pai e filho que Paul Junior fez um gesto que tocou o velho mais profundamente do que se poderia pensar.

Vinte e cinco anos antes, quando Ann Rork, de 21 anos, deu à luz seu filho prematuro a bordo do navio indo para Genova, houve uma confusão ao escolher seu nome. Quando o navio parou no porto seguinte da escala, o bebê era pequeno o suficiente para ser levado para a praia em uma caixa de chapéu e foi oficialmente registrado pelo notário italiano em La Spezia. O pai orgulhoso queria a criança com seu nome – Jean Paul Getty Junior –, mas o notário entendeu mal e nomeou a criança "Eugenio" em vez disso.

"Eugenio", que significa "prole saudável", pensando pelo lado bom, era um nome popular na Itália fascista, mas nos Estados Unidos era menos aceitável e inevitavelmente se tornou "Eugene". Paul o odiava, nunca o usava, e agora que ele estava de volta na Itália, aproveitou a ocasião para mudar seu nome oficialmente para a forma

116 TODO O DINHEIRO DO MUNDO

que seu pai pretendera. Eugene Paul já não mais existia. Jean Paul Getty Junior assumia.

Enquanto o renomeado Jean Paul Getty Junior estava gozando dos incomuns raios de sol de aprovação paterna, seus irmãos estavam passando por um momento bem mais difícil. O robusto George, embora oficialmente indicado como o principal herdeiro e sucessor de seu pai e nomeado vice-presidente da Tidewater da Getty, foi mais do que nunca assombrado pelo pai – e por aquelas cartas que começavam com "Meu querido George" e acabavam com "Seu sempre amado pai". O velho Getty nunca cessou sua vigilância de olhos aguçados sobre todos os cantos do seu império, e suas cartas criticavam os mais ínfimos detalhes de erros e falhas de seu filho mais velho diligente, mas cruelmente frustrado.

George estava agora em seus trinta e poucos anos, pai de três alegres filhas, e um pilar da educada sociedade de Los Angeles. Como alguém falou, George seria "um gerente esplêndido de uma pequena loja de ferragens da Midwest", mas se encontrou no comando de uma grande empresa de petróleo, com um pai o criticando a distância, uma espécie de pesadelo.

O fardo de Ronald era igualmente desconfortável. Uma viagem com o pai para a Zona Neutra em 1956 falhou em aproximá-los e, apesar de sua fluência em francês e alemão lhe permitir ser gerente da empresa Veedol da Getty em Hamburgo, onde ele alcançara um considerável sucesso, as relações com seu pai estavam tão frias como sempre. (Não foi de muita ajuda o hábito de seu irmão George de escrever observações nada fraternais para o pai – coisa que Ronald também fazia sobre os fracassos de George.)

A verdade era que Getty ainda estava ressentido com o dr. Helmle; e quando Ronald se casou com Karin Seibl em Lübeck, na Alemanha, em 1964, o bilionário não veria nenhuma razão para quebrar o hábito de não comparecer a nenhum dos casamentos de seus filhos.

Mesmo o alegre Gordon teve problemas quando tomou a posição de Paul na administração da instalação da Getty na Zona Neutra. Agindo sob as ordens do pai, ele se recusou a pagar o suborno habitual ao Emir local, mas insistiu em apoiar um membro feminino de sua equipe contra a jurisdição do Emir. Descobriu-se que ela tinha um caso com um dos súditos do Emir – uma ofensa pela qual a pena era a morte por apedrejamento. Ao se recusar a aceitar, Gordon foi condenado à prisão domiciliar dos sauditas quando foi descoberto que ele ajudara a mulher a fugir do país.

Foi um episódio que teve impacto sobre Gordon enquanto ser humano, mas não conseguiu impressionar seu pai como empresário, que achava que a menina conhecia as regras e deveria ter pagado o preço. Além disso, ele tinha um bom relacionamento com o rei saudita, e queria continuar assim. Então, Gordon foi chamado de volta e enviado para gerenciar o que era a então Spartan Trailer Company em Tulsa. Quando se cansou disso, voltou sem alarde para Berkeley para terminar sua formação em inglês.

Getty não era um pai simpático, porém a imagem mais negativa dele nesse papel vem da temporada do verão de 1958, quando ele estava tirando muito proveito sentimental de sua "pequena família" em Milão.

Nesse momento, seu filho Timmy, de doze anos, estava sendo submetido a uma nova cirurgia em um hospital em Nova York, que deveria marcar o fim de um longo período de agonia. Meio cego e com a testa desfigurada devido à remoção de um tumor grande, estava prestes a se submeter à cirurgia estética que removeria suas cicatrizes.

Enquanto Timmy esperava por sua operação, ele telefonou para o pai todos os dias, implorando-lhe para voltasse e ficasse com ele. Também enviou pequenas mensagens de partir o coração. "Eu quero o seu amor, pai, e quero ver você."

Mas o coração de Getty não se partia com facilidade e, como sempre, negócios vinham antes dos filhos – todos os dias ele explicaria, com paciência, a Timmy que ele também o amava, mas que o trabalho do papai o impedia de voltar.

A operação ocorreu em 14 de agosto. Getty estava na Suíça na época, atendendo a um convite de longa data para visitar o barão, industrial e colecionador de arte Thyssen Bornemisza, que era quase tão rico quanto Getty e cuja grande coleção ultrapassava qualquer coisa que este poderia aspirar.

Ele estava lisonjeado por ser convidado por tal grandioso colecionador e, mesmo que estivesse preparado para arriscar sua vida em um voo transatlântico para Nova York, teria sido impensável cancelar a visita. Ele gostava de casas grandes, estava impressionado com as pinturas de Thyssen – e só voltou da villa Thyssen para o hotel em Lugano quando uma histérica Teddy conseguiu lhe falar ao telefone nas primeiras horas de uma segunda-feira, 18 de agosto. Apesar de sua tristeza, ela soluçou a notícia para ele: Timmy, seu filho amado, não havia resistido à operação.

Teddy precisava ser consolada e Getty, com sua maneira seca, tentou. Normalmente, o sofrimento ou outro sentimento humano não conseguia atingi-lo, pois ele há muito tempo conseguiu se retirar para o mundo desumano e frio dos negócios, mas algo sobre a morte de seu filho o atingiu. Diante da morte, ele sempre foi vulnerável e solitário. Quando a ligação com Teddy terminou, ainda era muito cedo para pensar em trabalhar e, sabendo que não conseguiria dormir, pegou seu diário.

"O querido Timmy morreu há duas horas, meu melhor e mais corajoso filho, um ser humano verdadeiramente nobre", começou ele, mas não pôde continuar.

"Palavras são inúteis", concluiu, e fechou seu diário.

Felizmente, ele ainda tinha Gail, Paul Junior e o bebê Paul convenientemente instalados no apartamento do segundo andar no meio de Milão para afastar sua cabeça da morte de Timmy. E, como ele estava na cidade com frequência, tocando seus assuntos de uma suíte no Hotel Principe e Savoia, gostava de vê-los e, às vezes, os tirava do calor da cidade nos fins de semana para hotéis elegantes como a Villa d'Este no Lago Como.

Entretanto, mesmo com Paul Junior, Gail e o bebê Paul, havia outro motivo para o seu crescente interesse em coisas italianas. Não eram apenas os assuntos da Golfo Oil que o traziam com tanta frequência à sua península preferida, mas uma mulher casada de certa idade com uma das casas mais fantásticas daquele país fantástico.

O MAIS RICO AMERICANO VIVO

Ele a conheceu em Paris através de seu representante social e amigo, o rico comandante Weiller. Ela era uma loira majestosa, tipo Ingrid Bergman, casada com um francês sombrio que, sendo francês, era naturalmente infiel a ela. E ela, sendo glamorosa, grandiosa e russa, estava pronta para um caso apaixonado.

Assim, começou o longo e desconfortável relacionamento de Getty com Mary Teissier, de 36 anos. Ela era elegante, e um pouco louca, algo quase que imposto a ela por ter tido um avô primo em segundo grau do czar russo Nicolau II. Seu marido, Lucien, tinha uma casa em Versalhes onde passavam o verão, mas também era dono da Villa San Michele, nas encostas de Fiesole, perto de Florença. Alguns diziam que a *villa* fora projetada por Michelangelo. Os jardins eram requintados. Os quartos estavam decorados com peças de museu. Da clausura da sala de jantar, uma vista incomparável de Florença se encontrava mais abaixo. E Teissier transformou sua *villa* em um pequeno hotel exclusivo para os muito ricos. Quando Mary Teissier estava lá, o nome de Getty aparecia na lista de convidados.

Ela tinha tudo para atrair Paul Getty – linhagem, estilo, calor humano e um conhecimento considerável do mundo. O fato de que ela também era ciumenta, imprevisível e nada pontual – como tal parentesco com um czar poderia ser – simplesmente aumentava a atração por ela.

Foi por causa de tudo isso – e por seu status como mulher casada com um marido exigente – que o cortejo a Mary Teissier levou muito mais tempo do que Getty gastaria entre a conquista e o levar para a cama de uma simples amante. Foi mencionado amor. Assim como casamento. Enquanto viajava entre Milão e Nápoles, Getty fez visitas frequentes à Villa San Michele. Mas 1959 começou com Mary Teissier ainda mais ou menos apegada ao marido de rosto apático.

Agora que a revista *Fortune* o tinha retirado de seu precioso anonimato, os dias de Paul Getty como bilionário vagabundo estavam com os dias contados. Ele ainda gostava de viver em hotéis – onde podia comer modestamente a partir do cardápio do hotel, economizar dinheiro lavando a própria roupa íntima na pia do banheiro (sua desculpa sendo que o detergente de lavagem a seco danificava sua pele) – e desfrutava sem culpa das mulheres que listava – por nome, cor da pele e cidade – no livro preto de endereços.

Mas, desde aquelas poucas horas incômodas em Paris, sua proteção e segurança pessoal começaram a preocupá-lo. Assim como os repórteres e aspirantes a buscar fortunas. Ele precisava de uma base europeia estabelecida de onde pudesse dirigir seu império, aproveitar sua privacidade e saborear suas mulheres e seus bens valiosos.

A princípio, ele pensava na França – mas a lembrança de barricadas fora do Hôtel Georges V o perturbava. A França poderia estar no limite de uma revolta sangrenta. E, mesmo adorando a Itália, lá era só um pouco melhor. Um único lugar ainda lhe acenava com lembranças de prados suaves, casas de campo graciosas, uma população atenciosa e uma aristocracia de peso: o paraíso do requinte e da paz, com as instituições financeiras mais gordas e seguras do mundo – a Inglaterra.

Getty estava chegando aos 66 anos, e sua fortuna rendia 1 milhão de dólares diários sem esforço, quando o membro mais poderoso de seu séquito, Penelope Kitson, apresentou-o a George Granville Sutherland-Leveson-Gower, 5º duque de Sutherland.

Embora fosse o maior detentor de terras da Escócia, Sua Graça, que nunca tinha sido brilhante, conseguiu ficar sem dinheiro e se viu com um grande problema: manter Sutton Place, a mansão Tudor que havia comprado quarenta anos antes do magnata da imprensa, o visconde Harmsworth. (Antes de sentir pena do duque, é preciso lembrar que ele possuiu uma mansão Mayfair ao lado do hotel Claridges; uma casa majestosa um pouco menor em Surrey; além de Dunrobin Castle, Golspie House e a casa curiosamente chamada de "casa da língua" em Sutherland.)

Getty, com seu faro aguçado para uma pechincha, ofereceu ao duque carente cerca de 60 mil libras esterlinas por seu refúgio Tudor então indesejado – cerca de duas horas de produção da Zona Neutra e exatamente metade do valor pago pelo duque a Harmsworth quarenta anos antes. Sutherland aceitou.

Muito trabalho e dinheiro seriam necessários para tornar Sutton Place apto para um bilionário abnegado viver. E a prática Penelope passaria muitos meses selecionando cortinas, tapetes e móveis e se encarregando de construtores, encanadores, eletricistas e estofadores em seu nome. Paul Getty também comprou uma mesa de setenta metros do castelo que seu velho amigo, o magnata da imprensa americana William Randolph Hearst, possuía no País de Gales, dois pianos gigantes e várias fotos. "Não devo gastar mais em pinturas", escreveu ele em seu diário.

Na primavera de 1960, Paul Getty, orgulhoso, tomaria posse de algo que ele nunca tivera antes – uma casa.

CAPÍTULO 11

LA DOLCE VITA

ROMA É TRADICIONALMENTE um lugar perigoso para forasteiros românticos com dinheiro, e a cidade nunca tinha parecido mais perigosamente sedutora do que no outono de 1958, quando a recém-nomeada Getty Oil Italiana transferiu seus escritórios de Milão para Roma, e Paul Junior e Gail foram atrás.

Eles encontraram um apartamento no histórico Palazzo Lovatelli, na Piazza Campitelli, uma das menores e mais encantadoras praças do bairro mais antigo da cidade. Havia uma fonte em frente à grande igreja barroca de Santa Maria em Campitelli, e na esquina estavam a ruínas do teatro de Marcelo, construído por Júlio César. Depois de Milão, deve ter parecido entrar em um país em outro século, e a Piazza Campitelli era o cenário perfeito para um idílio romano.

Gail estava grávida pela segunda vez, e ainda havia tão pouco trânsito nas ruas que ela costumava contratar uma charrete quando saía para fazer compras. Em julho de 1959, ela teve uma filha, que chamaram de Aileen em homenagem à mãe de Gail.

Paul tinha um carro esportivo MG de cor vinho que era muito admirado pelos italianos e, em alguns fins de semana, iam para cidades próximas como Tivoli e Palestrina. Dificilmente Roma poderia parecer mais bonita, mas a vida não era excitante – a maioria da vida social dos jovens Getty consistia em jantares ocasionais com casais mais velhos, geralmente americanos ligados à indústria do petróleo.

Paul gostava de explorar Roma, começou a aprender italiano e continuou a colecionar livros e discos. Ele tinha 26 anos e estava naquele momento da vida em que esperava por algo maravilhoso acontecer.

De fato, Roma não era tão monótona quanto parecia na Piazza Campitelli. Quando os Getty chegaram, o excelente período do cinema italiano já estava terminando, mas lendários diretores – como Visconti, Rossellini e Sica – ainda trabalhavam nos estúdios romanos da Cinecittà. O mais conhecido entre eles, Fellini, capturou a atmosfera do período com um filme que acabou estreando no outono. Ele era um retrato vívido da decadência e do brilho da sociedade romana que se concentrava na Via Veneto. O herói, um jornalista (Marcello Mastroianni), enquanto despreza a vida que está levando, encontra-se incapaz de escapar ao procurar em vão sua verdadeira identidade.

Fellini chamou seu filme *La Dolce Vita* [A Doce Vida]. E, em pouco tempo, Paul e Gail estariam eles mesmos provando um pouco de *la dolce vita*.

Durante aquele verão, o velho Paul estava ocupado revivendo seu caso de amor com uma Itália muito diferente através de seu romance contínuo com a exigente sra. Teissier e seu cabelo dourado. No início de 1959, ela deixou o marido e a Villa San Michele e passou a ser responsabilidade dele.

Seu filho Alexis ainda acredita que algo mais do que sexo e dinheiro estava envolvido. "Era a sensação de poder que Getty exalava. Ela estava obcecada por ele. Desde o dia em que se conheceram até o dia em que morreu, não havia mais ninguém além dele."

Getty estava apaixonado por ela – como esteve por todas as outras –, mas isso não significava que pudesse ser fiel a ela e, secretamente, apreciava os rompantes de ciúmes de Mary. Ele a provocava sobre as outras mulheres – até mesmo à mesa de jantar –, e ela tinha ciúmes de sua amizade com Penelope, que ela não podia tolerar nem mudar, nem entender.

Pobre, insegura e infeliz Mary Teissier! Sua crônica falta de personalidade o irritava. O hábito dela de beber o chocou. E seu temperamento russo imprevisível por fim o aborreceu. Mas havia algo nela – talvez seu estilo e aquelas conexões com os Romanov – que sempre o atraía. E, durante os primeiros dias de seu romance, ela atuou como seu guia para os níveis mais altos da nobreza italiana, que, por razões de exibicionismo romântico, teve um grande fascínio para ele.

Em Roma, ela entrou em contato com todas as fontes que conhecia para levá-lo ao mais improvável bastião do esnobismo romano – o exclusivo Circolo della Caccia, o clube de caça de Roma. Inspirado em uma tradicional caçada inglesa, o Circolo foi dominado por aristocratas com ciúmes da única coisa que Getty secretamente admirava e invejava – sua continuidade e sua ascendência. E eles, por sua vez, tiveram a chance de rejeitar este novo-rico americano que possuía a única coisa que a maioria *deles* admirava e invejava – grandes quantidades de dinheiro.

Ele teria sido um caçador curioso. Como teria adorado ser membro do clube mais exclusivo de Roma quando entrou em sua discreta sede no Largo Fontana Borghese! O seu fracasso em ser eleito o feriu – e aumentou seu crescente descontentamento com a Itália.

Como um consolo, quando visitou Nápoles e sua nova refinaria de petróleo em Gaeta, Mary conseguiu apresentá-lo ao que seria a nata da sociedade napolitana, incluindo vários duques e príncipes – não que fosse grande coisa em um país com quase duzentos duques e quase o mesmo número de príncipes –, mas isso o deixou feliz. Então, ela arruinou tudo ao persuadi-lo a comprar uma ilha chamada Gaiola na baía de Nápoles.

Gaiola era minúscula, e ele a comprou sem a ver quando Maria mencionou que entre seus proprietários anteriores estavam inclusos o imperador Tibério, o herdeiro da Fiat, Gianni Agnelli, e o conde de Warwick. Como estava sempre sem dinheiro, Mary ficou atraída pela perspectiva da comissão de 7 mil dólares no negócio – só que era inteligente o suficiente para omitir isso de seu amante. (Como ela dizia, ele gostaria que fosse assim.)

O dia em que Getty tomaria posse da ilha raiou. Gaiola era linda, mas tinha uma atmosfera melancólica; e um olhar para os trinta metros de mar entre ele e o continente era suficiente para Paul. Ele se recusou a subir a bordo do barco a remo para levá-lo e, depois de uma refeição apressada, arrumou as malas e, mesmo com as lamentações de Mary, nunca se aventurou a ir lá.

LA DOLCE VITA

Como Penelope comentou: "Se você é tão rico, o que é outra ilha?"

Além disso, ele havia comprado um estabelecimento mais adequado perto de Roma – de alguém com um título ainda mais ressonante do que "conde de Warwick" – príncipe Ladislao Odescalchi.

La Posta Vecchia era uma das antigas casas de campo do príncipe e tinha sido uma parada na antiga Via Salaria, perto do antigo sítio etrusco de Palo. Embora consideravelmente decadente, assim como o Odescalchi, era um edifício imponente com seus pórticos e arcos romanos. Quando a comprou, Paul tinha planos de viver lá em parte de cada ano. A indispensável Penelope providenciou a decoração em um estilo confortável de uma casa de campo inglesa que o agradou.

Getty amou a casa, mas sempre se preocupou com sua segurança, e toda a publicidade sobre sua fortuna o deixou duplamente ansioso. Palo estava ao pé do mar e, de acordo com sua secretária, Barbara Wallace, ele começou a se preocupar em ser sequestrado por piratas.

Sequestro estava se tornando uma obsessão e, por isso, La Posta Vecchia nunca se tornou o centro da grande vida italiana que Getty sonhava. Ele encomendou barras para as janelas do quarto e a segurança mais moderna. Mantinha uma espingarda carregada em seu quarto, e mesmo assim ficava por pouco tempo. Em Roma, sentiu-se mais feliz – e mais seguro – no antigo e familiar Hotel Flora na Via Veneto.

Quando ele comprou La Posta Vecchia, consultou seu advogado italiano sobre a adoção da nacionalidade italiana – mas este era um assunto que ele nunca mencionava. A Inglaterra estava cada vez mais roubando sua afeição.

Em parte era a idade. Ele sempre se sentiu em casa na Inglaterra e até chegou a tolerar o clima. Mais importante de tudo: ele se sentia seguro lá, e a classe alta britânica era bastante diferente daqueles romanos ultrapassados que acreditavam que tinham o direito de ensinar a um bilionário ianque uma lição.

Até a divulgação sobre sua fortuna estava a seu favor. A aristocracia britânica sempre teve um profundo respeito pelo dinheiro – e, como ele descobriu em seus dias em Oxford, não era muito difícil entendê-los. Mais do que nunca, Paul gostava de conhecer quase qualquer um com um título.

Foi com a sugestão do comandante Paul Louis Weiller que ele recrutou Claus von Bülow para o seu pessoal. O advogado dinamarquês, que trabalhou por um período no gabinete de lorde Hailsham, tinha reputação de mulherengo e de adorar a vida social. Nascido Claus Borberg, adotou o sobrenome von Bülow de seu avô materno, um ex-ministro da justiça dinamarquês, depois que seu pai, Svend Borberg, foi preso após a Segunda Guerra Mundial por colaborar com os nazistas.

Getty nomeou Claus seu "chefe-executivo", mas como o velho odiava delegar qualquer coisa a qualquer um, também atuou como uma espécie de secretário social. Nisso, ele era inestimável. Claus conhecia quase todos os que interessavam − o que era muito útil naquele momento, quando Paul embarcou em uma lua de mel tardia com a classe alta britânica.

Antes de comprar Sutton Place do duque de Sutherland, Paul já tinha conhecido o mais descontraído dos nobres, o duque de Bedford, e ficou satisfeito quando foi convidado como hóspede para um fim de semana em Woburn. Ele ficou encantado quando o duque de Rutland o convidou para o Castelo Belvoir (o qual, diz Claus, cavalheiros pronunciavam "Beaver").* Mas seu desejo de estabelecer credenciais como um colega de uma casa senhorial trouxe problemas.

A ideia de Claus era combinar a chegada da maioridade da filha de um parente do duque de Norfolk, Jeanette Constable-Maxwell, com uma festa de gala para o Sutton Place reformado em junho de 1960. Paul conhecia Jeanette e seu pai, o capitão Ian Constable-Maxwell, através do duque de Rutland, e parecia generosidade daquele americano famoso por não ser generoso oferecer sua casa para a ocasião.

Contudo, as coisas saíram do controle, e o que começou como uma festa de aniversário de 21 anos se tornou a maior festa da temporada de Londres. No último momento, Claus estava ocupado sugerindo convidados ainda mais distintos. E o comandante Weiller

---

★ "Castor": gíria popular, em inglês, para o órgão sexual feminino. [N.T.]

também e, na noite de 2 de junho, na lista estavam arrolados 1.200 convidados. Incluía duques reais como os Gloucester, duques menores como os Rutland e os Bedford, os gregos proprietários de navios como os Onassis e Niarchos, além de Douglas Fairbanks, da duquesa de Roxburgh e do sr. e da sra. Duncan Sandys (que vieram em nome do pai de Diana Sandys, Sir Winston Churchill, cujos dias de festa haviam chegado ao fim).

Além dos Rutland e de sua família mais próxima, a srta. Constable-Maxwell não conhecia quase ninguém. Nem Getty – que não achou oportuno convidar membros de sua família.

Pior ainda, o que tinha sido planejado como o ápice da temporada da alta sociedade por fim se tornou uma boca-livre. Depois de muita publicidade antecipada, as classes de "arroz de festa" foram alertadas e, antes da meia-noite, os penetras começaram a chegar em massa. Segundo os padrões dos anos 1960, era bastante inofensivo. Ninguém teve machucados graves, as adegas de Cellini não foram roubadas como se pensava e, embora um fotógrafo tenha sido jogado na piscina, os danos foram estimados em apenas 20 mil libras esterlinas.

A reputação de Getty foi o único dano, já que nunca se recuperou. Pois, embora ele ganhasse simpatia pelo que aconteceu, também havia a impressão de que tudo fora excessivo e vulgar – um pouco ao nível da festa do ano anterior, dada no Battersea Park pelo empresário americano Mike Todd, só que não tão divertida.

A festa contribuiu pouco para estabelecer Getty como membro honorário da classe alta britânica, nem anunciou uma era de extravagância feudal para o mais recente senhor de Sutton Place. Pelo contrário, embora parecesse ter ascendido aos níveis mais altos da alta sociedade, ele estava tão enraizado na economia como sempre.

Era a mesma velha resposta puritana à autoindulgência. No fundo, ele devia saber que nem George nem Sarah gastariam dinheiro em uma festa como aquela – ainda menos em uma casa tão opulenta como Sutton Place. Mais uma vez, ele foi forçado a se justificar diante daqueles fantasmas guardiões de sua consciência – o que significava que, desde o momento em que foi morar lá, tudo sobre sua vida em Sutton Place se tornou um desafio para economizar dinheiro e evitar despesas desnecessárias. Na verdade, Sutton Place exigiu de

Getty voos mais altos em sua longa vida de virtuoso na arte sutil de economizar dinheiro.

Logo, foi típico dele ter descoberto uma jovem advogada para ajudá-lo com tal tarefa soberana. Robina Lund, a filha de 25 anos de Sir Thomas Lund, presidente da Law Society, obtivera autorização oficial como advogada quando Getty a conheceu com seus pais. Ao contrário dos rumores, ela insiste que, não por falta de tentativas dele, nunca se tornaram amantes, mas permaneceu como amiga, admiradora, conselheira jurídica e "filha honorária". Ela era uma conselheira perspicaz e o ajudou a alcançar a situação fiscal mágica de residir legalmente na Grã-Bretanha enquanto era considerado domiciliado pelo governo de sua terra natal, mesmo sem visitar os Estados Unidos.

Além de tal conquista memorável, ela também o ajudou a fazer outra grande operação que presumivelmente apaziguou qualquer culpa que sentia por viver em um esplendor indecoroso: a propriedade real de Sutton Place. Apesar de ter feito o acordo original com Sutherland, a casa foi comprada não por ele, mas por uma subsidiária da Getty Oil chamada Sutton Place Properties, da qual a srta. Lund era diretora. Sutton Place foi então designada como sede oficial da Getty Oil.

Assim, na prática, Paul poderia viver em Sutton Place sem pagar imposto, com sua casa pertencendo à empresa, e a empresa poderia cobrar o custo em relação ao seu imposto como parte de suas despesas operacionais.

Tampouco foram negligenciados os menores custos da vida diária. Getty sempre teve o cuidado de explicar a alguém interessado que, em Sutton Place, um martini seco lhe custaria um quarto do preço que ele pagaria no Ritz. Ele também estava muito ciente de que seus poucos serviçais e os jardineiros custavam menos de um terço do que ele pagaria na Califórnia. Os convidados comuns tendiam a receber refeições comuns, como uma simples torta caseira, e os custos de escritório eram mantidos sob controle, reutilizando envelopes sempre que possível, reciclando elásticos e tendo cuidado com o uso de papel impresso. Na sala de jantar, pequenos aquecedores elétricos foram usados para economizar no aquecimento central.

LA DOLCE VITA

Tendo passado sua vida evitando dar qualquer coisa a qualquer um, ele não via razão para mudar de atitude, e era certo que sua profunda obsessão com a economia trouxe sua retribuição poética. Como ele havia aprendido quando se hospedava como convidado nas casas majestosas de sua amada aristocracia britânica, sempre houve uma regra não declarada mas eficaz: assim como os convidados devem colocar os próprios selos nas cartas, também é de se esperar que insistam em pagar por ligações telefônicas pessoais. Mas, depois de um tempo, Paul percebeu que isso não acontecia em Sutton Place e que alguns de seus convidados faziam ligações caras para a Austrália e os Estados Unidos.

Ele ficou muito aborrecido com isso, em parte por sua avareza, mas também porque sentiu que, por ser americano e rico, estava sendo passado para trás, que seus convidados o tratavam como não tratariam, digamos, o duque de Westminster.

Esta foi a origem do maior erro social de Getty – a instalação do seu famoso telefone público para seus convidados em Sutton Place. Era bastante lógico, mas não era essa a questão. Ele deveria ter percebido que, como bilionário – e americano –, não poderia se dar ao luxo de parecer tão mesquinho como um duque inglês.

Um dos interessantes "e se..." da saga dos Getty é o que teria acontecido se aquela reunião no almoço no Hôtel Georges V não tivesse ocorrido e, em vez daquilo, Paul tivesse ido para a Zona Neutra como planejado e Gordon se tornando gerente da Golfo Oil, posteriormente Getty Oil Italiana.

Gordon, com sua paixão pela música, teria amado Milão e sua ópera. Sendo solteiro e susceptível, ele teria se casado com uma italiana. E então, quando Paul e Gail voltassem para a Califórnia – como eles, sem dúvida, teriam feito em função do calor e o horrível desconforto da Zona Neutra –, teria sido Gordon e não Paul que poderia ter começado o ramo italiano da família Getty – com um resultado muito diferente para o futuro.

Em vez disso, em 1962, tendo deixado seu pai com os problemas na Zona Neutra, Gordon estava de volta a San Francisco, de pé em um bar chamado La Rocca's Corner quando conheceu Ann Gilbert, alta, de cabelo acobreado, filha de um fazendeiro de nozes de Wheatland no Vale de Sacramento. Ele tinha 28 anos e ela, 23. Eles se apaixonaram. Casaram-se em 1964. Ao longo dos seis anos seguintes, teriam quatro filhos: Peter, Andrew, John e William. Assim, enquanto seu irmão Paul estava ocupado criando Getty romanos, os meninos de Gordon cresceram como verdadeiros americanos.

Mesmo em seus dias em Clay Street, Gordon sempre esteve em busca dos prazeres simples de uma vida organizada. Em contraste com o pai, ele era dedicado à esposa, e seu casamento se provou uma raridade entre os Getty – um relacionamento estável e feliz.

Uma das razões era Gordon e Ann se complementarem. Ann tinha um forte caráter puritano, tendo sido criada de acordo com os preceitos do cristianismo fundamentalista batista, mas também era mundana, muito prática e determinada a desfrutar da vida boa depois de suportar o oposto durante tanto tempo em uma fazenda de nozes no Vale de Sacramento.

Em muitos aspectos, Gordon permanecia mais difícil de compreender do que sua esposa. Talvez como defesa contra o pai, ele continuou a parecer uma espécie de professor perdido tentando se lembrar de onde estava. "Não sou inteiramente desse século", admitiu ele em uma ocasião, e o veredito de Penelope sobre ele era mais ou menos o mesmo da maioria dos amigos de seu pai em Sutton Place. "Gordon", disse ela, "é desequilibrado, mas de uma maneira altamente inteligente".

O desequilíbrio de Gordon era enganador. Ele demonstraria ser extremamente pé no chão em relação à sua família – e tinha certeza de que seus filhos nunca sofreriam o mesmo que ele. Também era o mais indulgente e generoso dos maridos, ao ponto em que Ann era quem dava as ordens em casa.

Sob sua indubitável gentileza e o disfarce protetor de professor louco, Gordon poderia ser perspicaz e persistente quanto a seus interesses e ao que dizia respeito aos de sua família mais próxima – como o pai então descobrira. Além de produzir mais herdeiros do sexo masculino para a enorme fortuna no Fundo Sarah C. Getty, o casamento de Gordon teve um resultado mais imediato – e para o pai, menos agradável. Como um homem casado com uma jovem que via pouco sentido em abnegação desnecessária, Gordon descobriu que estava sem dinheiro – o que o atingiu, como atingiu sua esposa, como algo absurdo.

Ele tinha um pai conhecido por ser o cidadão mais rico de sua nação, os dólares estavam correndo incessantemente para o fundo estabelecido por sua avó para o benefício de seus netos e, no entanto, ele e sua esposa estavam subsistindo em um pequeno motel e se perguntando de onde os próximos poucos mil dólares viriam.

Muitas vezes, afirma-se que Ann foi a causa do que se seguiu, mas o amigo de Gordon, o juiz Newsom, insiste firmemente que foi ele mesmo, e não Ann, que encorajou Gordon a iniciar o processo para obrigar seu pai a liberar pelo menos um pouco do dinheiro guardado no fundo da avó Getty para beneficiar os netos. O resultado foi previsível – o tumulto no majestoso Sutton Place.

Pois, embora o amável Gordon tentasse descrever seu processo judicial como uma ação legal "amigável" destinada somente a esclarecer uma situação financeira obscura, era o equivalente a colocar vidro molhado no café do velho ou arame farpado em sua cama de casal. Pior: ao questionar a legalidade do fundo, Gordon não estava apenas ameaçando o futuro da fortuna Getty. Ele estava chegando a seu pai no ponto crucial onde ele sempre seria vulnerável.

Durante anos, o Fundo Sarah C. Getty esteve no centro do estranho jogo emocional-financeiro que Paul Getty estava jogando ao construir sua fortuna. Ao existir para receber o dinheiro acumulado que ele pagava à memória de seus pais, o fundo também se tornou um método fiscal maravilhosamente eficiente para proteger e ampliar a própria fortuna.

"Apesar de tudo o que eles dizem sobre J. Paul Getty", diz o juiz Newsom, "ele era muito bom em uma coisa – acumular e preservar capital". E ele fez isso usando o Fundo Sarah C. Getty para manter seu capital acumulado e assim evitar a tributação. Foi alegado que, por muitos anos, Getty nunca pagou mais de 500 dólares por ano em impostos. Ao longo dos anos, construir o *corpus* do fundo se tornou sua principal obsessão.

Uma vez que ele controlava o fundo, conseguiu assegurar que nunca se pagassem dividendos em dinheiro aos beneficiários, ou seja, ele e seus filhos. Uma vez que dividendos em dinheiro eram rendimentos, estariam sujeitos à tributação. Em vez disso, ele sempre pagou dividendos de ações, o que aumentava a participação do beneficiário no fundo, mas não era considerado como renda e permanecia livre de impostos.

Para um homem avarento como Getty, aquele era um método perfeito para criar uma montanha dourada particular. Sua riqueza excedente a faria crescer. O fisco não podia tocá-lo. E ninguém o ameaçou – até Gordon ir à justiça para pedir um pouco do dinheiro do fundo que a avó Getty pretendia que ele tivesse.

Pode-se perceber o quão ameaçado Getty deve ter se sentido. Pois o perigo real para toda a sua magnífica criação não era o pagamento de um dividendo em dinheiro relativamente pequeno do fundo a Gordon para mantê-lo feliz. Era mais complicado – e mais perigoso – do que isso. Como um dos beneficiários de renda do fundo, Gordon tinha direito a 6.666% recorrentes do rendimento de seu pai do fundo – e estava reivindicando retroativamente que, em vez de ser pago a ele, seu pai deveria ter pagado dividendos em dinheiro, não em ações, já que o fundo fora criado em 1936.

Se Gordon pudesse estabelecer isso em tribunal, o Fundo Sarah C. Getty desmoronaria, à medida que a base livre de impostos de seus dividendos se desenrolasse.

Gordon e seu assessor jurídico, Bill Newsom, estavam conscientes disso como o próprio Getty e contavam com a ameaça para fazer o velho ter um pouco de bom senso e encontrar uma maneira de desembolsar uma renda tão necessária para os beneficiários do rendimento. Mas Paul Getty não era um homem que se submetia a ameaças – e não sobre algo tão importante quanto o fundo de sua mãe para alguém tão sem importância quanto seu filho mais novo.

O resultado foi uma batalha judicial amarga e complicada que se arrastou, com intervalos e explosões, pelos sete anos seguidos – no final, por uma decisão da Suprema Corte da Califórnia, Gordon perdeu.

Isso foi em grande parte porque seu pai havia contratado o melhor advogado da época, o formidável Moses Lasky. Além disso, se Bill Newsom estiver correto, no último momento o próprio juiz recuou

LA DOLCE VITA 133

da perversão de enviar o grande Fundo Sarah C. Getty Trust para as maquinações potencialmente letais do fisco.

Após a morte do pai, quando ele próprio se tornou um dos maiores beneficiários do fundo, Gordon teria motivos para agradecer o julgamento. Enquanto isso, os sete anos de processo produziram muita tensão na família e várias surpresas afetariam o futuro.

Em primeiro lugar, durante o processo, Gordon conseguiu persuadir seu pai a pagar determinadas quantias de dinheiro do fundo para ele e para seus irmãos, Paul Junior e George. Apesar disso, George tinha se mostrado partidário do pai – até o ponto de escrever cartas indignadas a Gordon na linha de "Como você pode fazer isso com o nosso querido pai?". O pouco amor já havia se perdido entre os dois meio-irmãos – e o problema sobre o Fundo Sarah Getty ampliou o abismo que continuou com a geração seguinte.

Mas o estranho – e assim é a perversidade da natureza humana – foi que Gordon, e não o leal George, acabou nas graças do pai.

Ann participou disso. "Veja só, sr. Getty (como ela sempre o chamou), vamos acabar com isso", deve ter dito ela a seu sogro quando as coisas estavam ficando difíceis para Gordon. E o bilionário, que nunca disse não a uma mulher, concordou em dar um perdão de aparência rancorosa ao marido dela.

Mais especificamente, talvez, a maneira como Gordon manteve seu caso o impressionou. De todos os seus filhos, fora o vago e desligado Gordon que tinha mostrado a coragem e a determinação de se opor a ele. Era um presságio importante para o futuro – e Getty quase o respeitava por isso.

Ele ainda insistia em não entender as teorias econômicas de Gordon, muito menos sua música, mas eles começaram a se aproximar. Ele ficou bem com Ann e gostou das crianças. Então, como um sinal de aceitação definitiva, Gordon foi nomeado administrador do museu e, em 1972, foi reconhecido como um administrador do próprio corpo que ele tentou tão duramente dissolver – o vasto, sempre crescente e ainda inacessível Fundo Sarah C. Getty.

CAPÍTULO 12

NOVOS COMEÇOS

Enquanto isso, em Roma, a vida estava melhorando para a família favorita de Paul Getty, que havia se mudado da Piazza Campitelli para uma casa na Via Appia. Em 1962, a família tinha seis integrantes – mais duas crianças, Mark e Ariadne, nasceram em 1960 e 1962, respectivamente.

Com as crianças nascidas em um espaço curto de tempo, formaram uma família bem unida: Paul, o mais velho e ruivo, adorava o pai. Ele era o favorito do avô também e um menino brilhante, extremamente afetuoso.

Embora a família parecesse muito unida, Paul e Gail eram muito inocentes e a falta de realidade em Roma começou a afetá-los. É difícil descrever a atmosfera da capital italiana no início dos anos 1960. Era uma cidade pagã. O tráfego e a poluição de hoje não tinham começado, e algo sobre a beleza e a antiguidade da cidade dava a sensação de que a vida lá era mais rica, mais sexy e mais agradável do que em qualquer outra cidade do mundo. Como a maioria das coisas na Cidade Eterna, isso era bastante ilusório, mas o fato é que Roma, naquele período, parecia muito excitante – ainda mais para jovens estrangeiros de boa aparência e com dinheiro.

Além de Roma, havia outro motivo para aquele sentimento. Atraídos pela reputação da indústria cinematográfica italiana e pela queda da lira italiana, na primavera de 1962, a 20th Century Fox começara a produzir um dos épicos do cinema mais caros e envolto em crise de todos os tempos: *Cleópatra*. Seguiram-se outras produções, incluindo os filmes italianos de Clint Eastwood, os "bang-bang à

NOVOS COMEÇOS

italiana", que trouxeram atores, escritores, dólares americanos e um toque de glamour à vida noturna da cidade. Paul e Gail notaram que sua vida social estava melhorando.

Um amigo americano se lembra daquele verão. "Havia festas quase todas as noites. Parecia que nenhum de nós tinha preocupação alguma, e Paul e Gail pareciam os mais despreocupados de todos. Paul era elegante, magro e muito jovial, e Gail parecia bonita com seu cabelo curto e sua grande vitalidade. Eles eram o casal perfeito, e me lembro de pensar o quão invejável eram – e que adorável seria ser tão rico, casado e com quatro crianças agradáveis. Olhando para trás, ambos pareciam perfeitos até demais."

É claro que eram, mas eles se divertiam. Podiam pagar por ajuda para cuidar das crianças e fizeram uma série de amigos, incluindo o escritor William Styron e o diretor de cinema John Huston. Paul e Mario Lanza passaram muito tempo trabalhando juntos para trazer o beisebol americano para a Itália, enquanto Gail adorava dançar em clubes como o Lollobrigida's, no Appia Antica, ou o famoso Ottanta Quattro, na Via Margutta.

Aos poucos, eles perceberam que estavam levando vidas quase separadas, e as diferenças em suas personalidades começaram a vir à tona. Gail era sociável, cheia de energia e adorava festas. Paul era diferente. Parte dele desejava ser um playboy glamoroso, mas, como Gail diz: "Ele não se dava conta do quanto era glamoroso e era muito tímido para fazer qualquer coisa a esse respeito." Seu outro lado era extremamente sério e buscava por livros e aprendizagem.

A vida em Roma não fez nada para resolver os dois lados de sua personalidade. Ele começou a odiar seu trabalho na Getty Oil Italiana, era o responsável por uma grande família jovem em uma cidade estrangeira e tinha a sensação de que algo em sua vida estava à deriva. Contou a Gail que o que ele queria era ser oceanógrafo.

Como isso parecia impossível, ele ficou triste. Começou a beber e se isolou cada vez mais. Muitas vezes, quando ele e Gail estavam para sair, ele mudava de ideia no último minuto e decidia ficar em casa lendo. Sempre que possível, evitava dirigir. Ele sempre foi um introvertido por natureza, e estava mostrando ser alguém que queria se afastar da vida ao seu redor.

Isso deixou Gail por conta própria para apreciar a dança e as festas. Como ela admite: "Eu não era uma esposa maltratada, a santa Gail que ficava em casa enquanto Paul estava por aí dando suas voltas. Para ser sincera, era o contrário."

Uma das qualidades que *La Dolce Vita* de Fellini não conseguiu englobar era monogamia, e era impossível que o casamento durasse no meio de tanto glamour terreno. Os chamados casamentos abertos quase nunca funcionam – principalmente se houver diferenças nas personalidades dos parceiros. Inevitavelmente, Gail se apaixonou por outra pessoa. E, inevitavelmente – sendo a pessoa que ela era –, decidiu que tinha que seguir em frente.

Lang Jeffries era quase que a antítese de Paul – e Paul, que conhecia e gostava dele, ficou surpreso e bastante chocado quando Gail confessou que ela estava apaixonada e que desejava viver com ele.

Um austero ex-ator americano de Los Angeles, Jeffries se casou com a estrela de cinema Rhonda Fleming. Ele era um grande desportista – praticava golfe, iatismo e jogava tênis – e tinha vindo a Roma para fazer épicos de televisão romana de baixo orçamento que, como diz Gail, "ele não levava muito a sério".

Paul e Aileen ficaram ressentidos com ele, mas Mark e Ariadne gostariam dele, pois, apesar de tudo, Lang era confiável.

Paul estava chateado por Gail querer deixá-lo, mas eles tinham um pacto de que nunca mentiriam um para o outro. Paul também teve casos, por isso não podia argumentar quando ela disse que estava apaixonada. Eles ainda gostavam um do outro e fizeram o tipo de pacto que os casais carinhosos fazem quando o casamento morre.

Gail ficaria com as crianças e iria morar com Lang em um apartamento novo. Paul também se mudaria. (Na verdade, Gail encontraria um apartamento para ele.) E, enquanto ela estava rompendo o casamento, sentiu que não tinha nenhuma reivindicação financeira sobre ele, portanto, não havia nenhuma questão quanto a pensão alimentícia. Até então, não houve conversa sobre novo casamento. Paul implorou que ela não pensasse em se divorciar, e Gail concordou.

NOVOS COMEÇOS

Todos permaneceriam em Roma, ficariam amigos, e Paul, claro, veria as crianças quando ele quisesse.

Parecia a melhor solução – senão uma muito romana. "Fomos absurdamente civilizados", diz Gail. "Podia ter sido melhor se não tivéssemos sido."

Deixado por conta própria, Paul Junior decidira se divertir e, apesar de sua timidez e seu amor pela privacidade, parece ter sido bem-sucedido com as mulheres. Von Bülow o descreve como "incrivelmente bonito e sexy", e talvez exagere o número de suas conquistas romanas ao dizer que "ele dormiu com mulheres mais lindas do que seu pai". (Talvez a reivindicação dependa de como alguém interpreta "lindas").

Por outro lado, pode haver algo de verdadeiro na alegação de que Paul estava competindo com as façanhas amorosas do velho. Era como se fosse um jogo, e amigos que o conheciam agora insistem que seus casos eram sempre discretos – "não flagrante e exibicionista como muitos visitantes americanos com suas mulheres".

No entanto, o sobrenome Getty seria uma grande vantagem quando se tratava de estrelas como Brigitte Bardot, que estava em Roma fazendo *Le Repos du Guerrier* (*O Repouso do Guerreiro*) em 1962.

Na época, em Roma, Paul estava à deriva. Ele não encontrava alegria em seu trabalho na Getty Oil Italiana e tinha pouco do autocontrole do pai derivado da necessidade de ganhar muito dinheiro. Paul sabia muito bem que, trabalhando ou não, herdaria sua parte devida do Fundo Sarah C. Getty, e estava seguindo o ritmo de uma antiga melodia italiana. Ela era intitulada *Dolce far niente* – a arte de não fazer nada.

Em Roma, sempre houve um papel aprovado para jovens ricos como Paul para desempenhar. Nada de vicioso ou depravado. O jovem *signore* deseja se divertir antes de suportar o fardo da vida, que virá em breve. Ele deseja relaxar, dirigir devagar pela cidade, conhecer pessoas interessantes e ser gracioso, comprar livros, comer bem, dirigir até Positano ou até Santa Margherita, se bronzear com uma mulher bonita, beber, transar e então, no dia seguinte, recomeçar tudo. *Dolce far niente.*

Felicidade. Como todos em Roma, Paul queria ser feliz. Assim como Gail, mas, no caso de Paul, a busca pela felicidade o levaria ao amor que acabaria por arruinar sua vida.

Talitha Pol era muito bonita, com um rosto parecido com o de uma boneca, uma natureza ansiosa e sexy e uma noção de felicidade que se espalhava para os que a rodeavam. Ela era aquela raridade perigosa, uma feiticeira, e apenas em retrospectiva se vê o perigo que as feiticeiras podem trazer aos outros – e a si mesmas. Pois aqueles que caem sob seu feitiço esperam demais, entregam-se ao excesso e as culpam quando o feitiço se quebra.

Embora ela morasse em Londres, Talitha era holandesa. Seu pai, Willem Pol, um bonito pintor, casou-se com a bela Adine Mees, de uma próspera família de Amsterdã, em 1936. Três anos depois, eles se encontraram em Java em uma expedição de pintura à medida que a guerra começou na Europa e a invasão alemã de sua pátria os manteve na Indonésia.

Em setembro de 1940, os Pol ainda estavam em Java quando Talitha nasceu e, em vez de trazê-la de volta para a Europa, eles se mudaram para Bali – onde foram capturados e feitos prisioneiros quando os japoneses chegaram em 1943. Em cativeiro, suas condições foram terríveis. Willem foi separado de sua esposa e filha e, apesar de terem se reunido após a rendição japonesa, Adine nunca se recuperou completamente de seus sofrimentos. Ela morreu em 1948.

Quando Willem se casou novamente, três anos depois, foi com a filha de um célebre pintor britânico de uma geração mais velha – Poppet, filha de Augustus John. Eles compraram uma casa londrina simples em Chilworth Street, Paddington, mas passaram suas férias em uma casa de campo em que era então o pacífico vilarejo de Ramatuelle, perto de St. Tropez, no sul da França.

Sem filhos, Poppet foi como uma mãe para Talitha, que precisava de carinho após os horrores do campo de prisioneiros. Talitha cresceu para amar o sul da França, e ela, Poppet e seu pai eram muito ligados.

NOVOS COMEÇOS

Como muitas garotas lindas, Talitha desejava ser uma estrela de cinema e estava em Roma, em 1963, como figurante em uma cena de cinco segundos em *Cleópatra*. Numa breve visita, ela não conheceu Paul Getty Junior e, tempos depois, além de proposições carnais de vários produtores, sua carreira em filmes parecia ter chegado ao fim. Não que isso a preocupasse. Com sua aparência e suas conexões familiares, ela poderia desfrutar de uma vida social animada em Londres e depois se casar.

Para alguém encantadora como Talitha, não deveria ter sido difícil. Como uma amiga dela se lembra: "Ela parecia atrair homens mais velhos inteligentes, mas preferia a companhia de jovens mais espertos." Alguns deles eram muito inteligentes. Lorde Lambton a conheceu, lorde Kennet pensou que ela era "um nocaute", e lorde Christopher Thynne se apaixonou por ela. Mas o último também se lembra de "quão difícil era mantê-la como namorada porque ela gostava muito de flertar, ou melhor, gostava de flertar absurdamente, e nunca soube em que ponto eu estava com ela". Nem, ao que parece, nenhum de seus amantes.

Pois ela não estava tão despreocupada quanto parecia e ainda carregava as cicatrizes mentais de sua infância no campo de prisioneiros. lorde Christopher fala de como ele, uma vez, brincou fazendo o sinal de mal olhado para ela, apontando dois dedos estendidos para seu rosto, e de como ela se encolheu. Ele lhe perguntou o motivo daquilo, e ela explicou que seu gesto lembrava como os guardas do acampamento enfiavam os dedos nos olhos das crianças para machucá-las.

Grande parte do seu flerte serviu de cobertura para a insegurança. O que ela precisava era alguém jovem, rico e bonito para cuidar dela – alguém como o então solteiro Paul Junior. Tudo o que era necessário era o catalisador para que isso acontecesse.

Nos contos góticos, muitas vezes existe um portador de más notícias que emerge das sombras, desempenha seu papel fatídico e depois parte sozinho em seu destino infeliz. Com Talitha e Paul, esse papel foi desempenhado por Claus von Bülow. Após a morte de Jean Paul Getty em 1976, von Bülow deixaria a Inglaterra, iria para os Estados

Unidos e se casaria com Sunny von Anersberg, que herdara uma fortuna de 700 milhões de dólares do pai, o multimilionário americano George Crawford. E há uma estranha simetria na forma como von Bülow, que um dia fora acusado por tentativa de assassinato de sua glamorosa esposa rica, já estava apontando Paul e Talitha para um desastre igualmente angustiante.

Von Bülow estava morando em um grande apartamento em Belgravia e, inevitavelmente, conhecia Talitha. Pouco depois do ano-novo, em 1965, ele a convidou para jantar. Como muitos na época, Talitha era fascinada por Rudolf Nureyev, que acabara de desertar e estava iniciando sua carreira em Londres com o Royal Ballet. Ela o conhecera na casa de Lee Radziwill em Henley-on-Thames, e von Bülow lhe disse que estava vindo e prometeu colocá-la ao lado dele no jantar.

Mas o temperamental cossaco nunca foi, e von Bülow sentou Talitha ao lado de Paul, que estava na Inglaterra visitando o pai e não esperava encontrar alguém tão bonita e divertida em Londres.

Na manhã seguinte, na casa da Chilworth Street, Talitha se queixou de um resfriado e disse ao pai que iria se deitar até mais tarde. Willem, depois de tê-la ouvido retornar de madrugada, adivinhou que devia ser só uma ressaca e a deixou dormir.

Mais tarde naquela manhã, Poppet Pol voltou de uma ida a uma loja e encontrou um jovem na porta de sua casa com uma caixa de papelão volumosa. Ele perguntou onde vivia Talitha Pol. Quando ela perguntou quem ele era, ele se apresentou.

Ele foi convidado a entrar e, depois de ter encantado os pais, Paul Getty Junior convidou Talitha para conhecer seu pai em Sutton Place.

Surpreendentemente, ela não conseguiu impressioná-lo, pois o velho romântico possuía um lado pudico que reprovava meninas modernas em minissaias. Mas se Talitha e o velho Paul não conseguiram se acertar, isso não a impediu de sentir atração pelo filho dele. Quando lorde Christopher a viu alguns dias depois, ele soube que suas esperanças tinham acabado. Logo depois, Talitha e Paul Junior voaram para Roma juntos.

Esta foi a última vez que os Pol os viram até o início do verão, quando foram ficar em Ramatuelle. Willem achou Paul mais "simpático" do que nunca – fácil de conversar, erudito e ainda um pouco tímido.

Naquele ponto ainda não havia conversa sobre casamento. Mas, em todos os lugares em que foi com Talitha, as pessoas comentaram sobre o casal feliz que eles eram.

Arrangiarsi – uma palavra italiana para uma determinada especialidade romana – significa, literalmente, "arrumar-se".

Na primavera de 1966, a vida estava se arrumando em torno dos Getty romanos com a facilidade enganosa que é uma das especialidades da cidade. O sol estava brilhando, Gail se acomodou com Lang em um grande apartamento em um bairro moderno da cidade, e Paul e Talitha estavam vivendo felizes juntos em uma cobertura de luxo ao lado do Carlo Pontis, na Piazza Aracoeli.

No centro da Roma antiga, a venerável igreja do Aracoeli, o altar do céu, derivou seu nome do altar que o imperador Augusto supostamente ergueu em um terreno local depois de ter uma visão de uma virgem e uma criança.

Assim, além de estar em uma localização muito elegante, Paul e Talitha moravam em uma das partes mais históricas da Roma antiga. Eles também estavam perto do famoso "bolo de casamento" da cidade – o grande monumento de mármore branco ao primeiro rei de Itália unificada, Victor Emmanuel – e da sacada onde Mussolini, um herói do velho Getty, discursara à multidão romana na Piazza Venezia.

Mas isso era passado. Naquele momento, que todos pareciam felizes com a atual dispensa, era hora de definir a situação de forma tão justa e rápida quanto possível.

Apesar de seu acordo anterior, Paul e Gail se divorciaram, mas como foi tão amigável e Gail não obteve nada, eles decidiram convidar seu amigo comum Bill Newsom para ajudar a organizar os detalhes a respeito das crianças. Um advogado bem-sucedido em San Francisco, Newsom estava em St. Ignatius com Paul e Gordon.

Todo mundo gostava e confiava em Bill e ele conhecia a lei. Então, o convidaram.

William Newsom chegou a Roma. Ele sempre gostou muito de Paul – mas também era receoso em relação a ele. Newsom respondeu ao seu encanto, à sua sagacidade, à sua inteligência, tudo de sua mãe, Ann, mas ele também lembrava algo de seu lado selvagem do passado.

Mas, em Roma, Paul estava apaixonado – e Paul de bom humor era o mais irresistível dos mortais. (Quando o mau humor se instalava, as coisas eram diferentes.) Então, Bill Newsom achou fácil arrumar os detalhes de um acordo para as crianças.

Como Gail não estava solicitando pensão alimentícia para si mesma, Paul aceitou pagar cerca de um terço de sua renda líquida como pensão às crianças. Em 1965, significava um terço de 54 mil dólares mais despesas médicas e educacionais. Também foi acordado que deveria haver uma escala variável sobre esses 54 mil, de modo que, se a renda de Paul subisse acima de 1 milhão de dólares, 5% ao ano deveria ser pago anualmente em fundos dos quais Paul, Gail e Bill Newsom seriam administradores.

Uma cláusula adicional foi inserida no acordo. A fim de proteger as crianças dos caçadores de fortunas enquanto eram jovens, foi decretado que qualquer uma das crianças seria deserdada dos benefícios do fundo se se casasse antes de completar 22 anos.

Tudo parecia generoso e direto – não que impedisse o acordo de causar problemas no futuro. Mas, como todos naquele verão, Paul só queria que todos estivessem felizes.

Bill Newsom sentiu o mesmo e, ao embarcar em seu avião em Fiumicino com destino a San Francisco, tinha esperança no futuro de seus amigos.

Parecia que tudo estava funcionando, e o clima perfeito, que foi até agosto e setembro, fez daquele um verão de comemoração para os Getty. Desejando ter um lugar longe de Roma para levar as crianças, Gail e Lang descobriram uma casa toscana chamada La Fuserna na

NOVOS COMEÇOS

pequena aldeia de Orgia, ao sul de Siena. A casa era muito barata, mas precisava ser restaurada, enquanto a aldeia ainda era milagrosamente preservada, o campo, espetacular, e todos aqueles que ficaram ali adoravam o lugar. Para as crianças, seria a casa favorita – o lugar onde iriam passar as férias, brincar com as outras crianças da aldeia e caçar cogumelos nos bosques próximos no outono.

Enquanto isso, em Roma, o velho Paul parecia no mais próximo de seu bom humor quando chegou ao Hotel Flora com Mary Teissier.

Ele escreveu uma vez sobre o imperador Adriano: "O grande viajante tinha chegado a um momento da vida quando os inconvenientes da viagem o impediam de fazer longas jornadas." No início dos anos 1970, Paul Getty sentiu o mesmo. Ele estava com mais medo ainda de viajar e chegar a Itália tinha sido uma provação emocional. Como ele não voava e não arriscaria as balsas do Canal, sua saída era embarcar no Rainha Elizabeth em Southampton no início de sua viagem transatlântica e desembarcar em Cherbourg. Até mesmo ele admitiu que era improvável um transatlântico naufragar no canal da Mancha.

Uma vez em Roma, ele se sentiu seguro no refúgio de seu amado Hotel Flora e começou sua turnê pelas paisagens que sempre amou. Novamente ele teve aquela estranha sensação de *déjà vu*, de ter visto tudo aquilo séculos antes enquanto caminhava pelo fórum romano.

Mas a sensação de voltar ao passado foi mais intensa quando visitou seu prédio favorito – a grande rotunda do Panteão romano, reconstruída na forma atual pelo imperador Adriano em 120 d.C. Paul parecia ter um orgulho pessoal dela e de sua sobrevivência e, ao ver o prédio mais uma vez, ele explicou para Mary algo que só ele poderia ter pensado.

Alguma vez já lhe havia ocorrido, perguntou ele, que o Panteão foi tão bem construído que, durante todo o tempo de sua existência, nunca precisara de seguro contra incêndio? Basta pensar em quanto dinheiro foi economizado, acrescentou. "Se tivesse sido mantido no seguro desde o dia em que foi construído, a dois mil anos, o total do valor do seguro com juros compostos agregaria mais dinheiro do que existe no mundo hoje."

Era um pensamento mórbido – e razão para autoadulação. Mas, ao mesmo tempo, enquanto olhava para a construção, ele percebeu que

Adriano havia perdido a esplêndida oportunidade de imortalizar seu nome. O imperador foi muito modesto ao dar crédito pelo edifício ao seu fundador original, o cônsul Marcus Agrippa, cujo nome foi colocado em letras enormes no frontão.

Aquele erro grave não aconteceria quando Paul veio a construir outra *villa* romana para perpetuar sua memória. Ele estava pensando em fazer isso a algum tempo, e só em 1968 o trabalho começaria. Mas decidiu criar um museu perto do local da fazenda em Malibu, que abrigaria sua coleção de móveis, itens de estatuaria de mármore e as pinturas que estava comprando.

Já havia discussões sobre o formato do museu, mas, contra alguns conselhos contraditórios, ele seguiu exatamente o que queria. Alguns anos antes, em uma viagem a Nápoles, visitou o local da fabulosa *villa* do multimilionário romano Calpurnius Piso, que fora enterrado em cinzas vulcânicas quando o Vesúvio entrou em erupção e destruiu Pompeia e Herculano.

Obcecado por detalhes, Getty teve o trabalho de descobrir tudo sobre a história. A *villa* tinha sido escavada na década de 1760 para o rei de Nápoles por um arqueólogo alemão, e Getty estudou seu relatório – e as plantas da *villa*, os tesouros com os quais fora preenchida e a massa de registros em papiros preservada em pó vulcânico, que dera ao lugar o seu nome: Villa dei Papiri.

Ele ficou muito impressionado e, como se convencera de ter sido o imperador Adriano em outra vida, a Villa dei Papiri assumiu um significado especial. Adriano foi amigo de Piso e visitava a *villa* – o que significava que o próprio Getty devia ter estado lá.

Fizera parte do poder imperial de Adriano ordenar a construção de templos e grandes edifícios públicos nos confins mais distantes de seu império. Desejando "imitar seu espírito", Getty iria repetir essas ações e recriar a *villa* que ele conhecia tão bem em um local distante, que também conhecia – de frente para o Pacífico, às margens de Malibu.

Poderia ser feito idêntico à *villa* de Piso – a mesma decoração nas paredes, as mesmas plantas e os mesmos arbustos, até com cópias das estátuas de bronze nos jardins. Como Paul era tão rico quanto qualquer imperador romano, poderia se certificar de que estava cheio de tesouros de ainda maior prestígio que os de Piso. E ele poderia corrigir o erro que "cometera" ao construir o Panteão. Seu nome, e apenas ele, seria registrado na *villa* que iria construir na Califórnia.

Enquanto patriarca, Getty estava se tornando positivamente benigno e acompanhou Gordon em uma ocasião familiar incomum – a gravação de uma ópera em grande escala na casa de óperas de Nápoles, que Paul Junior estava patrocinando no valor de 20 mil dólares.

O orçamento não se estendeu para uma das óperas de Verdi de que Gordon teria gostado, e seu irmão escolheu uma das óperas menos conhecidas de Mozart, *Il Re Pastore* (O rei pastor). Trata-se da história de uma herança perdida e a redescoberta de um rei disfarçado de pastor no mundo iluminado pelo sol da mitologia clássica. Enquanto o velho e seus dois filhos ouviam a fascinante Lucia Popp cantar a parte principal em uma das óperas mais alegres de Mozart, a música pode ter combinado com o humor com o qual eles enfrentariam o futuro.

CAPÍTULO 13

CASAMENTOS ROMANOS

EM DEZEMBRO DE **1966,** como para realçar o papel que Roma estava desempenhando na fortuna dos Getty, Paul e Talitha se casaram no mesmo lugar em que Gail casara com Lang Jeffries alguns meses antes, e Jean Paul Getty com Teddy Lynch em 1939 – a prefeitura, o Campidoglio, coroando o Capitólio romano, o ponto central da Roma antiga.

Era um cenário espetacular para um casamento, tendo como paisagem o Fórum Romano em ruínas e o palácio dos senadores de Roma. A antiga estátua de bronze equestre do imperador Marco Aurélio ainda jazia sobre a base projetada por Michelangelo, e as antigas estátuas de Castor e Pollux, guardiões de Roma, flanqueavam os degraus que desciam para a cidade. As fotografias de casamento mostram Talitha com uma minissaia nupcial decorada com vison, segurando um lírio e parecendo a "flower-child" dos anos 1960 que ela de fato era, entre dois adultos sorrindo, Paul e Penelope.

Paul aos 34 anos estava melhor que nunca, e o sorriso deu apenas um toque do charme tímido de que as pessoas ainda se lembram. Penelope, em seu casaco belamente costurado, representava o pai do noivo, que estava muito ocupado fazendo dinheiro para comparecer. (De acordo com uma história, ele disse a um magnata do petróleo visitante que não sabia sobre o casamento.)

Não que o velho Getty fosse fazer muita falta – na cerimônia ou no almoço nupcial que se seguiu no restaurante Casa Valadier, nos Jardins Borghese. Sua ausência foi ainda menos sentida na grande recepção que ocorreu a noite toda no apartamento de um amigo escultor. Foi memorável, uma das várias "festas do ano".

CASAMENTOS ROMANOS 147

Na manhã seguinte, o casal de noivos levantou cedo e partiu para uma lua de mel prolongada em Marrakesh.

Claro que o velho Paul sabia sobre o casamento, mas ele o havia desaprovado. Ele tinha se desapaixonado pelo bonito Paul Junior – o que, combinado com problemas crescentes com a refinaria de Nápoles, colocou uma pressão adicional sobre seu caso de amor pela Itália.

Por trás da mudança de atitude de Getty em relação àquele que uma vez foi seu filho favorito, havia rumores sobre ele e Talitha. Ambos, ao que parece, teriam se tornado hippies e se juntado à contracultura dos anos 1960 com uma dedicação preocupante.

Por estar na Europa, Paul Junior, na verdade, havia perdido o culto hippie começado em sua nativa San Francisco, mas poderia ter sido concebido com ele em mente. Como o homem em Molière, que de repente descobre que sempre falou de forma tediosa, Paul descobriu que sempre foi um hippie por natureza. Nascida no Oriente, Talitha o encorajou, e o poder das flores, a autorrealização e a atração magnética do Oriente pelo entorpecimento das drogas entrou em ambas as suas vidas com uma vingança.

Uma espécie de espaço hippie gentrificado era o modo perfeito de vida para um casal como Paul e Talitha. Com o culto à anarquia não violenta, à autoexpressão e à rejeição do materialismo ocidental, o movimento hippie foi adaptado ao rico ocioso, que não possuía muito o que fazer. Quase que do dia para a noite, ninguém em Roma era mais descolado e mais hippie do que Paul e Talitha, mas nem mesmo o encantador Paul conseguiu combinar a ética hippie com a indústria do petróleo. Nada parecia mais autodestrutivo do que a atividade que dava dinheiro à sua família, nada mais mortificante do que ter que trabalhar de terno escuro nos escritórios da Getty Oil Italiana. Assim, os escritórios da Getty Oil Italiana raramente o viram.

Nem Gail nem as crianças o viram mais, embora ainda estivessem vivendo em Roma na época. Certa tarde, a família assistia a um filme inglês no cinema da Fiammetta e notou que um hippie barbudo entrava, usando cabelo longo e pequenos óculos estilo John Lennon. Apenas o jovem Paul o reconheceu como seu pai.

Pouco depois, Paul e Talitha foram para a Tailândia, onde tiveram suas primeiras experiências sérias com drogas. De volta à Inglaterra, alguém em Sutton Place fez com que o velho visse uma revista com fotos de seu filho, barbudo, de cabelo comprido e vestido com o que a legenda dizia ser "uma roupa de veludo verde tingida de tiras que teria feito um hippie verde de inveja".

O velho Paul não ficou impressionado, pois, ao contrário do filho, não era um hippie por natureza e, embora o imperador Adriano usasse barba aos 32 anos, sempre tivera grande aversão a pelos faciais.

Em Sutton Place, também não havia escassez de informações sobre o que estava acontecendo em Roma e, em particular, sobre os assuntos da Getty Oil Italiana. Palavras irritadas foram gritadas pelo telefone.

"Qualquer idiota pode ser um homem de negócios", disse Paul Junior − o que seria parecido com o príncipe de Gales informando à Sua Majestade que qualquer tolo poderia ser um monarca.

Foi pouco depois disso que a última amante do velho Paul, a notória duquesa de Argyll, anunciou durante o almoço em Sutton Place que ela tinha ouvido que Paul Getty Junior usava heroína. Getty ficara muito − na verdade dolorosamente − chocado. Ele tinha um genuíno horror da dependência de drogas e cortou relações com seu filho até que ele prometesse parar com as drogas. Paul Junior não prometeria − e não demorou muito para que entregasse sua renúncia do cargo de gerente geral da Getty Oil Italiana, e que seu pai, como chefe da empresa, aceitasse.

Isso deixou Paul sem emprego − mas não sem renda, que naquele ano se aproximou de 100 mil dólares, vinda do fundo da avó Getty.

Era o início do verão. Os turistas já estavam na cidade, e o apartamento da cobertura ficava abafado nas noites romanas. Com Paul desempregado, os recém-casados sentiram um toque da doença romana conhecida como *accidie* − o tédio que afligia monges e cortesãs.

Carpe diem, diz a inscrição que se repete em toda a cidade em seus monumentos e edifícios públicos.

"Aproveite o dia".

Assim eles fizeram.

★ ★ ★

Le Palais Da Zahir (um misto de francês e árabe para "o palácio do prazer") pertencia a um imobiliário incorporador francês chamado Monsieur Aigret, que o comprara vinte anos antes como uma especulação de mercado e não podia vendê-lo. Estava vazio desde então, no pitoresco bairro antigo de Marrakesh conhecido como Sidi Mimoun.

O empreendedor Bill Willis – elegante, um tanto afetado, decorador de interiores americano – o tinha mostrado a Paul e Talitha enquanto eles estavam lá em lua de mel, e o casal se apaixonou pelo local e o comprou por 10 mil dólares. Desde então, Bill o estava restaurando para eles com um estilo extravagante típico do século XVI, reparando carpetes e mosaicos antigos, encontrando objetos decorativos, móveis e carpetes em profusão, com azulejos especialmente queimados em Fez para substituir os azulejos antigos que faltavam.

Paul conheceu o belo Bill quando ainda era dono da pequena loja de antiguidades no topo da Escadaria da Praça de Espanha em Roma. Bill sempre teve um instinto para com os muito ricos, o que é um pré-requisito para o sucesso em sua profissão, e ele foi muito bem-sucedido. (Desde então, ele trabalhou em *villas* para Alain Delon, Yves St. Laurent e a irmã do rei de Marrocos.)

Quando o Da Zahir ficou pronto, John Richardson (distinto biógrafo de Picasso) o achou sinistro, mas a maioria dos outros visitantes achou divertido e o adorava.

Tinha uma porta de entrada azul (azul contra o mal-olhado), quatro pátios separados (em um dos quais Talitha plantou rosas), visões espetaculares das montanhas do Atlas a partir do telhado e um ar atemporal de beleza e decadência, que fazia parte do charme do velho mundo de Marrakesh antes de construírem a rodovia e o moderno aeroporto.

Tout lasse, tout casse, tout passe – e em nenhum lugar mais sedutor do que em Marrakesh, "a cidade mais ao sul da história da civilização", como Sacheverell Sitwell uma vez a descreveu.

Desde os dias de guerra em que os estadistas aliados como Churchill e Eisenhower apreciaram o clima e a paisagem, a cidade ficou na moda como uma parada na trilha hippie para o Oriente. Com Paul e Talitha morando lá, Da Zahir estava se tornando parte da própria trilha.

"A casa era um sonho, assim como muitas coisas a respeito de Talitha e Paul", diz um visitante lembrando aquele verão. "Era sempre *en grande fête*, sempre uma festa perpétua com pessoas fascinantes e divertidas e algo maravilhoso acontecendo. Podiam ser malabaristas, adivinhos ou músicos. Uma noite, um general marroquino apareceu do nada com sua trupe privada de dançarinos. Graças a Talitha, a comida era absolutamente deliciosa – quando tinha."

Como anfitriões, o casal não era extremamente rico, não na classificação de superfortunas de milionários americanos expatriados como Peggy Guggenheim ou Barbara Hutton. Mas eles possuíam o sobrenome Getty, com sua promessa de riqueza iminente, que era mais excitante que a pesada realidade da riqueza absoluta.

Isso os destacava de todos. Não que seus convidados fossem pobres ou entediantes. Ao contrário, eram gênios literários como Gore Vidal, celebridades de peso como Mick Jagger e cosmopolitas socialmente impressionantes como o príncipe Dado Ruspoli.

Como filho de um dos homens mais ricos do mundo, Paul estava começando a projetar um toque de independência reverenciada uma vez dispensada pela realeza menor europeia. Dois séculos antes, poderia ter sido um delfim para um rei Bourbon. Naquele momento, Paul e Talitha estavam se tornando membros de uma superclasse solitária com regras, gostos e *maneiras* próprios.

Os pais inocentes de Talitha chegaram a Da Zahir em um feriado no final daquele outono. Encontrando os jardins iluminados por tochas de cânfora, fogueiras enormes de lenha de oliveiras ardendo em cada canto de salas com pés-direitos altíssimos, jasmim e fumo de madeira aromatizando o ar e deliciosas refeições consumidas à noite em tapetes inestimáveis sob as estrelas, a primeira impressão deles era previsível – *As mil e uma noites*, obviamente, murmuraram um ao outro.

Mas se sentiram desconfortáveis desde o início sobre Talitha e Paul, que pareciam temperamentais. E também sobre o número de convidados oportunistas, cuja presença poderia enfurecer o genro, tanto que os Pol o ouviram gritar para Talitha para expulsá-los. Ela ficou deprimida.

Então choveu – muito – e, apesar do bom trabalho de Willis, o telhado vazou. E então os Pol perceberam que havia motivos além da chuva e dos convidados para o mau humor do casal. Como Poppet observou, ela e Willem perceberam que a dieta em Da Zahir não se limitava a suco de laranja, vitela grelhada e torta de cebola.

Os bolos do padeiro local tinham ingredientes curiosos, assim como a geleia caseira de sabor persistente de que todos gostavam. Ao consumi-la, Poppet viu cores mais fortes e tudo se movendo em câmera lenta. Willem disse que teria preferido dois scotches duplos. Poppet logo descobriu que, assim como a sonolência, as drogas poderiam induzir a loquacidade extrema em outros.

Uma noite durante o jantar, ela estava sentada ao lado de um agradável jovem de longo cabelo loiro que adormeceu entre os pratos servidos, apoiando a cabeça em seu ombro. Quando ele acordou, implorou para que pudesse levá-la em uma viagem, explicando que, embora o LSD fosse maravilhoso, era necessário ter alguém ao seu lado até se acostumar.

Apesar de tantas pessoas encantadoras, o ambiente com drogas de Da Zahir não conseguiu cativar os Pol e, quando eles partiram para a França, ficaram desconfortáveis com o futuro daquele casamento.

O mal-estar deles amenizou um pouco quando Talitha deu à luz um filho em Roma, em 30 de maio de 1968 – mas o nome dele os preocupou: Tara Gabriel Galaxy Gramaphone Getty.

"Menino rico com nome bobo", como um jornal na cidade natal de Paul, San Francisco, disse.

Então, Talitha e Paul voltaram a viajar – "Venham para o Leste, jovens amantes, a jornada, não a chegada, é importante" –, levando com eles o bebê Tara G.G.G. e uma babá destrambelhada para Indonésia e Bali a fim de redescobrir pessoas e lugares que Talitha recordava de sua triste infância.

Mas a antiga casa dos Pol em Bali fora destruída. As habilidades culinárias da babá não iam muito além de ovos mexidos e, enquanto

Tara estava desenvolvendo uma aversão contínua, Paul e Talitha desenvolveram um gosto para algo mais exótico. O que Paul queria mais do que nunca naquele momento era a felicidade – junto com o amor, a paz e a autoconsciência expandida que apenas as drogas poderiam trazer. Talitha também. Mas suas cartas para os Pol começaram a sugerir que ela não estava feliz. A heroína estava lhe dando uma sensação de perseguição e desconforto – e manchas em seu rosto também a preocupavam. Tanto ela quanto Paul estavam completamente viciados.

Quando os Pol os visitaram em Roma, ficaram chocados com a mudança que viram em ambos. Mesmo Poppet sabia o suficiente para perceber que os ingredientes dos biscoitos do padeiro não eram a causa.

O feitiço havia se quebrado. A sós com o pai, Talitha disse que não conseguia lidar com aquilo, que estava com medo e que queria voltar para Londres. Por causa de Tara, sentiu que devia escapar das drogas, do mundo hippie e da Itália.

Logo depois, uma amiga de Talitha que passava por Roma foi ao apartamento na Piazza Aracoeli com a esperança de vê-la. Não percebendo que Talitha tinha voltado a Londres, e encontrando o local aberto, entrou e subiu a escada para procurá-la. Não havia ninguém à vista, mas foi atrás da música que ouviu tocando no topo da casa. Em vez de Talitha, ela encontrou Paul recostado sobre as almofadas no chão, fumando ópio. Perdido em outro mundo, ele nem a notou ali.

Com o término do casamento, nenhum dos cônjuges estava sendo fiel, e outra mulher entrara em cena – Victoria Holdsworth, ex-modelo e ex-esposa de Lionel Brooke, o último raja branco de Sarawak. Victoria era jovem e muito bonita e, desde que fora trazida para um feriado em Marrakesh, Paul estava sempre com ela, datando o início de seu longo e intermitente caso. Mas, embora Paul estivesse apaixonado por Victoria e dependesse dela, também permaneceu profunda e possessivamente apaixonado por Talitha.

CASAMENTOS ROMANOS   153

Um dos benefícios da riqueza é que você sempre pode esconder seus problemas, manter o seu amante, comprar uma casa em outro país para uma esposa infeliz, e assim resolver tudo e nada.

Assim também foi essa espécie de acordo. Paul iria para Londres com Talitha, onde comprariam uma casa para que ela pudesse se instalar com Tara, recomeçar sua vida e se curar do vício em heroína. Enquanto isso, ele continuaria vivendo em Roma com Victoria, mas também visitaria Talitha e Tara o quanto pudesse em Londres. Talitha prometeu visitá-lo em Roma com Tara. Dessa forma, a vida poderia continuar. Ninguém ficaria ferido. Todo mundo ficaria feliz.

Na sua época, a Queen's House em Chelsea's Cheyne Walk deve ter sido uma das casas mais bonitas de Londres. Construída ao lado do Tamisa em 1707 e às vezes atribuída erroneamente tanto a Wren* como a Vanbrugh,** foi modernizada por Lutyens na década de 1930 e ainda era uma das residências mais desejáveis no bairro mais desejado da cidade quando Talitha e Paul a viram pela primeira vez.

(Seu novo proprietário, com a esperança de exorcizar seus fantasmas, devolveu-lhe seu nome original de Tudor House, mas durante aquele período foi conhecida como Queen's House.)

Possuía um salão de quarenta metros de comprimento com painéis originais do século XVIII e paisagens esplêndidas ao longo do rio, um belo jardim antigo, anteriormente parte original da Chelsea Manor, magníficos portões de um marceneiro anônimo de Surrey e uma das salas de jantar mais bonitas de Londres.

O que atraiu Paul de modo imediato foi que, durante vários anos na década de 1860, a casa tinha sido o lar de um de seus heróis, o poeta e pintor pré-rafaelita Dante Gabriel Rossetti. A Irmandade Pré-Rafaelita, que Rossetti fundou com os pintores Millais e Holman Hunt, ocupou um lugar especial nos corações e nas mentes da geração hippie dos anos 1960, que os via como precursores vitorianos do que

---

* Christopher Wren (1632-1723), projetista, astrônomo, geômetra e, em seu tempo, o maior arquiteto da Inglaterra.
** Sir John Vanbrugh (1664-1726), arquiteto e dramaturgo inglês.

eles acreditavam: o idealismo romântico, a atitude despreocupada e sem censuras quanto ao sexo e, no caso de Rossetti, um elemento forte de alucinações induzidas por drogas que foi detectado em sua pintura.

A Queen's House era um dos santuários da Irmandade, pois fora ali que Rossetti morou em 1862, depois da morte misteriosa de sua modelo favorita, cujos traços assombram muitas de suas pinturas, seu cabelo castanho-avermelhado – a esposa viciada em drogas, Lizzie Siddal, que teve uma overdose de láudano em sua presença.

A história de Rossetti fascinou Paul. Seja qual fosse o motivo por trás da morte de Lizzie, marcou o pintor como um golpe súbito de grande ruína romântica. Ele estava no auge de suas habilidades como artista, mas, desde o momento em que entrou na Queen's House, a culpa e o sofrimento de Rossetti por sua esposa morta começaram a obcecá-lo. Já viciado em hidrato de cloral, um dos narcóticos preferidos dos vitorianos, ele se tornava cada vez mais dependente, pois a substância acalmava seus nervos e aliviava sua tristeza, e bebia em quantidades alarmantes, apesar das tentativas de amigos como o poeta Swinburne e o romancista George Meredith em detê-lo. Sob a influência das drogas, tornou-se cada vez mais solitário, sua saúde piorou, e ele morreu aos 54 anos, em 1882.

Paul estava entusiasmado com as fortes associações entre a Queen's House e os pré-rafaelitas e parecia despreocupado com a natureza sombria da história – e por qualquer paralelo que pudesse ter com a dele. Pelo contrário, depois de sentir o que tinha em comum com os pré-rafaelitas e tendo comprado a casa, ele estava ansioso para restaurá-la o mais próximo possível do que deveria ter sido nos anos em que o pintor morara lá.

Por uma estranha coincidência, Poppet e Willem Pol também conheciam a casa, mas sob uma aparência muito diferente do sombrio covil de Rossetti durante seus "anos de cloral" da década de 1860.

As modernizações de Lutyens baniram as sombras e as teias de aranha do passado, e na década de 1930 a casa fora apropriada pelo agente da rainha, o refinado Hugo Pitman, que era amigo de Ian Fleming e patrono de Augustus John. Poppet podia se lembrar de ir à casa em várias ocasiões quando criança e ver fotos do pai penduradas nas paredes. Ela até se lembrava de ter encontrado a rainha Elizabeth (a atual rainha-mãe) lá. Sempre houve rumores de que Pitman era apaixonado pela rainha, e as lembranças de Poppet de beber champanhe na Queen's House com uma rainha de verdade tornavam a casa muito especial.

Por isso, ficou chocada ao ver os decoradores colocando tinta escura nos painéis do século XVIII, pendurando cortinas sombrias e instalando aquecimento central moderno. A Queen's House que ela lembrava era um lugar de alegria e luz, com lareiras acesas nos quartos, e se sentiu infeliz enquanto a casa era tomada por uma atmosfera de mau agouro.

Uma vez que Talitha e Tara estavam acomodados, nada daquilo parecia ter importância. Talitha adorou a casa, e seu retorno a Londres se tornou um grande sucesso, quando sua vida social recomeçou. Ela não estava tão viciada em heroína como Paul – o álcool tinha sido um problema maior. Então, teve pouca dificuldade em largar a droga por certos períodos e, no verão de 1970, parecia livre de heroína, do universo hippie e de Roma. Ela também parecia curada de Paul, e até conseguiu chegar a termos amistosos com o pai dele. O velho ainda se recusava a falar com o filho, mas ocasionalmente levava Talitha para jantar.

Inevitavelmente, ela encontrou um novo amante e conheceu seu antigo herói, Nureyev – e disseram que ela foi a única mulher por quem ele esteve fisicamente apaixonado. Logo as viagens a Roma com Tara cessaram. Na primavera de 1971, Talitha arrumou coragem para pedir o divórcio ao marido.

O fato de Paul se chocar com a notícia é uma forma de mensurar sua falta de contato com a realidade. Ele alegou que ainda estava apaixonado por ela, e a perspectiva de perdê-la a fazia ainda mais preciosa. Então, implorou que ela voltasse para Roma para conversarem. No início, ela estava relutante, mas seus advogados lhe disseram que se ela pudesse demonstrar que tentara uma reconciliação isso fortaleceria sua posição sobre o divórcio. Então, na manhã de 9 de julho, ela pegou um avião para Roma.

TODO O DINHEIRO DO MUNDO

Naquela noite, ela visitou Paul em seu antigo apartamento, mas a reunião terminou mal e ela foi passar a noite na embaixada holandesa em Roma (convenientemente, sua tia Lot Boon era casada com o embaixador holandês), prometendo continuar a discussão na noite seguinte.

Em sua segunda noite em Roma, Talitha voltou para a Piazza Aracoeli por volta das nove e meia. O clima estava mais calmo do que na noite anterior, pois Paul havia deixado claro que a queria de volta e estava preparado para mudar seu modo de vida se fosse necessário. Largaria as drogas e sua amante se ela prometesse voltar para ele.

Se alguém sabe com certeza o que aconteceu a seguir, esse alguém é Paul. De alguma forma, ele persuadiu Talitha a ficar e ela adormeceu no terraço da cobertura do apartamento, com a paisagem do Capitólio Romano, onde eles se haviam se casado cinco anos antes.

Algum tempo depois das dez horas da manhã seguinte, Paul acordou. Talitha não.

CAPÍTULO 14

INFORTÚNIOS

O próprio JEAN PAUL GETTY esteve em Roma pouco antes da visita de Talitha e convidou Gail e as crianças para alguns dias de folga em La Posta Vecchia. Ela e sua família apreciaram aquele favor, e ela se lembra de um almoço na casa em homenagem ao rival do petróleo dr. Armand Hammer, chefe da Occidental Oil, que também estava visitando a cidade.

Mesmo naquela época, o velho Paul tinha o prazer de provocar ciúmes entre suas mulheres. Colocando Gail ao seu lado, ele sussurrou: "Apenas veja isso!", sabendo que a presença na mesa de sua última amante, a voluptuosa sra. Rosabella Burch, perturbaria a insegura Mary Teissier. Na verdade, Rosabella forneceu um espetáculo ainda mais interessante ao flertar exageradamente ao longo da refeição com o idoso, mas encantador, dr. Hammer.

Durante essa curta estadia em Roma, Getty ainda se recusou a entrar em contato com Paul e retornou à Inglaterra no final de junho sem vê-lo. No entanto, insistiu para que Gail e as crianças ficassem por mais alguns dias se desejassem. Ela aceitou e, por isso, estavam chegando a Orgia quando Gail recebeu uma chamada de seu perturbado ex-marido no final de 11 de julho. Ele lhe contou o que aconteceu e como Talitha fora levada para a clínica Villa del Rosario, em Roma, em coma profundo. Eles tentaram ressuscitá-la – sem sucesso – e, pouco depois do meio-dia, ela morreu sem recuperar a consciência.

Getty parecia tão desesperado que Gail se dirigiu a Roma imediatamente para estar com ele. Ela o encontrou soterrado pela tristeza e por um remorso terrível. Ele não podia enfrentar o retorno à Piazza Aracoeli, então ela sugeriu que ele fosse para La Posta Vecchia. Ele concordou e, como parecia inconsolável, ela ficou com ele.

Todos lamentaram por Talitha, e Gail e as crianças também. Como ela disse, "Talitha não participou da ruptura do nosso casamento, e gostávamos muito dela." O funeral foi realizado em Amsterdã, e Talitha foi enterrada em uma sepultura simples ao lado de sua mãe. Entre os presentes estavam Paul, os Pol, alguns membros próximos da família e o velho admirador de Talitha, lorde Lambton, que tinha voado de Londres com três de suas ex-namoradas de ocasião.

Os Pol estavam absortos com o sofrimento, especialmente Willem. Pouco depois, ele teve um ataque cardíaco, do qual nunca se recuperou por completo. Mas era Paul quem parecia mais despedaçado no funeral. Com a morte de Talitha, ele percebeu que a amava mais do que nunca. Com remorso e culpa, ele não podia se perdoar pelo que havia acontecido e por não tê-la salvado.

Mas o que *exatamente* aconteceu naquela noite na Piazza Aracoeli? Como o próprio Paul se recusou a dizer, a sequência de eventos nunca foi esclarecida e os fatos subjacentes à morte de Talitha continuam sendo um mistério.

De acordo com a certidão de óbito assinada por médicos na clínica, a morte foi causada por parada cardíaca, e altos níveis de álcool e barbitúricos foram descobertos no sangue. Como Talitha era conhecida por beber muito e às vezes tomava barbitúricos para compensar o efeito do álcool, não há motivo para duvidar dos fatos registrados na certidão. Barbitúricos e álcool juntos e em grandes quantidades podem ser uma combinação letal que teria explicado a morte dela.

A questão era que, como viciado em heroína, Paul estava em uma posição vulnerável e não podia se arriscar a comentar nada sobre as circunstâncias da morte de Talitha. A posse de narcóticos era considerada crime na Itália, muitas vezes acarretando prisão, e as coisas se tornariam extremamente desagradáveis para ele se a polícia tivesse iniciado um inquérito oficial e seu vício fosse revelado.

INFORTÚNIOS   159

Para evitar isso e ficar em segurança até que a situação fosse esclarecida, ele optou por um período em Bangkok – que ele tinha amado quando visitou com Talitha em tempos mais felizes. Na Tailândia, havia drogas disponíveis e ele teria paz e tranquilidade para se recuperar da morte da esposa e decidir sobre seu futuro. Para lhe fazer companhia, Gail persuadiu um dos seus mais antigos amigos romanos, o ex-restaurador Runyonesque Jerry Cierchio (famoso proprietário do Jerry's Club na Via Veneto) a acompanhá-lo. Se alguém pudesse conter Paul era Jerry, e, durante sua ausência de dois meses, Paul fez o melhor para lidar com o que aconteceu.

Contudo, de volta à Itália, ficou claro que ele nunca iria se perdoar. Paul estava obcecado com aquilo. Às vezes, seu sofrimento se tornava insuportável, fazendo com que ele abusasse das drogas mais do que nunca – o que alimentava suas ansiedades e seu sentimento de culpa, formando um círculo vicioso.

As crianças também foram afetadas, e Gail teve que lidar com elas por conta própria – assim como com Tara, de dois anos e meio. Quando o futuro da criança foi discutido, ela dissera: "O lugar de Tara é com sua família aqui em Roma."

Ao mesmo tempo, ela teve que lidar com Paul, que confiava mais do que nunca em seus conselhos e cujo estado de espírito, que não havia melhorado, piorou ao crescerem os rumores de que a verdadeira causa da morte de Talitha não foram os barbitúricos, mas uma overdose de heroína em sua presença.

Não havia evidências para sustentar isso, e era, *ipso facto*, improvável que Talitha, ao ter abandonado a heroína e feito do vício de Paul uma questão para sua separação, sucumbisse de repente à droga na segunda noite em Roma. E, se ela realmente tivesse morrido em função da droga, também era improvável que os médicos da clínica deixassem essa evidência passar. Afirmou-se que uma autópsia realizada oito meses após a morte de Talitha revelou traços de heroína no corpo. Se isso for verdade, ainda não prova que a heroína seja a causa da morte. A combinação de álcool e barbitúricos ainda teria sido uma causa mais provável. Além disso, em uma ex-viciada em heroína como Talitha, os resquícios da droga poderiam ter sido encontrados por um período considerável antes de sua morte.

TODO O DINHEIRO DO MUNDO

Durante algum tempo nada aconteceu, mas, como Paul era um viciado bastante conhecido, os rumores continuaram. Ele passou o Natal com Gail e as crianças. Então, no ano seguinte ele soube que, após uma especulação generalizada, um promotor realizaria um inquérito completo sobre a morte de Talitha e, obviamente, gostaria de interrogar o marido, Paul Getty Junior.

O interrogatório foi marcado para o início de março. Na segunda semana de fevereiro, Paul voou para Londres para nunca mais voltar para a Itália.

Teria que ser um homem mais corajoso do que Paul para ficar em Roma e enfrentar o esquadrão de narcóticos, limpando seu nome antes de um inquérito italiano oficial. Em primeiro lugar, ele teria que enfrentar julgamentos simultâneos pela mídia italiana, com a imprensa mundial e a televisão ansiosa pela história. Cada detalhe de sua vida privada teria sido explorado de forma sensacionalista, e também os detalhes de seus relacionamentos mais íntimos – com Talitha, Victoria e Gail e as crianças. Amigos inocentes teriam sido envolvidos.

O perigo real era que qualquer inquérito iria expor detalhes de seu vício. Independentemente do que aconteceu com Talitha, isso logo levaria a um processo judicial com grandes chances de que ele fosse preso no final.

O juiz emitiu um pedido para Paul "vir aqui voluntariamente e auxiliar no que for possível para o inquérito". De forma alguma surpreendente, não houve resposta e, embora por um momento Paul estivesse receando a extradição de volta para a Itália, seus temores se mostraram infundados. Teria sido incomum que os italianos pedissem a extradição de uma testemunha em um caso envolvendo estrangeiros cujo próprio governo não exigisse a ação.

Assim, o inquérito sobre a morte de Talitha foi inconclusivo e o arquivo permaneceu em aberto, mas Paul nunca poderia retornar para a Itália. Com seus filhos ainda em Roma, isso significava que os contatos deles já escassos com o pai praticamente terminaram.

Ainda mais grave do que Paul evitar o inquérito talvez tenha sido se privar de qualquer chance de explicação – ou de expiação

INFORTÚNIOS

pública – pela morte de sua esposa. As acusações mais improváveis – que ela tinha tomado uma overdose maciça de heroína, fornecida por Paul, e até mesmo que ele teria ajudado a injetar – nunca foram respondidas, e o que quer que de fato tenha acontecido naquela noite de julho no apartamento na Piazza Aracoeli permaneceria imerso em sua própria consciência.

Com tudo isso pesando sobre ele, Paul voltou para a casa que possuía à margem do rio, onde um século antes, seu herói, Dante Gabriel Rossetti, fora lamentar a morte da bela Lizzie Siddal. Era a casa onde Talitha também vivera até recentemente, e que Paul havia restaurado com cautela para como o imóvel era quando Rossetti morava lá. Agora parecia que ele tinha conseguido fazê-lo e, graças a um estranho truque do destino, se viu revivendo toda a saga sombria da queda de Rossetti.

Esse deve ter sido um fator importante no subsequente comportamento de Paul. Os viciados em heroína são muitas vezes imitadores, encontrando segurança e satisfação ao copiar o estilo de vida de outro viciado. No caso de Paul, ele quase poderia ter sido Rossetti, e havia uma simetria perturbadora na forma como parecia duplicar as ações do outro. Aquela mesma casa tinha visto Rossetti se tornar cada vez mais recluso, assombrado pelo remorso e dependendo de quantidades cada vez maiores de álcool e hidrato de cloral, até que sua saúde estivesse destruída. O comportamento de Paul era idêntico, exceto pelo fato de ter acesso a soníferos mais efetivos.

Mas a causa de sua miséria era tão parecida com a de Rossetti que as palavras empregadas por Hall Caine, o primeiro biógrafo de Rossetti, para descrever sua situação poderiam ter sido aplicadas a Paul: "Sobretudo, minha impressão seria de que Rossetti nunca tinha deixado de se culpar pela morte da esposa como um evento que, em certa medida, era uma falha sua ou talvez algo mais grave."

Para alguém como Paul, a Inglaterra, ao contrário da Itália e dos Estados Unidos, possuía uma grande vantagem – sua política oficial

162 TODO O DINHEIRO DO MUNDO

em relação a narcóticos. Na Inglaterra, o vício era considerado um problema de saúde e não social, e os viciados que se registravam com um médico poderiam legalmente receber suas drogas com uma prescrição médica. Em teoria, a dose deveria diminuir de forma constante, já que o objetivo do "tratamento" era terapêutico.

Assim, para Paul, Londres era um refúgio e ele descobriu um médico que ficou feliz em atendê-lo em seu Bentley na Queen's House.

Com Paul já acomodado, a casa se tornou tão idiossincrática como tinha sido no tempo de Rossetti. Rossetti possuía um zoológico particular de animais exóticos (incluindo seu famoso vombate*) no jardim, enquanto Paul tinha uma série de animais empalhados na casa. Em seu quarto havia uma lembrança ainda mais intrigante – um modelo de madeira de um hidroavião. Aquele era, na verdade, um modelo do lendário *Spruce Goose*,** o enorme hidroavião de madeira obstinadamente construído por outro filho de um magnata do petróleo que se fez um conhecido recluso, Howard Hughes. Paul passara a fazer o mesmo, se isolando e fazendo da casa um santuário à memória de Talitha e um gueto para seu esquecimento pessoal.

Tudo relacionado a Talitha foi carinhosamente preservado, incluindo suas roupas e cartas, suas fotografias e o retrato pintado por seu pai.

Frente a isso, ele era uma figura trágica – de luto, viciado, afastado daqueles que amava e de sua amada Itália. Também se pode ver o terrível conforto que tudo isso ofereceu a alguém com um temperamento cada vez mais recluso como Paul – e por que isso perdurou por tanto tempo. Ali, na mesma casa em que um poeta romântico se destruiu com drogas enquanto chorava por sua bela e falecida esposa, Paul poderia fazer o mesmo, juntando-se a uma perigosa tradição de autodestruição em narcóticos. Ele e o fantasma de Dante Gabriel Rossetti poderiam se unir em suas tristezas pelas belas que se foram.

---

* Pequeno marsupial originário da Austrália, quadrúpede, de pernas curtas, semelhante a um pequeno urso.

** O Hughes H-4 Hercules, conhecido como *Spruce Goose*, foi um protótipo de hidroavião produzido pela Hughes Aircraft Company. Seu propósito era ser uma aeronave transatlântica durante a Segunda Guerra Mundial. Contudo, o projeto não foi finalizado até o final da guerra (com apenas um único e curto voo em 1947).

INFORTÚNIOS 163

Os dias de Paul devem ter se arrastado interminavelmente e, às vezes, sua depressão era terrível, mas ele era forte e determinado e sentiu que era isso o que o destino pretendia. Ele estava se castigando pelo que aconteceu. Acreditando que não tinha importância, poderia encontrar pouco valor nas coisas ao seu redor. Assim, apesar de toda a sua riqueza, seu mundo se tornou um pequeno segmento de um inferno muito particular. Ele tocava suas gravações de ópera, assistia à TV interminavelmente, bebia muito, comia pouco e, quando a vida se tornava insuportável, sempre tinha o que parecia ser o antídoto perfeito.

Às vezes ele tentava abandonar o hábito, mas era algo no qual viciados ricos sempre encontraram um problema. Nas poucas ocasiões em que não conseguiu arrumar dinheiro para drogas, o nome Getty era bom para dar crédito.

Embora estivesse solitário, ele não estava sozinho. Victoria ajudou a lhe fazer companhia, e ele logo construiu um grupo muito especial de amigos. Aos poucos, alguns dos membros da contracultura dos anos 1960 que foram seus amigos e convidados em Marrakesh se juntaram a seu círculo. Eram pessoas em quem ele podia confiar e que entendiam sua situação. Mick Jagger e sua então esposa, Bianca, moravam a poucos metros, em Cheyne Walk, e muitas vezes o viam. Assim como Marianne Faithful e o dono de galeria e irremediavelmente viciado Robert Fraser. Mas, no que diz respeito ao futuro, seu visitante mais importante era outro vizinho, o conhecido velho membro do Eton College com uma pequena loja de antiguidades no virar da esquina, que tinha sido amigo da Talitha.

Durante os anos 1960, Christopher Gibbs era uma figura conhecida em Chelsea. Bonito, elegante e com muitos contatos — seu pai era banqueiro e seu tio, governador da Rodésia —, era um personagem incomum. Tendo frequentado a universidade na França e estudado arqueologia em Jerusalém, tornou-se um criador de tendências nos anos 1960 com suas festas e os móveis e tapetes árabes com que trabalhava. Seu apartamento, uma rápida caminhada ao longo de Cheyne Walk da casa de Paul, tinha sido usado como cenário para um dos filmes temáticos da década de 1960, *Blow Up — Depois daquele beijo* (1966), de Antonioni. Mas seu papel mais famoso foi como amigo do jovem Mick Jagger. Foi Gibbs quem descobriu Stargrove, a esplêndida casa de campo vitoriana dos Jagger em Berkshire, e ajudou a mobiliá-la. Gibbs costumava estar com eles em Marrakesh, onde os apresentou aos seus amigos, os Getty.

Na época, Paul tinha lhe dado 1.200 libras esterlinas por uma pequena casa nas montanhas do Atlas. Gibbs ainda era seu proprietário e estava agradecido. Agora que Paul precisava de companhia e amigos em que pudesse confiar, estava ansioso para pagar a dívida. Além disso, realmente gostava de Paul e, como a maioria de seus amigos, sentia muito por ele.

Durante esse período, um membro da família parecia inteiramente imune ao que estava acontecendo – o velho patriarca em Sutton Place. Aos 78 anos, o velho Paul estava tão bem no comando da Getty Oil como sempre e mais rico do que nunca. Com a produção da Zona Neutra no seu auge em 1971, sua fortuna pessoal subiu para 290 milhões de dólares, com o Fundo Sarah C. Getty ultrapassando os 850 milhões de dólares.

O próprio Getty havia lutado contra vários ataques a seu império e salvou sua frota de petroleiros apesar do declínio da demanda americana, de modo que, quando a guerra árabe-israelense começou em 1973, a Getty Oil estaria pronta para lucrar com a escassez mundial de petróleo.

Como de costume, quando soube da morte de Talitha, ele não mostrou nenhum sinal de emoção. Parecia ser o mesmo com a notícia sobre Paul Junior. "Nenhum Getty pode ser um viciado em drogas", disse ele com firmeza, e, embora seu filho estivesse a menos de cinquenta quilômetros de distância em Londres, se recusou a vê-lo. De vez em quando, Paul tentava falar com o pai pelo telefone, implorando a Penelope que usasse sua influência. Ela recebia a mesma resposta sempre: "Quando ele parar de usar drogas, falaremos, mas até então não."

Doze dias após a morte de Talitha, ecoando a maneira como seu pai o tratou, Getty praticamente removeu Paul de seu testamento – lhe deixando 500 dólares.

INFORTÚNIOS

Entretanto, por trás da demonstração de força, o senhor de Sutton Place era vulnerável. Ele nunca fora um homem tão alto quanto gostaria, mas agora parecia um pouco menor, com ombros curvados e sardas manchando suas bochechas. De repente, apesar de seu dinheiro e as mulheres ao seu redor, ele parecia muito solitário.

Sua política de abandonar seus filhos na infância e, em seguida, lembrá-los de tomar seus lugares no negócio quando estavam adultos não tinha funcionado. Não havia proximidade ou carinho, nem muita compreensão entre eles. Ele ainda os ressentia, ainda os atacava com raiva quando sentia que estavam ameaçando sua posição.

Apesar de Timmy – e ele amou Timmy apenas depois de sua morte –, a única exceção por um tempo tinha sido seu precioso Paul. Gail ainda alega ser muito triste que Paul Jr. tenha percebido tarde demais o quanto o pai o amava. Era possível que o amasse, mas, quando Paul caiu em desgraça, o coração do velho se endureceu ainda mais.

"A única maneira de preservar o que criamos é através dos nossos filhos", escrevera ele como o velho vitoriano que era em seu coração. Se tivesse pensado sobre isso antes, poderia ter sido mais cuidadoso na maneira como havia tratado aqueles quatro seres de quem dependia tanto.

Em muitos aspectos, o afastamento mais cruel de todos fora aquele que ele impôs ao seu segundo filho, o meio alemão, alto e infeliz Ronald. Se Ronald possuísse um pouco do encanto de seu meio-irmão, Paul, tudo poderia ter sido diferente. Mas Ronald não era fácil. Ele tinha uma séria teimosia que fazia Getty dizer ocasionalmente: "Ronnie é o filho que mais parece comigo", mas a verdade é que, enquanto Ronald ficava mais velho, mais lembrava seu avô alemão, o antigo inimigo de Getty, o dr. Helmle. E era a vingança com o dr. Helmle que estava na raiz de todos os problemas.

A exclusão de Ronald do Fundo Sarah C. Getty foi uma injustiça, que o fez se sentir discriminado pelos outros membros da família. Durante os altos e baixos de seu relacionamento, Getty algumas vezes prometeu ao filho corrigir a situação e incluí-lo no Fundo Sarah C.

Getty, mas nunca o fez. Talvez estivesse preocupado com o fato de que, ao adicioná-lo ao número de beneficiários, ele tomasse o fundo vulnerável ao seu eterno inimigo, o fisco. Talvez, quando se tratasse disso, ele não quisesse incluir Ronald e ainda estivesse buscando sua vingança contra o dr. Helmle, usando Ronald como vítima.

Um efeito que isso causou foi fazer Ronald sentir que não tinha futuro no negócio da família e, em 1964, logo após seu casamento, ele deixou a Alemanha e sua posição na empresa Veedol da Getty e voltou para a Califórnia. Ele estava decidido a fazer grandes quantias de dinheiro por conta própria para provar sua independência e mostrar o que pensava de seu pai. Infelizmente, ele escolheu Hollywood e mostrou que, por todas as supostas semelhanças com o pai, não tinha a capacidade obsessiva de Big Paul para aprender todos os detalhes de qualquer negócio em que embarcasse.

Ele tinha herdado quase 2 milhões de dólares da avó Getty – que sempre achou que Ronald fora maltratado – e se aliou com dois produtores de Hollywood para produzir uma série de filmes de baixo orçamento, como *Flare Up*, estrelado por Raquel Welch, *Zeppelin* e *Sheilah*. Embora esses filmes ainda sejam exibidos na TV, eles não fizeram sua reputação ou fortuna.

"Eu tenho o dinheiro, e eles, o *know-how*", disse Ronald, referindo-se aos seus coprodutores.

"E, no final, eles terão o *know-how e* o seu dinheiro", respondeu o pai – que, como de costume, quando se tratava de negócios, era incrivelmente perspicaz.

Gordon era diferente; e, recentemente, apesar do processo legal e suas diferenças de caráter – que era considerável –, Getty passara a experimentar uma admiração rancorosa por seu filho distraído.

Gordon teve coragem e foi inteligente. Talvez inteligente demais, e esse foi o seu erro. Ele tentou suas teorias econômicas sobre o pai que, em geral, não conseguiu compreendê-las. Do mesmo modo que Getty não conseguiu apreciar a música de Gordon. Ocasionalmente, em Sutton Place, uma voz poderosa iria ressoar pelos corredores.

"Gordon praticando", dizia Getty, quase com benevolência.

Mas ele sempre arrumava um momento para dizer que Gordon não era prático. Em algumas ocasiões, no entanto, Gordon podia surpreendê-lo, pois às vezes suas ideias estranhas funcionavam – como quando ele sugeriu que o sistema de aquecimento do Hotel Pierre poderia ser usado como ar-condicionado no verão, economizando milhões de dólares com a atualização de todo o sistema no hotel. Gordon também era um admirável homem de família e seguiu o exemplo do pai, produzindo apenas filhos. O velho Paul estava orgulhoso deles.

Para mostrar que o processo legal estava perdoado, ele concedeu a Gordon a maior honraria no firmamento de Getty – a posição todo-poderosa de administrador do Fundo Sarah C. Getty. Porém, por mais que tentasse, nunca veria Gordon assumindo uma posição de maior importância no negócio petroleiro.

Em contraste, o filho mais velho e aparente herdeiro, George, vice--presidente da Tidewater Oil, estava muito consciente da tradição familiar. Como a maioria dos maus pais, Getty era inconsistente com os filhos, favorecendo um em detrimento do outro e, assim, criando ciúmes, como fazia com suas mulheres. George era o mais ciumento de todos. Ele era um grande contador de histórias contra seus irmãos, tentando cair nas graças do pai – primeiro contra Ronald e, em seguida, contra Gordon durante seu processo legal, dizendo até mesmo que o meio-irmão não era um Getty, mas filho do terceiro marido de Ann Rork, Joe McEnerney, o que foi ridículo.

Mas, como vice-presidente da Tidewater, George havia sofrido. Seu pai sempre teve um instinto para as fraquezas dos outros, e raramente as enxergava sem atacar. Ele foi implacável quando as ofertas de exploração de petróleo da Tidewater não se concretizaram – ainda mais as no Paquistão e no Saara – e pôs um fim àquela seção de exploração da empresa sem consultar George. Do mesmo modo, ele passara por cima de George e vendera pessoalmente parte da rede de comercialização não lucrativa da Tide Water no oeste dos Estados Unidos em um acordo de 300 milhões de dólares com John Houchin, da Philips Petroleum, no Hotel Flora, na última ocasião em que esteve em Roma. George estava furioso.

"Meu pai é o presidente encarregado do sucesso e sou o vice-presidente encarregado do fracasso", lamentou ele – uma avaliação bastante precisa da situação.

A vida pessoal de George também se deteriorou desde que rompera com sua ex-esposa, Gloria, em 1967. No processo de divórcio que se seguiu, Gloria afirmou que George tinha sido distante, frio, negligente, insensível – todas as coisas que as esposas disseram sobre seu pai.

Por certo tempo, George se sentiu apaixonado pela neta de lorde Beaverbrook, lady Jean Campbell. Ela o conheceu em um jantar em Sutton Place e o achou "muito estranho, muito tenso, e sempre se referindo a seu pai durante a conversa como 'sr. Getty'". Ela achou aquilo estranho e tentou persuadi-lo a chamá-lo de "papai", até mesmo "pai", mas ele continuou com o "sr. Getty".

"Percebi então que George estava morrendo de medo, apavorado pelo sr. Getty e pelo que o sr. Getty pensava dele."

Em 1971, George se casou novamente – não com lady Jean, que preferiu Norman Mailer – com Jacqueline Riordan, de San Francisco, que herdara 30 milhões de dólares de seu falecido marido, um financista irlandês-americano que fez fortuna em um esquema de pensão duvidoso na Suíça e que perecera quando um deslizamento de terra o soterrou em seu quarto. (Jacqueline de alguma forma conseguiu escapar.)

O velho gostava de Gloria, que tinha sido uma boa esposa para George e mãe de suas três filhas, e ficou triste pelo divórcio. Mas não podia deixar de aprovar uma nova esposa que tinha tanto dinheiro. "Não é tanto um casamento, mas uma fusão", começou a dizer ele com satisfação. Mas, uma vez que a fusão foi efetuada, Jacqueline logo se tornou sua parceira sênior, usando seu poder sem piedade contra o pobre George, uma vez que chegou à mesma conclusão que lady Jean sobre a atitude de George em relação ao pai.

George, de fato, estava com medo de quase tudo na época – seus inimigos, sua esposa, sua ex-esposa, os executivos da Tide Water, a própria vida.

Para lidar com aquilo, ele fez o possível para ganhar o respeito por parte das pessoas que o cercavam como uma figura social proeminente, com a angariação de fundos para a Filarmônica de Los Angeles, um assento no conselho do Banco da América, criando cavalos como a Rainha da Inglaterra fazia – em suma, transformando-se no tipo de personagem que ele poderia respeitar. Não funcionou. Getty sempre esteve lá, para governar sua vida e não fazendo qualquer tentativa de esconder o fato de que o desprezava.

Não foi surpresa George começar a beber – mais ou menos em segredo, mas em excesso. No início de 1973, ele estava tomando sedativos e anfetamina e provavelmente injetando algo desaconselhável. Na noite de 6 de junho, ele teve mais um bate-boca amargo com Jacqueline, mais uma vez sobre o sr. Getty – as discussões deles quase sempre eram sobre o sr. Getty. Ao final do bate-boca, ele perdeu o controle; todas as frustrações, ódio, impotência e fúria surgiram em uma grande onda de raiva, e ele entrou em pânico.

Ele se trancou no quarto de sua valiosa casa na magnífica Bel Air e começou a gritar. Bebeu. Tomou muito Nembutal, um barbitúrico. Tentou se apunhalar com um garfo de churrasco, mas não conseguiu perfurar o próprio estômago. Então, entrou em coma.

Amigos derrubaram a porta e chamaram uma ambulância, mas havia uma confusão sobre o hospital. Ninguém poderia permitir que o vice-presidente da Tidewater fosse levado no que se pensava ser um coma alcoólico para o pronto-socorro comum do hospital mais próximo, o da Universidade da Califórnia em Los Angeles. Então, eles o levaram para um hospital mais discreto, o que demorou mais de vinte minutos.

Para salvar seu nome, eles perderam sua vida. Pois, ironicamente, George não estava bêbado, mas sofria de uma overdose potente de todas as drogas que engoliu. Quando chegaram ao hospital, George, amado filho mais velho e herdeiro designado do homem mais rico e frio dos Estados Unidos, estava morto.

"Seu pai o matou", disse sua viúva, quando os jornalistas foram vê-la.

Em Londres, a noite começava quando a notícia da morte de George chegou a Barbara Wallace, que telefonou para Penelope. Penelope sabia que Getty estava jantando com a duquesa de Argyll na casa dela em Mayfair. Mas uma de suas filhas disse: "Você deve ir até ele e lhe dar a notícia. Ele vai precisar de você."

Assim ela o fez.

Quando ela contou que George estava morto, Getty ficou paralisado pela dor, nocauteado, desnorteado, incapaz de chorar ou falar, tamanha era a sua angústia. Pois aquela era uma dessas raras ocasiões em que a estrutura de sua vida – sua fortuna, sua ambição, suas atividades constantes, suas mulheres e seus poderes de concentração – era inútil, deixando a criança solitária que havia lamentado pelo seu cão Jip, pelo seu querido papai e querida mamãe, e por Timmy, "mais valente e melhor dos meus filhos". George se juntava a eles na lista das misérias do velho.

No caminho de volta para Sutton Place, ele não falaria com ninguém, e na manhã seguinte ainda se recusava a falar sobre George. Ele tinha uma fotografia do filho pendurada no corredor de Sutton Place, com roxo em volta dele, sendo roxo a cor oficial dos imperadores de Roma e também de luto.

Pouco depois, ele concordou em falar com jornalistas, um dos quais repetiu a observação original da viúva.

"Ela diz que o pai dele o matou. Algum comentário, sr. Getty?"

"Nenhum."

CAPÍTULO 15

SEQUESTRO E RESGATE

A ÁREA ENTRE Corso Vittorio Emmanuele e o Tibre possui muitos dos grandes palácios renascentistas de Roma, pois é lá que famílias papais como os Bórgia, Farnese e Riario residiram – e as ruas estreitas viram mais caos ao longo de sua existência do que qualquer outra parte da cidade. À noite, elas ainda parecem um pouco sinistras, mas, de madrugada, raramente há sinal de vida, além dos gatos e de um guarda-noturno ocasional em suas rondas. Assim, o jovem Paul Getty não poderia passar despercebido enquanto caminhava pela Via della Mascherone em direção a uma fonte parecida com uma menina mascarada, jorrando água pela boca, a qual dá nome à pequena rua.

Ele era um menino magricela, uma vareta de cabelo ruivo, que depois de uma noite fora voltava para o apartamento que estava dividindo com dois jovens pintores em Trastevere, no outro lado do rio. Hoje pareceria uma coisa estúpida, mas Roma era uma cidade mais segura na época, e quando um velho Fiat branco se aproximou dele com um som de freada, ele não ficou alarmado.

"Com licença, *signore*. Você é Paul Getty?", disse o motorista.

"Sim", respondeu, "sou eu".

Com isso dois homens saltaram, agarraram-no e, apesar de sua resistência, o forçaram a entrar no carro, que se afastou rapidamente. À medida que os relógios de Roma atingiram as 3 horas da manhã de 10 de julho de 1973, o próximo desastre da família Getty começava.

★ ★ ★

Desde a morte de Talitha e a fuga de Paul para Londres, a principal preocupação de Gail foi manter sua família unida e, embora seu casamento com Lang Jeffries tivesse terminado dois anos antes, ela sentiu que estava conseguindo. Ela tinha feito 37 anos em abril.

Ela e as crianças adoravam a Itália. Eles iam para a casa em Orgia nos fins de semana e feriados, e estavam morando em um apartamento moderno na área de classe média de Parioli, em Roma. Naquela época, a vida era tão barata para estrangeiros com dólares que ela poderia viver confortavelmente, mas estava longe de ser rica, e a ajuda de Paul em Londres para as crianças tendia a ser errática. Ela dirigia uma perua Opel, tinha muitos amigos locais, a maioria italianos, e vivia uma vida essencialmente privada com seus filhos.

Desejando que eles tivessem uma educação europeia, ela não os enviou para a Escola Americana em Roma, mas para o St. George's, na Via Salaria, que ainda reivindicava em seu prospecto "fornecer uma educação de estilo britânico a crianças entre oito e dezoito anos de idade, falantes de inglês".

Como em Roma, no início da década de 1970, o St. George's foi afetado pela cultura da nova onda que atingia a Itália. As três crianças mais novas aproveitaram, mas Paul, o mais velho, se rebelou. Ele foi quem mais sofreu com o divórcio e a morte de Talitha, e se mostrou mais difícil de controlar sem um pai.

Em 1973, com apenas dezesseis anos, ele desistiu de uma educação regular. Ele e Lang nunca se deram bem, pois o adolescente ressentia sua presença no lugar do pai. Ao se tornar independente, colocara seu coração na pintura e se educou lendo o que queria. Foi sério o suficiente a respeito disso para que Gail concordasse em deixá-lo dividir o estúdio Trastevere com dois amigos mais velhos da família, Marcello Crisi e Philip Woollam.

Como ela diz: "Paul estava vivendo sua *vie bohème*, e em Paris ninguém teria notado." Mas Roma era diferente. Com a *dolce vita* morta e enterrada, Roma no início dos anos 1970 voltou a ser uma antiga cidade provincial, onde o culto da família italiana ainda estava bem intacto – tanto que deixar um jovem de dezesseis anos como Paul por conta própria poderia mais tarde parecer chocante.

Na verdade, Paul manteve contato próximo com toda a família na cidade. Como tinha pouco dinheiro, ele era inteligente o suficiente para que sua *trattoria* local ocasionalmente aceitasse suas pinturas em troca de refeições, mas na maioria dos dias ainda se via Gail dirigindo para o apartamento com comida para ele e seus companheiros. Quando ela não ia, ele ia para casa, para comer e ver seus irmãos. Eles gostavam dele, de modo que, apesar de Paul estar vivendo sozinho, a família Getty italiana conseguiu permanecer muito unida.

Paul era uma mistura estranha. Gail o descreveu como "extraordinariamente precoce, mais como um menino de vinte do que de dezesseis anos". Após o divórcio, sua reação a Lang o fez cada vez mais idolatrar seu pai e seu estilo de vida hippie. Aos onze anos, ele foi convidado para passar quinze dias em Marrakesh, e achou o lugar o mais glamoroso da Terra. Ele gostava muito de Talitha, e sua morte, quando ele tinha catorze anos, foi um choque, assim como a ida de seu pai para Londres.

Gail lembra que "naquela época, Paul ficou muito quieto, muito fechado", e foi por isso que ela o encorajou a pintar e se misturar com os outros. Ele ainda passou suas férias de verão com a família em La Fuserna, e começou a amar as pessoas e o interior romântico ao sul do Siena. Mark, seu irmão mais novo, gostava muito dele e conta como eles se perderam uma vez explorando a floresta acima da casa. À medida que a escuridão caiu e eles não conseguiram voltar, Gail estava fora de si de preocupação, mas Paul, em seu papel de irmão mais velho, manteve a calma e os levou para casa com segurança.

Um amigo de Paul, que ficava na Toscana todos os verões, se chamava Adam Alvarez, filho do escritor Al Alvarez. Adam se lembra de Paul como "surpreendentemente sério e nada como o personagem selvagem que a imprensa criou após o sequestro. Mas sua vida foi complicada pelo que aconteceu em sua família. Ele sentia falta do pai e muitas vezes parecia infeliz".

De volta a Roma, ele mudou, pois, lá, o nome de Getty poderia lhe dar o que, sem dúvida, gostava de desfrutar – o status de uma pequena celebridade. Alguém na imprensa o chamou de "Hippie de

174 TODO O DINHEIRO DO MUNDO

Ouro" e ele ganhou um pouco de dinheiro fácil posando nu para uma revista. O apelido foi repetido quando a polícia o agarrou à margem de uma manifestação de estudantes e fez com que ele passasse uma noite na prisão – trazendo uma publicidade menos agradável. Isso parece tê-lo colocado ao lado dos oprimidos, pois logo adotou um poderoso discurso contra os ricos, muito como seu pai costumava fazer anteriormente. "Os ricos são os verdadeiros pobres da Terra. Sua desnutrição é do espírito. Deve-se ter pena deles", disse ele, algo que soava melhor em italiano, e que foi absorvido pela imprensa estrangeira e encontrou seu devido caminho até Sutton Place, onde seu avô leu, mas não fez comentários.

Dificilmente o velho esqueceria o verão anterior, quando Paul veio visitá-lo usando calças jeans e tênis brilhantes. O avô não aprovou o jeans ou o tênis e a visita não foi repetida.

Foi no início de 1973 que Paul começou a namorar Martine Zacher, uma bela alemã divorciada com uma filha de um ano de idade. Ela era uma mulher muito liberada, oito anos mais velha, que atuava em um pequeno grupo de teatro alternativo. Ele gostava dela, mas não tinha motivos para ser fiel. Desde que se tornou conhecido como o Hippie de Ouro, ficou surpreso com a quantidade de garotas que se colocavam à sua disposição.

Assim, em Roma, Paul desfrutava de uma existência invejável – indo para discotecas (onde, na verdade, nada acontecia), correndo atrás de garotas, fumando haxixe e se passando por um artista dedicado. Como ele era muito jovem, sua mãe achava que, com o tempo, finalmente cresceria e deixaria tudo para trás. Longe de condená-lo, ela acreditava que, como afirmou, "se rebelar contra o convencional pode ser um sinal de originalidade e uma indicação de que a pessoa pode ser alguém especial".

Já de acordo com Bill Newsom, Paul estava se comportando daquela forma porque "adorava seu pai e estava tentando superá-lo como hippie", apesar do fato de que ele raramente o via e tinha tido pouco contato com ele desde a viagem para Londres.

"Nós nos comunicamos por cartões-postais ocasionais e telegramas misteriosos", disse o jovem Paul em entrevista à revista *Rolling Stone.*

SEQUESTRO E RESGATE

★ ★ ★

Na noite do sequestro, Mark estava em San Francisco com seus avós maternos, e Aileen estava fora com amigos, deixando Gail com Ariadne e Tara em La Fuserna. Mas, naquela manhã de domingo, algo a fez se sentir desconfortável e ela decidiu, no impulso do momento, dirigir até Roma. Quando ela ligou para Paul, um de seus companheiros de apartamento informou que ele não havia retornado.

Ela ficou preocupada, e não houve mais notícias dele até aquela noite, quando o telefone tocou e alguém com um sotaque italiano sulista perguntou com muita educação se ela era a *signora* Getty.

Quando ela respondeu que era, ele falou, como se alguém da tinturaria lhe dissesse que suas roupas estavam prontas: "Nós temos seu filho, Paul Getty."

"O que quer dizer?", perguntou ela, impaciente. "Ele está em Roma."

"Não, *signora*. Ele está com a gente. Somos sequestradores e o temos em cativeiro. Ele está seguro, mas precisamos de muito dinheiro para libertá-lo."

Ela balbuciou que não tinha dinheiro.

"Então, por favor, prepare-se para pedir a seu sogro. Ele tem todo o dinheiro no mundo."

Então, ela entendeu que a pessoa do outro lado não estava brincando. "Onde está o meu filho?", perguntou com raiva.

"Ele está conosco. Está bem e continuará assim, enquanto você fizer o que lhe dissermos e providenciar o dinheiro. Mas não vá à polícia. Apenas espere entrarmos em contato."

Com isso o homem desligou – e Gail desmaiou.

Quando ela se recuperou, era como se o mundo de repente tivesse entrado em colapso também. Ela nunca se sentiu apavorada antes, mas estava experimentando o verdadeiro terror, que eliminava todos os outros sentimentos e a deixava fraca e tremendo. Todos os seus pensamentos sobre Paul se tornaram lembranças da criança vulnerável, com fraquezas e medos particulares. Ele tinha sido um filho tímido e muito amoroso, e ela não conseguia parar de pensar em quão assustado ele devia estar e quão fácil seria para seus sequestradores feri-lo.

Ela sempre se sentiu à vontade com pessoas, principalmente italianos, e adorava a Itália. Mas a Itália de repente era uma terra estrangeira.

"Eu me senti completamente sozinha, e tive que descobrir o que, em nome de Deus, deveria fazer."

Sua primeira reação foi ligar para seus pais nos Estados Unidos, que fizeram o possível para tranquilizá-la e disseram que deveria entrar em contato com a polícia, o que ela fez, telefonando para a delegacia Carabinieri próxima da Piazza Euclide. Depois, ligou para seu ex-marido, Paul, em Londres.

Eles haviam se reaproximado. Paul estava sozinho, mas parecia ter mais controle sobre sua vida desde a morte de Talitha. Gail passou uma parte de maio com ele em Cheyne Walk – desde então, passaram alguns dias sem que se falassem ao telefone.

Assim, quando ela lhe contou o que aconteceu, eles compartilharam a sensação de choque e horror por seus filhos. Ambos estavam às lágrimas, e como Paul parecia ainda mais preocupado do que ela, Gail se viu tentando consolá-lo. Foi só quando ela disse que ele deveria entrar em contato com o pai para obter o dinheiro para o resgate que ele pareceu ficar distante.

"Não posso", falou ele. "Nós não nos falamos."

"Então, eu mesma vou ter que falar com ele", disse ela. Mas, antes que ela pudesse, os Carabinieri entraram em contato.

A Arma dei Carabinieri se orgulha de ser um *corps d'élite* valente e forte que ajuda a manter a Itália unida, apesar de ser a classe governante mais corrupta da Europa. O que lhes falta em imaginação compensam no cinismo e no conhecimento do mundo – e raramente são simpáticos com o que veem como estrangeiros ricos e complacentes que vivem no meio deles.

Três oficiais locais eram comandados por um Colonello Gallo – coronel Galo –, "que parecia e se comportava exatamente como um galo". Logo eles se juntaram a oficiais do quartel-general dos Carabinieri, que a enrolaram pelas próximas cinco horas – principalmente no que dizia respeito às vidas privadas dela e de seu filho. Ela repetiu a conversa da ligação telefônica palavra por palavra, mas isso não ajudou a acabar com as dúvidas deles sobre o sequestro – e sobre o próprio jovem Paul.

"Conhecemos seu filho, *signora*. Ele deve estar com uma garota ou com seus amigos hippies. É quase certo que ele irá aparecer."

Os Carabinieri saíram por volta das onze da noite e concordaram que, devido ao nome Getty e ao perigo para as outras crianças, a imprensa não deveria ser informada. Mas alguém os informou, e não foi Gail. Dentro de vinte minutos, a imprensa italiana estava no encalço, seguida da ABC de Nova York, da NBC Chicago e, por fim, da CBS de Londres.

Naquele momento, não fazia sentido Gail negar o sequestro e, na manhã seguinte, a história estava estampada na primeira página do jornal diário de Roma, *Il Messaggero*, seguindo a linha que os oficiais tomaram durante o interrogatório de Gail.

Sob a manchete, "Piada ou sequestro", a maior parte do artigo se concentrou no caráter e estilo de vida do "Hippie de Ouro", e sugeriu que, muito provavelmente, Paul, "famoso por seu estilo de vida selvagem de hippie", havia desaparecido com uma namorada ou alguns de seus conhecidos mais loucos. Não havia nenhuma referência à conversa de Gail com os sequestradores ou a um pedido de resgate. No que diz respeito ao *Il Messaggero*, Paul apenas "desapareceu".

Entretanto, o artigo mudou a situação. Em primeiro lugar, levaria algum tempo para que o elemento de dúvida sobre o sequestro posto de lado – e complicações sem fim resultariam até que isso fosse feito. Mais grave ainda, já que o sobrenome Getty era sempre notícia, era que a chance de lidar com o sequestro sem torná-lo público acabara.

O apartamento de Gail, em Parioli, foi instantaneamente assediado por jornalistas e equipes de televisão desesperados por uma história, tornando-a quase uma prisioneira com Aileen, Ariadne e Tara – pois além de estarem presos pela mídia, ela também teve que ficar ao alcance do telefone aguardando que os sequestradores ligassem.

Embora seja visto muitas vezes como o grande crime italiano por excelência, o sequestro era raro na Itália até o início dos anos 1970, quando Luciano Liggio, o *capo dei capi* da máfia siciliana, desenvolveu-o como meio de angariar capital para o cartel internacional de drogas que era mantido pelos sicilianos. Foi então que a ideia começou a florescer, e os sicilianos tiveram muitos imitadores. Os mais inteligentes foram, provavelmente, os alunos das Brigadas Vermelhas, que sequestraram e assassinaram o ex-primeiro-ministro Aldo Moro em 1978 com uma eficiência terrível, assim como os mais cruéis foram, sem dúvida, os calabreses do sul da Itália.

A máfia calabresa, a N'drangeta, era uma antiga federação de famílias mafiosas, ligadas nessa parte mais pobre da Itália, que durante séculos ganhava dinheiro com extorsão em troca de proteção entre os camponeses locais. Recentemente, alguns dos membros mais jovens e mais ambiciosos estavam pensando em sequestro como uma fonte de lucro mais rápida.

Os captores de Paul eram de uma gangue de pequenos criminosos da Calábria com conexões tênues com a N'drangeta. Gail acredita que alguém na *trattoria* onde ele vendia suas pinturas o indicou. Até então, sempre houve uma regra tácita entre os mafiosos sobre atacar ou envolver estrangeiros, mas Paul era tão vulnerável – e todos sabiam que seu avô era tão rico – que a ideia do sequestro deve ter parecido uma fonte infalível de dinheiro fácil.

O planejamento, aparentemente, levou alguns meses. Não havia problema algum em rastreá-lo, uma vez que ele não tinha ideia alguma do perigo que corria. Capturá-lo foi tão fácil e, uma vez que o tinham no carro, seus raptores seguraram um lenço embebido de clorofórmio contra seu rosto, o transportaram durante a noite, amordaçado e vendado e mais ou menos inconsciente, até chegarem a uma região interiorana e desolada na ponta da bota italiana.

Ali o mantiveram preso, assim como mantinham seus animais – geralmente em currais ou abrigos na floresta. A princípio, não foram tão cruéis quanto insensíveis, como os sulistas tendem a ser com animais. Ele fora acorrentado pelo tornozelo, mas como seus captores usavam máscaras, tiravam a venda, exceto quando estavam em movimento.

Para alguém tão jovem, ele fez o seu melhor para manter sua dignidade. Quando se queixou da sujeira, levaram-no para se lavar em riachos próximos. Ele não tinha nada para ler, mas lhe deram um rádio – no qual Paul ouviu informes sobre o "mistério" de seu sequestro. Eles o alimentaram com espaguete frio, atum enlatado e água. Disseram a ele que, enquanto fizesse o que mandassem, ele não seria ferido e sua provação acabaria logo.

Nessa fase, seus captores pareciam confiantes – e estavam contando com um acordo rápido para fazer fortuna. Como o avô do menino era muito rico, estavam certos de que não haveria problemas para arranjar o dinheiro para o resgate.

"*Ci sentiremo*" ["Entraremos em contato"] foram as palavras finais do sequestrador para Gail antes de desligar, e ela ficou ao telefone esperando a ligação. Mas o sequestro é uma forma de tortura e eles a deixaram de molho. Durante dez longos dias e noites sem dormir, ela não teve nenhum sinal de que seu filho estava vivo ou morto ou do que tinha acontecido com ele.

Não que ela se sentasse ao lado de seu telefone em silêncio. Ela foi atormentada por chamadas telefônicas – chamadas de apoio, chamadas abusivas e até chamadas obscenas – e nada disso facilitou a vida.

Ela ainda não tinha conseguido entrar em contato com Big Paul em Sutton Place, pois ele nunca estava disponível e nunca retornou. Nem ouviu falar de Ann e Gordon nos Estados Unidos. Pensando estar abandonada pelos Getty e deixada para enfrentar a situação por conta própria, ela nunca se sentiu tão sozinha em sua vida e, conforme os dias se arrastavam e a ligação dos sequestradores nunca acontecia, ficou convencida de que algo horrível tinha acontecido.

À noite, ela não conseguia dormir por medo dos pesadelos. O silêncio significava que os sequestradores o haviam matado? E se nunca ligassem? E se ela nunca fosse rever seu filho?

Mas, então, eles se comunicaram com ela – não por telefone, mas através dos correios, em uma colagem colorida e artisticamente feita de letras cortadas de revistas, expondo as demandas de um resgate. Eles pediam dez *miliardi* de liras, cerca de 17 milhões de dólares, uma quantia considerável, mesmo pelos padrões de Getty, que só poderiam vir de uma fonte, o patriarca da família de 81 anos, em Sutton Place.

Pouco depois, Gail recebeu uma segunda carta – do próprio Paul. Foi postada em Roma, e seu coração parou quando ela reconheceu a letra dele no envelope. A carta começou lhe contando o que ela já sabia, que ele fora sequestrado, mas não deu pistas sobre seu paradeiro ou a identidade de seus captores. Ele escreveu que estava seguro e bem, e acrescentou um novo aviso sobre alertar a polícia.

Claramente escrevendo a pedido dos sequestradores, ele concluiu implorando que ela falasse o quanto antes com seu avô sobre o resgate. Se seus captores não recebessem o dinheiro logo e no valor total, ele seria "maltratado".

A carta terminava com uma linha que fez seu sangue gelar.

"Pague, imploro, pague o mais rápido possível se quiser que eu fique bem. Se atrasar é muito perigoso para mim. Eu te amo. Paul."

Paul Junior ainda se recusava a falar com o pai sobre o resgate e, embora Gail continuasse ligando para Sutton Place, o velho Getty nunca estava disponível. Isso a intrigou. O Big Paul sempre foi encantador, mas estava claro que ele não desejava ter contato com ela.

Até então, ele tinha se mantido firme sobre pagar pelo resgate em um comunicado emitido à imprensa. Jean Paul Getty afirmou se tratar de uma questão de princípios. Ele declarou: "Tenho catorze netos e, se eu pagar um centavo de resgate, vou ter catorze netos sequestrados."

Como uma declaração pública advertindo outros possíveis sequestradores, era justa. Havia provavelmente uma chance, ainda que pequena, de que o pagamento de um resgate por uma criança pudesse encorajar alguém a sequestrar outra, e a declaração também estava de acordo com a lei italiana – o pagamento de um resgate aos sequestradores é teoricamente proibido por lei.

Mas tudo aquilo era hipotético. Na Itália, sempre se revelou impossível proibir o pagamento do resgate para libertar um ente querido, assim como a realidade era que o neto mais velho e o homônimo de Getty, Jean Paul Getty III, estava nas mãos de criminosos e que naquele exato momento sua vida corria perigo.

Como todos sabiam, seu avô – e apenas ele – poderia pagar qualquer exigência de resgate e mal perceberia. Então, ele poderia intencionalmente deixar o neto em cativeiro? E se o menino ficasse doente ou fosse torturado? Ele ainda continuaria firme em seus princípios e se negaria a salvá-lo?

Getty deixou claro que suas razões para fazê-lo tinham menos a ver com princípios do que com seus sentimentos pessoais sobre o assunto. Em primeiro lugar, havia sua desaprovação puritana de seu chamado neto "hippie". Ele tinha ouvido o suficiente para acreditar que o jovem Paul era como o pai, e Getty não queria nada com eles até que mudassem de atitude.

Ele também culpou o menino por ser sequestrado em primeiro lugar e, assim, envolvê-lo, seu avô, com a temida máfia. A verdade era que o velho estava apavorado com o sequestro, mesmo antes de Paul ter desaparecido. Por isso, ele nunca se hospedara por muito tempo em La Posta Vecchia (onde tinha mantido a espingarda carregada em seu quarto), e já estava seguindo os conselhos de seu especialista em segurança pessoal em Sutton Place, o coronel Leon Turrou.

Por vários anos, Turrou, um francês e ex-agente da CIA, estudou as técnicas de prevenção a sequestro e escreveu um livro sobre o caso clássico da década de 1930, sobre o bebê Lindbergh nos Estados Unidos. Um bilionário assustado como Paul Getty era um cliente ideal, e o coronel o colocara em um estado de semicerco em Sutton Place, com guardas armados na casa, cães de guarda letais no terreno e o mais avançado em tecnologia de vigilância em quase todos os lugares. Travas impressionantes e uma placa de aço à prova de balas foram instaladas na porta do quarto, e guardas armados com rostos sisudos dirigiam à frente e atrás de seu Cadillac nas poucas ocasiões em que ele se aventurava a sair.

O sequestro de seu neto piorou as coisas, e o velho estava tão aterrorizado que tinha medo até de atender ao telefone, recusando-se a usá-lo para discutir qualquer coisa remotamente conectada com o sequestro, no caso de a máfia chegar até ele. Como Gail disse: "Ele parecia pensar que eles poderiam vir pegá-lo através do telefone."

Talvez ele acreditasse nisso, embora seu medo do telefone tivesse uma explicação mais simples. Em Paris, oito meses antes, o serviço secreto israelense, o Mossad, havia usado o telefone na tentativa de assassinar Mahmoud Hamshari, o representante da OLP na França.

Um pequeno dispositivo Semtex com um sensor eletrônico fora plantado no apartamento de Hamshari e, quando os israelenses chegaram ao telefone, conseguiram transmitir um sinal na linha para ativar a bomba que quase o matou.

Na época, o caso agitou os profissionais de inteligência – como um deles, Turrou saberia sobre isso, e era o tipo de história que teria capturado a imaginação de Paul Getty. Com certeza, durante todo o período do sequestro do neto, ele tomou precauções excepcionais com qualquer ligação ao telefone, e para qualquer coisa relacionada ao sequestro geralmente Penelope falaria no lugar dele.

Não que ele falasse sobre o sequestro se pudesse evitar. Como havia demonstrado quando Timmy morreu, ele não conseguia lidar com a infelicidade nem com o sofrimento, nem permitiria que ninguém questionasse suas decisões. Como Penelope disse: "Com o sequestro, era bastante assustador ver como ele desviou o foco do assunto."

Três semanas se passaram desde que Paul desapareceu, e nada foi feito para propiciar sua libertação. Além das duas cartas, não houve mais contatos com os sequestradores. Os Carabinieri falharam em identificá-los, Paul Getty Sênior seguia firme em não pagar um centavo, e Paul Getty Junior insistia que não havia nada que pudesse fazer. Em Roma, tudo continuou nas mãos de Gail, que estava vivendo um pesadelo cada vez mais aterrador. O tempo se arrastava, pois, como ela diz: "Em uma situação de sequestro, cada hora é duas vezes mais longa que o normal." Além de uns poucos amigos, não havia ninguém a quem recorrer. Os únicos membros da família que se aproximavam dela eram os velhos Willem e Poppet Pol, que tinham voado do sul da França para Roma ao ouvir sobre o sequestro e retornaram para Ramatuelle com Tara, então com cinco anos. Gail estava triste por vê-lo ir, mas também agradeceu, pois teria sido difícil lidar com um menino de cinco anos enquanto fazia o possível para manter Aileen e Ariadne felizes.

O que também não foi fácil, já que ela não se sentia nem um pouco calma. Gail estava impotente e ansiosa, mas sabia que tinha que se manter sã para lidar com os sequestradores quando e se decidissem ligar. Tudo o que ela podia fazer era continuar sentada ao lado do telefone até ligarem – o que fizeram quando menos se esperava, no final da noite de 30 de julho.

Ela reconheceu a voz do homem que telefonou na primeira vez, e dessa vez ele se apresentou. Para se identificar no futuro, ele se daria um codinome que ela poderia lembrar facilmente – a palavra *Cinquanta*.

Como antes, ele parecia estranhamente respeitoso, usando a terceira pessoa do singular e chamando-a de "*signora*". Porém, quando ela confessou que não tinha o dinheiro para o resgate, ele explodiu – primeiro com raiva, depois com descrença. Ele não podia acreditar que alguém tão rico como Paul Getty se recusasse a pagar e a acusou de mentir. Ela tentou explicar as razões do velho – naturalmente, sem sucesso. Como italiano, Cinquanta não podia compreender que alguém se comportasse assim.

"Que tipo de avô é esse?", gritou. "Como pode deixar sua carne e seu sangue na situação em que seu pobre filho está? Eis o homem mais rico dos Estados Unidos, e você me diz que ele se recusa a arranjar dez *miliardi* pela segurança do neto. *Signora*, você me toma por um tolo. O que diz não é possível."

Dificilmente Gail poderia dizer que concordava com ele, mas fez o possível para acalmá-lo, dizendo que precisava de tempo e lhe implorou para ser tão amável quanto possível com Paul. Ele disse que iria, mas pediu que ela entrasse em contato com o resto da família para obter o dinheiro.

A maioria das famílias se aproxima em uma crise e se apoia durante um desastre, mas não os Getty. Com seu dinheiro ilimitado e suas conexões íntimas com a Itália, o velho poderia ter conseguido que o menino fosse liberado com bastante rapidez se quisesse. Gail acredita que "se Big Paul tivesse lidado com o sequestro como lidava com um negócio em seu auge, Paul estaria livre dentro de 24 horas".

Mas não só Big Paul se recusou a fazê-lo – se desligando de Gail e recuando para sua fortaleza em Sutton Place –, como paralisou a família também, já que nenhum deles queria ofendê-lo. Como ele não estava falando com Paul Junior, e Gordon e Ronald estavam nos Estados Unidos, uma das famílias mais ricas do mundo foi incapaz de ajudar um adolescente de dezesseis anos que estava em perigo.

Nem foi oferecido apoio para a própria Gail naquele momento em que estava doente de ansiedade, assediada pela imprensa e tentando desesperadamente manter o resto de sua família estável enquanto lidava com os sequestradores. Até então, ela começou a receber inúmeras cartas de apoio e simpatia de pessoas desconhecidas ao redor do mundo, mas nenhuma palavra de membros da família.

Foi então que ela viu a família Getty pelo que era – distante, inalcançável, fechada ao contato humano. Tudo partia do próprio Big Paul, que sempre usou seu dinheiro como substituto do sentimento humano. Ela sentiu que ser um Getty era como se tornar parte de uma progressão matemática – à medida que o império familiar se tornara mais complexo e amplo, os que se encontravam dentro dele descobriram ser impossível manter relacionamentos normais com alguém de fora. Como Big Paul, eles também se tornaram assustados, sempre protegendo a si mesmos e a seu precioso dinheiro de pessoas de fora.

Foi só então que ela percebeu o quanto eles eram diferentes de seus pais e sua própria família acolhedora, e que algo humano se perdera à medida que o grande império financeiro se expandira. Quão sem vida e desprovido de amor se tornaram. E Big Paul era o mais desprovido de amor e de vida de todos.

O mês de agosto começou com uma onda de calor. A Itália estava no período de férias e era como se os responsáveis por encontrar o jovem Paul Getty tivessem entrado de férias também. Deve ter sido o calor. Mas nada estava acontecendo. Oficialmente, era tarefa dos Carabinieri lidar com o crime e resgatar Paul, mas, como não tinham o menor vislumbre de sucesso, se debruçaram sobre a opção mais fácil: reivindicar o sequestro como uma farsa.

De acordo com a teoria deles, Paul e seus chamados "amigos hippies" encenaram toda a situação para arrancar dinheiro da família. Não havia um pingo de evidências para apoiar tal ideia e era inconcebível que Paul torturasse a mãe daquela maneira – e seus sofrimentos subsequentes a refutavam.

Mas, como teoria, era uma maneira conveniente de salvar a pele de policiais incompetentes. Aparência, *figura*, é importante para os Carabinieri, como para a maioria dos italianos, e eles poderiam reivindicar, como afirmavam, que a razão pela qual não chegavam a lugar algum não era por incompetência, mas porque, antes de mais nada, não havia sequestro.

A ideia de uma farsa também foi atraente para o público em geral. Os romanos adoram rumores, ainda mais sobre os ricos, e ainda mais sobre estrangeiros ricos. Assim, a história conseguiu a confiança da imprensa e logo foi relatada na Grã-Bretanha, onde chegou ao patriarca de Sutton Place. Dada a sua atitude em relação ao resgate – e seu neto –, lhe convinha acreditar também.

"Você acha que o menino e a mãe armaram tudo isso por dinheiro?", ele teria perguntado a seu assistente pessoal, Norris Bramlett.

A reação à história em Cheyne Walk não foi diferente. Como de costume diante da infelicidade e preocupação, Paul Junior se tornou mais recluso, recorrendo cada vez mais à bebida e às drogas, de modo que estava cada vez mais difícil Gail se comunicar com ele por telefone. Agora, a sugestão de que seu filho teria pregado uma grande peça pôs fim à sua ansiedade, e deu a ele e à família um álibi perfeito. Não apenas para desculpá-los por não fazer nada – pensar que, em vez de sequestrado, Paul estava escondido com seus amigos em algum lugar em perfeita segurança os tranquilizava.

Entretanto, como ele ainda estava acorrentado como um animal em um casebre na selva da Calábria, com um grupo de criminosos cada vez mais nervoso tentando extorquir um resgate por sua vida, a situação estava na verdade se tornando perigosa. Além de irritar seus sequestradores ainda mais, o rumor sobre a farsa significava que, se tivessem que ganhar o dinheiro, precisariam fazer algo para provar que, sem dúvida, o sequestro era genuíno.

Ainda não havia novidades na quarta semana de sequestro, e Gail estava desesperada. Desde sua conversa irritada com Cinquanta, ela não teve mais notícias. Essa espera sem fim era o componente principal de sua angústia. Durante todo o dia, ela esperava ao lado do telefone por notícias – e, ao não recebê-las, começou a imaginar todos os horrores que poderiam ter acontecido com seu filho, um acidente, uma doença, a violência de seus captores, tudo era possível. A maior tortura era a falta total de informações.

Na segunda semana daquele agosto sufocante, ela não aguentava mais. Gail tinha que receber notícias de Paul, e foi então que seu advogado, Giovanni Jacovoni, sugeriu que ela deveria fazer um apelo direto aos sequestradores na televisão italiana.

Ela tinha dúvidas em fazer aquilo, pois suas experiências com a mídia italiana estavam longe de ser felizes. Nos primeiros dias do sequestro, ela tentou ser útil para os repórteres, mas, sem ter o que relatar, eles ficaram ávidos por novas histórias e se voltaram contra ela, criticando sua atitude em relação ao filho, seu papel de mãe e sua situação como membro da família mais rica do mundo.

"Eles sentiram que alguém deveria ser o culpado pelo que aconteceu, e como não havia mais ninguém, me escolheram."

Era ruim o bastante ser culpada por ser uma Getty, mas ela também foi vítima das diferenças culturais entre anglo-saxões e italianos. Como americana, ela acreditava em manter a cabeça erguida o mais alto e firme possível em público – ainda que apenas por orgulho e para evitar aborrecer todos na família, especialmente seus pais e Mark, que ainda estava com eles em San Francisco.

Segundo ela: "Eu estava condenada se demonstrasse meu sofrimento publicamente, compartilhando-o com milhões de leitores de jornal."

Mas não era isso que a mídia italiana queria. Quando o desastre atinge uma família italiana, tem que haver uma mãe triste, *mater dolorosa*, com os olhos desesperançados virados para o céu e o corpo cheio de angústia. Quando Gail falhou em fazer como queriam, a mídia a tratou com profunda desconfiança.

Por isso, ela insistiu em fazer o seu apelo na televisão aos sequestradores por conta própria, direto para a câmera, mas o produtor, ansioso por algum drama da vida real, trouxe um repórter consigo quando chegou para a gravação. Gail disse que não, mas o produtor insistiu. Ela só concordou quando ele lhe prometeu perguntas complacentes. Mas com alguns minutos de entrevista o repórter fez uma pausa, a encarou nos olhos e lhe perguntou com uma voz soturna: "*Signora*, você acha que seu filho está morto?"

Pela segunda vez desde que Paul havia desaparecido, ela desmaiou. Ela estava se recusando a aceitar aquela possibilidade por tanto tempo que, quando alguém a sugeriu, algo se partiu dentro dela. Ao reprimir tanta tensão e angústia nas últimas semanas, ela se forçou ao máximo e precisou de vários dias para se recuperar.

Mas a entrevista trouxe notícias dos sequestradores. Logo depois de ser transmitida, Cinquanta voltou a ligar para tranquilizá-la de que Paul estava vivo – e bem.

"Como posso saber que está me dizendo a verdade?", perguntou ela.

O sequestrador pensou antes de responder. Então, pediu para ela fazer algumas perguntas que só Paul poderia responder e ele as passaria ao rapaz. Ele ligaria de volta com as respostas e, se estivessem certas, ela saberia que seu filho ainda estava vivo.

Então, ela começou a fazer perguntas como "Qual é a foto à esquerda da porta no quarto de Aileen?" ou "Qual é o nome do gato do nosso vizinho?". Cinquanta ligou de volta aquela tarde com as respostas corretas, e era praticamente a primeira migalha de garantia que teve desde a carta de Paul.

Aquele foi o início de conversas mais regulares entre ela e Cinquanta, ao ponto de ela sentir que eles chegaram a se entender. Ela lera em algum lugar que, em situações de sequestro, os negociadores tentavam sempre estabelecer uma relação humana com alguém entre os sequestradores. Ela também teve uma vaga ideia de pegar algumas informações cruciais daquelas conversas, mas nunca o fez. O máximo que descobriu sobre Cinquanta era que ele tinha uma esposa e filhos e, em uma ocasião, ela lhe perguntou como, sendo italiano, ele poderia estar envolvido em um crime tão cruel contra uma família.

"*Signora*, é um trabalho como qualquer outro", respondeu. E, embora ele continuasse a trazer as respostas de Paul às suas perguntas, nunca esqueceu seu "trabalho" por muito tempo. Ele continuava a dizer o quão urgente era iniciar as negociações. Alguns de seus amigos estavam ficando irritantemente impacientes. Ele também repetia algo que ela não podia suportar ouvir – o perigo que seu filho enfrentava se a família Getty continuasse a considerar o sequestro como uma farsa e se recusasse a levá-lo a sério.

Já haviam se passado cinco semanas desde que Paul desaparecera, e das coisas que Cinquanta dizia, Gail estava ficando assustada com o fato dos sequestradores estarem prestes a feri-lo. Ela contou a seu pai, quando telefonou para ele em San Francisco, e como o juiz Harris era uma das poucas pessoas que Jean Paul Getty respeitava e conversava sobre o assunto, conseguiu convencê-lo de que algo deveria ser feito.

O velho repetiu que nunca pagaria o resgate, mas concordou em mandar alguém para Roma para oferecer apoio profissional a Gail e lidar com a situação. O homem que ele escolheu era um ex-espião que trabalhava para a Getty Oil, J. Fletcher Chace.

Chace foi descrito como "um dos bons velhos da boa e velha CIA" e, depois de se aposentar, trabalhou como conselheiro de segurança para as instalações Getty na Zona Neutra. Com quase um metro e noventa de altura, olhos azuis muito brilhantes e perfil austero, era um homem bonito, e Getty, que ficava impressionado com homens bem alinhados em ação, achou que ele era a pessoa ideal para lidar com o caso. Mas no que dizia respeito a seu neto Paul, Fletcher Chace era o pior emissário que o velho poderia ter escolhido.

Naquele momento, a situação em Roma se tornara extremamente simples. Desde o momento em que Paul foi sequestrado, havia duas alternativas – ou a polícia prenderia os sequestradores, ou os Getty teriam de pagar uma grande quantia de dinheiro pelo resgate. Depois de mais de um mês de tentativas, ficou claro que os Carabinieri não poderiam ter resolvido o caso mesmo se Paul tivesse sido mantido preso pelo Pato Donald – o que deixou a família com a segunda opção. Por mais desagradável que pudesse ser, o único ponto a ser resolvido era negociar um preço – e libertar o menino o mais rápido e da forma mais indolor possível. Qualquer outra coisa era irrelevante e servia apenas para estender a agonia.

Uma vez que Jean Paul Getty se recusou a pagar o resgate, a agonia teria que se prolongar até que ele pagasse, e o belo Fletcher Chace a prolongou com uma vingança.

Como muitos velhos ex-espiões, Chace era um grande teórico da conspiração. Ele também estava muito confiante em suas habilidades. Quando chegou a Roma, em 12 de agosto, Gail ficou aliviada por ter aquele profissional ao seu lado. Uma de suas primeiras prioridades era fazer contato com os sequestradores em pessoa, então ela concordou que ele atendesse a ligação quando Cinquanta telefonasse da próxima vez. Mas Chace não falava italiano, e seu espanhol enferrujado espantou Cinquanta, depois o irritou e, finalmente, o convenceu de que, apesar de todas as suas advertências, a família Getty ainda se recusava a levar o sequestro a sério.

Chace era, na verdade, uma vítima natural a serviço do jogo duplo e fraude que estava se acumulando em torno daquele assunto. Como um ex-espião, ele deveria ter percebido que a garota que conheceu em seu hotel e com que dormiu era na verdade uma agente na folha de pagamento dos Carabinieri e que sua tarefa, além de fazer Fletcher se sentir em casa, era instigar nele as opiniões daqueles para quem trabalhava e descobrir o que ele sabia.

Só que ele sabia muito pouco. Havia inúmeros relatos falsos de pessoas que viram Paul – de pessoas que Gail conhecia muito bem – e, quando Chace insistiu em seguir cada um pessoalmente, gastou muito tempo. Havia um de um jovem até plausível que afirmou saber onde Paul estava escondido. Ele o levou para a cidade do mosteiro de Monte Cassino, onde embolsou os 3 mil dólares que Chace lhe ofereceu e rapidamente desapareceu.

Portanto, longe de ajudar, a chegada de Chace serviu para complicar a situação que já não estava indo bem e para adiar ainda mais qualquer possibilidade de negociações sérias. Na verdade, no final de agosto, Fletcher Chace, perturbado e frustrado, estava caindo na teoria dos Carabinieri de se tratar de uma fraude. Desconcertado e mal-humorado, ele acreditava que estava no centro de uma grande conspiração – e relatou todos os detalhes de volta a Sutton Place, fortalecendo a resolução do velho em não pagar um centavo.

Já era início de setembro e, para lidar com a suposta conspiração, Chace acreditava ser a hora de desconcertar a oposição e a imprensa italiana, tirando Gail e as crianças de circulação. Dada a situação, na verdade, era perigoso interromper o contato com um grupo de sequestradores nervosos e potencialmente perigosos em um momento como aquele, mas Chace estava inflexível e insistiu em colocar Gail e as crianças em um voo para Londres, onde por dez dias ele os manteve em condições de máxima segurança em uma "casa segura" preparada em Kingston-upon-Thames.

Era o tipo de operação de espionagem de que ele gostava, mas não fazia sentido algum com um rapaz sequestrado na Calábria. Nem deu a Gail a oportunidade de ter uma conversa séria com seu ex--marido, nem com o próprio Big Paul em Sutton Place. Paul Junior tinha se tornado ainda mais recluso e, quando ela o viu em Cheyne Walk, ele se recusou a falar sobre o sequestro.

Assim como seu pai, ele estava muito assustado com a máfia e insistiu que qualquer contato tinha que passar por Chace, que transformou até mesmo isso numa operação clandestina, reunindo-se com ela em um encontro secreto no parque. Mas, embora ele prometesse transmitir seus apelos desesperados para que Getty fizesse algo por seu filho, nunca houve resposta. Big Paul se ateve aos próprios princípios e estava persuadido pela versão de eventos de Chace e as histórias do mundo da espionagem que lhe contara. Após dez dias, Gail e sua família estavam fartos e voltaram para Roma. Chace permaneceu por vários dias em Sutton Place para tranquilizar seu chefe.

Em meados de setembro, ficou claro que a situação era um desastre e que nenhuma das pessoas que deveriam lidar com isso conseguiria fazê-lo. Mas duas coisas tornaram a vida de Gail um pouco mais feliz. A primeira foi que ela conseguiu se mudar para um novo apartamento no coração da antiga Roma, em uma área mais viva do que a insípida Parioli. O novo apartamento tinha uma vista aérea do antigo mercado Campo dei Fiori – as garotas adoraram, e ela se sentiu menos prisioneira do que em Parioli.

A segunda foi que um membro da família Getty chegou para lhe fazer companhia – seu filho de treze anos, Mark. Apesar dos veementes esforços de seus avós para mantê-lo em segurança em San Francisco, Mark sentia muita falta da família e eles tiveram de deixá-lo voltar. Em seu apartamento novo e com Mark ao seu lado, Gail começou a se sentir um pouco mais forte.

Enquanto isso, as relações entre Cinquanta e os sequestradores pioravam drasticamente. Cinquanta já a havia avisado sobre aquilo. Os membros da gangue, desconcertados com o silêncio da imprensa, estavam planejando algo drástico, o que provaria que falavam sério.

Pela forma como ele falou, Gail sabia que não era blefe – mais ainda do que quando ele se deixou levar por suas desculpas ao falhar com o resgate – e, de repente, ele produziu uma nova exigência.

"*Signora*, você deve conversar conosco pessoalmente. Vamos lidar com isso juntos. Você poderá ver seu filho e garantirei sua segurança."

Ela pediu um tempo para pensar a respeito. Ele respondeu que telefonaria no dia seguinte para ouvir a decisão dela.

Todos os seus instintos lhe disseram que ela deveria ir. Claro que ela sabia dos perigos, mas já fazia muito tempo que ela estava se preocupando. Ela também sabia que não fazia bem a Paul ficado em Roma e que, se as coisas fossem deixadas para Chace e os Carabinieri, o sequestro poderia continuar para sempre. Ao encontrar os captores de Paul frente a frente, havia pelo menos uma esperança de levar a situação a um desfecho e desviar a raiva deles de seu filho. Ela também estava ansiosa com a possibilidade de revê-lo.

Então, quando Cinquanta telefonou, ela disse que iria. Ele parecia aliviado e deu instruções precisas. Ela devia dirigir um carro de certa marca com um adesivo no porta-malas e uma mala branca no bagageiro. Ela deveria percorrer um tanto de quilômetros pela autoestrada até um ponto ao sul de Nápoles, onde um homem estaria aguardando na beira da estrada. Ele jogaria pedregulhos no para-brisa como um sinal para que ela parasse. Alguém da gangue assumiria a direção e a levaria para o lugar onde Paul estava. Novamente, Cinquanta garantiu sua segurança. Gail disse que entendia e mais uma vez concordou em ir.

Entretanto, certa pressão se desenvolveu contra a ideia. Quando ela contou ao juiz Harris, ele ficou preocupado e apontou alguns riscos que ela estaria correndo. "O que aconteceria com as outras crianças se eles matassem você? E que bem isso faria a Paul?"

Chace, de volta a Roma, era ainda mais contrário à ideia e a proibiu de ir. Com tanta oposição, Gail mudou de opinião.

Ela acredita que esse foi "um erro terrível. Pois, se eu tivesse ido, poderia ter trazido todos de volta à razão e conseguido dar um andamento às coisas. Além disso, estaria com Paul e talvez os impedisse de fazer o que fizeram".

Em vez disso, o cancelamento na última hora tornou as relações com os sequestradores muito pior. Ela não tinha como avisar que mudara de ideia, e eles ficaram furiosos quando ela não foi. Mesmo o normalmente educado Cinquanta estava furioso quando telefonou para ela mais tarde, acusando-a de fazer jogos como os outros. Em certo momento, eles estavam gritando pelo telefone, e a ligação chegou ao fim com Cinquanta dizendo que ele tinha feito o seu melhor, que homens mais duros assumiriam e que, o que quer que acontecesse, não seria sua responsabilidade.

Como Gail logo descobriu, Cinquanta não estava blefando e os sofrimentos de Paul começaram quando seus captores descarregaram sua raiva nele. Começaram confiscando seu rádio, que tinha sido seu único vínculo com o mundo externo. Novas correntes foram presas às suas pernas. Um pequeno pássaro que ele tinha adotado como animal de estimação foi morto diante de seus olhos. Então, disseram o seguinte: uma vez que seu avô não pagaria para salvá-lo, chegava a hora de fazer o mesmo com ele. Eles o mantiveram amarrado e amordaçado por várias horas, depois jogaram roleta-russa contra sua testa com um revólver 45mm.

Ele nunca soube se a arma estava carregada. Depois de ter sobrevivido ao disparo várias vezes, ele foi mantido com os olhos vendados, amarrado mais forte do que nunca e deixado assim até a manhã seguinte.

Quase nesse mesmo momento, ocorreu um novo evento que aumentou sua desgraça. Como Cinquanta havia insinuado, alguns dos sequestradores tinham esgotado suas apostas em Paul, enquanto poderiam ter investido no negócio imobiliário ou numa parceria em um cassino. Os novos investidores estavam em postos mais altos da N'drangeta e bem ansiosos para levantar capital a fim de desenvolver o negócio de narcóticos por conta própria. Eles eram homens mais velhos e mais implacáveis do que seus predecessores, e estavam procurando um rápido retorno de seu investimento.

Os captores de Paul estavam estranhamente afáveis naquela manhã, o que despertou suspeitas. O mês de outubro tinha chegado e, com o tempo mais frio, eles lhe deram um conhaque italiano barato para mantê-lo aquecido, algo que nunca fizeram antes daquela manhã. Quando ele respondeu que era muito cedo para beber, eles lhe disseram para tomar mesmo assim, que lhe faria bem, e que seu cabelo crescera demais e precisavam cortá-lo.

Ele tentou argumentar. Gostava muito de seu cabelo e não queria cortá-lo, mas falaram que estava sujo e insistiram. Ele poderia ter lutado, mas havia quatro ou cinco deles, e ele ficara fraco com o cativeiro e podia ver que não estavam de brincadeira. Então, ele se sentou enquanto um dos homens cortava seu longo cabelo vermelho com uma pequena tesoura cega. Era a primeira vez que recebia um corte de cabelo de um barbeiro com uma máscara, e o homem tomou o cuidado de cortar o cabelo de cada um dos lados de sua cabeça. Quando terminou, ele passou álcool atrás das orelhas.

Foi quando Paul adivinhou o que eles pretendiam.

Novamente, ele podia ter lutado, mas sabia que não tinha sentido. Se tentasse resistir, eles só iriam machucá-lo mais, e acabariam fazendo o que queriam.

Então, quando lhe ofereceram mais conhaque, ele bebeu. E, quando lhe deram um lenço enrolado para morder, ele o colocou na boca e começou a morder. E, enquanto ele ainda estava mordendo, sentiu alguém atrás dele pegar sua orelha direita entre um polegar áspero e o indicador e mantê-la parada.

Então, veio a dor abrasadora com um golpe rápido de uma navalha e toda a orelha direita foi cortada de sua cabeça recém-aparada.

Em 21 de outubro, Cinquanta informou Gail do que aconteceu, mas se recusou a dar detalhes. No começo, ela se recusou a acreditar, mas ele insistiu que era verdade e disse que lhe enviaria fotografias para provar tudo.

Como qualquer mãe, ela se sentiu mal pelo horror de pensar na mutilação de seu filho. Apesar de tantas advertências, nunca acreditou que Cinquanta e seus amigos fariam aquilo. Agora que o fizeram, ela tentava não pensar naquilo o tempo todo. Mas era difícil parar de pensar sobre a selvageria de tais homens e o medo e o sofrimento que tinham infligido a sangue frio a seu filho.

Devido àquele último toque de horror, ela começou a se perguntar quanto tempo o sequestro continuaria – e quanto mais ela e, mais importante, Paul poderiam suportar. Depois de uma ligação anônima para a polícia, fotos instantâneas de Paul foram descobertas em uma lata de lixo em um determinado local em Roma. Elas foram tiradas do lado de fora de uma caverna e, quando Gail as viu, ficou horrorizada, pois mostraram um Paul esquálido e a ferida não cicatrizada de onde estava sua orelha.

Pouco depois, Cinquanta voltou a ligar. Ele perguntou se ela acreditava nele, e disse que tinha avisado que aquilo aconteceria. Ele acrescentou que a orelha cortada estava indo pelo correio.

Ela estava muito entorpecida para discutir, então, quando a orelha não chegou e Cinquanta ligou para perguntar se a tinha recebido, houve uma discussão furiosa, com ele insistindo que as autoridades deveriam tê-la recebido e Gail tentando expressar raiva e horror pelo que aconteceu.

Até então, o desaparecimento da orelha era mais um mistério, mais um mal-entendido e mais desculpas para negligência.

Os sequestradores, de fato, a lacraram em um recipiente de plástico cheio de líquido para conservação, que por sua vez foi colocado dentro de uma mala acolchoada enviada pela agência postal principal de Reggio Calabria para os escritórios editoriais de *Il Messaggero* em 20 de outubro.

No final das contas, a chegada daquele horrível pacote deveria ter posto um fim a todas as histórias sobre farsas e acrescentado uma sensação de urgência às negociações. Teria acontecido assim em qualquer lugar, menos na Itália, mas, como observou Gore Vidal, "não existe isso de serviço de correio em Roma". Oficialmente, uma greve postal estava em andamento e a orelha de Paul, além de inúmeras outras entregas para a cidade, estava mofando em um armazém até a greve acabar.

Finalmente, no dia 10 de novembro – três semanas após a mutilação – o pacote foi entregue aos escritórios de *Il Messaggero* na Via del Corso – e a secretária do editor que o abriu desmaiou.

Até então, Gail, tendo perdido toda fé nos Carabinieri, havia alistado o apoio de seus rivais, a Polizia italiana. Carlo, o chefe da Polizia Statale Squadra Mobile – o esquadrão móvel de Roma –, assumiu o caso e provou ser um oficial enérgico e eficiente. Ele ajudou Gail a aceitar o que aconteceu e a preparou para a terrível tarefa de identificar a orelha, se chegasse. Por sua sugestão, ela estudou fotografias de Paul para verificar sua forma e aparência.

Então, quando Carlo a avisou que o pacote tinha chegado e lhe pediu que fosse à sede da polícia, Gail estava mais segura de si do que a secretária de *Il Messaggero*. Ela ignorou os fotógrafos esperando por ela do lado de fora do prédio e foi confiante quando viu a orelha decepada. Sim, ela a reconheceu pelas sardas e a forma. Pertencia ao filho dela.

Já fazia quatro meses que Paul tinha sido sequestrado, mas a agonia estava longe de terminar.

Houve alguns pequenos avanços. Através do juiz Harris, que era um proeminente católico de San Francisco, o Vaticano se envolveu e Gail conheceu o "gorila do Papa", o gigantesco arcebispo Casimir Marcinkus, de Chicago, que foi muito gentil e disse que poderia ajudá-la. Foi esse o sacerdote que mais tarde se tornaria notório por suas conexões com o financista corrupto Sindona, e também com

Roberto Calvi, o chefe da Banca Ambrosiana, que acabou enforcado sob a ponte Blackfriars em Londres. Por isso, era provável que Chace se recusasse a permitir que ela aproveitasse as conexões do submundo do arcebispo quando ele disse: "Conheço algumas pessoas importantes que tenho a certeza de que poderiam ajudá-la. Se quiser, falarei com eles sobre seu filho."

O governo americano também mostrou sinais de preocupação, já que Gail enviou uma mensagem pessoal ao presidente Nixon. Thomas Biamonte, um competente ex-advogado do FBI de origem calabresa, que trabalhou na embaixada dos Estados Unidos em Roma, foi designado para o caso e, falando o dialeto local da Calábria, fez contato com os sequestradores por conta própria. Como resultado, os sequestradores abandonaram sua exigência de 10 *miliardi*, ou 17,4 milhões de dólares, para uma quantia mais realista de 2 *miliardi*, ou 3,2 milhões de dólares. Mas, tendo baixado o preço, eles também deixaram bem claro que estavam contando com ele.

Em Sutton Place, o avô de mais de oitenta anos de Paul também estava aguardando. Farsa ou não, com orelha ou sem orelha, princípios eram princípios, e ele ainda se recusava a pagar um centavo.

Quando o inverno começou nas terras altas da Calábria, e o menino ferido foi arrastado para outro esconderijo, seus captores emitiram mais um ultimato. Eles mostravam sinais que perderiam a paciência mais uma vez e disseram que, se não houvesse um acordo em breve, a outra orelha seria enviada para *Il Messaggero*, seguida de outras porções da anatomia do menino sequestrado se não conseguissem obter resultados.

O próprio Paul já estava em um estado lamentável. A dor da amputação abrupta continuou, e a infecção se instalou. O frio e a má nutrição, além do choque nervoso da operação, o deixaram enfraquecido e desanimado. Desde a infância, ele sofria de pulmões fracos, e o que começou como um resfriado forte se tornou pneumonia. Seus captores, ansiosos para não perder os 3,2 milhões, começaram a lhe injetar doses tão maciças de penicilina que ele se tornou alérgico a ela. Quando ele não conseguiu tomar mais antibióticos e sua condição continuou a piorar, eles entraram em pânico.

Como último recurso, Cinquanta telefonou para Gail para lhe pedir conselhos.

"*Signora*, você precisa me falar. O que podemos fazer por ele?", perguntou ele, incapaz de disfarçar sua ansiedade pela condição de Paul, sabendo que ele e seus colegas poderiam perder tudo se a doença piorasse.

Gail soube naquele momento que, se o sequestro durasse mais tempo, Paul morreria. Nada na Terra valia a pena – nem os princípios preciosos de Big Paul nem seus temores por seus outros netos, nem a fortuna dos Gettys, nem os problemas de arrumar tanto dinheiro.

Então, ela decidiu que aquilo precisava acabar. Se ninguém mais o fizesse, ela o faria. Se ninguém mais pudesse salvar seu filho, ela o salvaria.

Ela disse a Cinquanta que mantivesse Paul o mais aquecido possível e se preparasse para liberá-lo. O resgate seria pago.

A determinação de Gail transformou a situação. De repente, sua perseverança se tornou contagiosa. Ela falou com seu pai, que argumentou tão decididamente no telefonema para Sutton Place que Big Paul cedeu e concordou que, de alguma forma, o dinheiro seria arranjado. Mas, até aquele momento, o velho estava insistindo, como sempre, em pagar apenas a parcela do resgate que seria dedutível em impostos – o pai do menino tinha que pagar o resto.

Isso causou problemas, já que Gail não conseguia mais entrar em contato com Paul Junior, que já não fazia sentido para mais ninguém. Mas ele concordou com os termos do pai. Como não tinha o milhão de dólares para o resgate, Big Paul emprestaria a ele, com 4% de juros, calculado anualmente. Mas Gail foi levada a entender que, como condição prévia para o pagamento, Paul Junior insistia que ela entregasse a custódia de todos os filhos.

Gail pensou que poderia suportar qualquer coisa, mas aquele foi o golpe mais cruel de todos. Ela sofreu cinco meses no inferno para salvar seu filho e, no momento em que quase o tinha de volta, parecia que tinha de perdê-lo – e o restante de seus filhos.

No entanto, não havia nada a ser feito, e seus sentimentos não eram mais assim tão importantes. Tudo o que importava era o dinheiro – e libertar seu filho o mais rápido possível. Então, exausta, ela concordou, chegando até a fazer arranjos para levar as crianças ao aeroporto – apenas para descobrir que tinha ocorrido mais um mal-entendido e Paul Junior negava ter pedido a custódia.

Aquilo era típico da atmosfera de drama e desconfiança que pairavam em torno do sequestro até o final. Mas Jean Paul Getty havia concordado a princípio. Isso era o que importava – mesmo que ele contribuísse com apenas 2,2 milhões de dólares do resgate. Foi tudo o que seus contadores lhe disseram que poderia ser dedutível. Então, ele manteve a exigência de que seu filho deveria pagar o resto em parcelas regulares de sua renda do Fundo Sarah C. Getty.

Gail temia que algo mais acontecesse até o final, mas, em 6 de dezembro, Chace recebeu autorização para sacar o montante total de 2 milhões de liras em notas usadas de 50 e 100 mil. Tudo tinha sido microfilmado, e as notas preencheram três grandes mochilas que ele levou à embaixada dos Estados Unidos na Via Veneto para manter em segurança.

Até então, havia névoa e neve na autoestrada ao norte de Nápoles, que estava no auge de seu pior inverno em quase cinquenta anos. Na primeira viagem com o dinheiro, Chace não conseguiu entrar em contato com os sequestradores. Os ânimos se exaltaram, e Gail temia que mais drama poderia prolongar a agonia de cinco meses. Mas, em 12 de dezembro, Chace pegou as três mochilas da embaixada pela segunda vez e dirigiu 400 quilômetros em direção ao sul de Roma para o encontro que Cinquanta havia arranjado. Quatro quilômetros ao sul da saída para a cidade de Lagonegro, viu um homem de pé junto à estrada, uma pistola na mão e uma touca *balaclava* que lhe cobria o rosto. Chace parou o carro, colocou os três sacos na estrada e voltou para Roma. Ele fora seguido o tempo todo por membros do Squadra Mobile, disfarçados de trabalhadores em uma van, que fotografaram o homem de touca.

★ ★ ★

Embora o sequestro estivesse quase acabado, Gail ainda tinha que enfrentar a expectativa mais cruel de todos. No dia seguinte, ela não recebeu nenhuma ligação, nem depois, e ficou convencida de que, tendo conseguido o dinheiro, os sequestradores tinham matado seu filho. Do ponto de vista deles, teria feito sentido pegar o resgate e destruir as evidências – incluindo Paul.

Na noite do dia 14, ela estava à beira do desespero, convencida de que tinha acontecido o que ela temia. Cinco meses de angústia terminavam com um telefone silencioso.

Mas, às dez e meia da noite, o telefone tocou. Era Cinquanta. Formal como sempre. Ele poderia ser alguém de um banco, confirmando que o resgate fora pago e que seus colegas estavam cumprindo sua promessa e libertando Paul nas próximas horas. Ele ficaria no lado de uma colina perto de onde Chace tinha deixado o dinheiro. Ele deu uma descrição precisa do local, acrescentando que Gail deveria ir lá sozinha para buscá-lo.

"Por favor, mantenha-o aquecido", pediu ela, consciente do clima gélido.

"Vou fazer com que ele tenha um cobertor", disse Cinquanta. Aquelas foram as últimas palavras que ele falou, e ela nunca mais ouviu sua voz.

Gail não conseguiria dormir naquela noite. A polícia estava monitorando o seu telefone e passou o principal tema da conversa para a Squadra Mobile, que logo chegou ao seu apartamento. Ela ligou para Chace, que veio imediatamente. À meia-noite, ela e Chace estavam na parte de trás de um carro da Squadra Mobile com Carlo ao volante.

Durante a maior parte do tempo, estava nevando forte, e o amanhecer despontava quando alcançaram a colina. O campo estava branco, e no raiar do dia não havia sinal de Paul. Eles chamaram seu nome sem sucesso. Gail assobiou como ela e as crianças costumavam fazer entre si em Orgia. Paul teria reconhecido o chamado de imediato, mas ainda não havia resposta.

"Você deve estar preparada... Eles podem tê-lo matado", disse Chace, enquanto os homens do Squadra Mobile seguiam procurando na encosta sem descobrir sinal de Paul. Então, ouviram um dos homens gritando. Ele havia encontrado algo – um cobertor antigo e uma venda. Eles devem ter pertencido a Paul e foram a primeira prova de que ele ainda estava vivo. Mas onde ele estava?

"Você conhece seu filho", falou Carlo a Gail. "O que ele teria feito?"

"Iria para casa", disse ela.

Então, o Squadra Mobile dirigiu devagar pela autoestrada procurando por Paul, com Gail e Chace na parte de trás de um carro da esquadra. Eles não viram nada, mas, no rádio do carro, pegaram um relatório da polícia. Um homem não identificado foi encontrado nas proximidades e levado para a sede dos Carabinieri em Lagonegro.

Na *caserma* dos Carabinieri em Lagonegro, ninguém admitiria, inicialmente, que Paul estava lá – e quando alguém o fez, Gail foi informada de que não poderia vê-lo enquanto estivesse sendo interrogado. O motivo da aparente hostilidade residiu no fato de ela estar com membros do Squadra Mobile, que sempre tiveram uma rixa com os Carabinieri – e os Carabinieri estavam determinados a manter o crédito por "resgatar" Paul Getty.

Mas Gail já havia sofrido demais para se incomodar com tais sutilezas.

"Eu quero meu filho", disse. "Deixe-me ver meu filho." E a visão daquela mulher irritada e exausta pedindo pelo filho fez as autoridades se arrependerem e o trazerem para ela.

Ele estava tão magro e doente que ela quase não o reconheceu quando ele apareceu, tropeçando e usando roupas que os Carabinieri compraram para ele. Ele estava sujo, mal conseguia andar, e um curativo manchado de sangue ao redor da cabeça cobria a ferida da orelha decepada.

Agora que o momento havia chegado, Gail e Paul estavam muito emocionados para falar. Eles se agarraram um ao outro, e foi só quando ela o segurou em seus braços que soube que a longa provação tinha acabado.

Tudo o que importava era levar Paul com segurança de volta a Roma e, antes que os Carabinieri pudessem se opor, ela e Chace o levaram para o carro e começaram a jornada para casa. Tudo o que ela lembra da viagem é que "Paul e eu éramos como zumbis, tomados pela emoção de tal forma que mal podíamos falar um com o outro".

Quando chegaram a Nápoles, a notícia da libertação de Paul estava no rádio, e repórteres de Roma os esperavam pelas cabines de pedágio quando deixaram a autoestrada. As pessoas estavam esperando na rua para vê-los passando. Alguns saudaram e acenaram, mas Gail não sentiu nada além de uma sensação de total alívio pelo fim do horror dos últimos cinco meses. Ainda não tinha a menor ideia do dano que aqueles meses fizeram a Paul – e para ela, e para toda a família.

Um amigo já havia reservado uma clínica em Parioli para ambos, onde passaram os três dias seguintes se recuperando antes de irem de férias para a Áustria. Na chegada à clínica, os médicos examinaram Paul e os resultados pareciam tranquilizadores. Ele era jovem e forte. Fisicamente, ele logo se recuperaria e, com uma cirurgia plástica moderna, até sua orelha poderia ser reconstruída.

"E os efeitos psicológicos?", perguntou Gail. Só o tempo diria, o médico respondeu.

Aquela tarde – Gail se lembrou –, 15 de dezembro, era aniversário de Big Paul. Ele tinha 81 anos, e ela sugeriu que seria delicado se Paul telefonasse para o avô para agradecer e desejar um feliz aniversário.

Em Sutton Place, o velho estava em seu escritório quando a ligação foi recebida e uma de suas mulheres foi lhe contar quem estava na linha.

"É seu neto, Paul. Quer falar com ele?", perguntou ela.

"Não."

CAPÍTULO 16

A DINASTIA

POR TRÁS DA FACHADA sinistra que Jean Paul Getty conseguiu manter durante todo o sequestro, as coisas começaram a dar errado em Sutton Place.

Não tinha nada a ver com seus interesses comerciais, que nunca mais pareceram brilhantes. A escassez mundial de petróleo após a guerra árabe-israelense do Yom Kippur, de outubro de 1973, quadruplicou o preço do petróleo de 3 dólares para 12 dólares por barril no mercado internacional, e as ações da Getty Oil estavam crescendo de forma constante. Em 1975, o velho aumentaria o dividendo em dinheiro da empresa de 1,30 para 2,50 dólares por ação, portanto, atribuindo-se uma renda recorde no ano de 25,8 milhões. Até então, o Fundo Sarah C. Getty estaria valendo a incrível soma de 2,4 bilhões.

Mas esse fluxo de riqueza não podia impedir um sentimento maldefinido e muito perturbador que começou a afetá-lo. Era algo que ele não experimentara antes, e foi tão doloroso como inesperado. Com 82 anos, um dos homens mais ricos do mundo estava experimentando a sensação de fracasso.

Começou dois anos antes, pouco depois de sua festa de oitenta anos no Dorchester Hotel, organizada pela duquesa de Argyll. Na festa, tudo tinha sido maravilhoso. Quando seu amigo, o duque de Bedford, propôs o brinde – "Que as várias senhoras graciosas e adoráveis ao seu redor se tornem cada vez mais graciosas e adoráveis" – e todos aplaudiram. O presidente Nixon enviou sua filha, Tricia, para representá-lo; e, à meia-noite, o próprio presidente telefonara de

Washington com cumprimentos de aniversário para seu fiel seguidor e generoso colaborador dos fundos de Nixon, seu bom amigo, Jean Paul Getty.

Alguns meses depois, o impensável aconteceu. A confidente e amiga Penelope Kitson o deixou. Quando ela lhe disse que pretendia se casar novamente com o empresário Patrick de Laszlo, ele fez tudo o que podia para impedi-la, inclusive usando o melhor ultimato de Getty – cortá-la de seu precioso testamento. Ele ficou triste ao descobrir que isso não importava, mas isso se apaziguou quando o casamento terminou alguns meses depois, e Penelope voltou a vê-lo.

"Não vou dizer que sinto muito, querida", foi tudo o que ele disse – e a reintegrou ao testamento dele e na casa. Entretanto, o show de independência de Penelope o aborreceu, assim como as reações a outra coisa que significava muito para ele – a abertura oficial de seu museu em Malibu no início de 1974.

O arquiteto de Getty, o amável inglês Stephen Garrett, sempre teve dúvidas sobre a ideia de recriar uma *villa* romana às margens do Pacífico e tentou alertar seu patrono. Mas Getty não escutou e continuou com todos os detalhes da construção a mais de nove mil quilômetros de distância, em Sutton Place. Mas, quando foi aberta, a preciosa menina dos olhos de Getty foi saudada com um escárnio quase unânime pela imprensa. "Vulgar", "insípido", "direto da Disneylândia" se encontravam entre as reações, e o *Economist* de Londres agia de modo esnobe a respeito. Historiadores da arte, segundo ele, seriam pressionados a decidir se a tolice de Jean Paul Getty era "simplesmente absurda ou genuinamente ridícula".

Como de costume quando confrontado com algo de que não gostava, o velho cerrou seus lábios já muito bem cerrados e não disse nada. Além de críticas generalizadas sobre seu comportamento sobre o sequestro, as reações ao museu o abalaram. Mais tarde, ele escreveria sobre a libertação do jovem Paul como sendo "o presente de aniversário mais bonito e maravilhoso da minha vida". Poucos acreditavam nele.

Diante de uma situação semelhante, homens mais pobres teriam hipotecado casas, pedido emprestado o que pudessem de amigos, iriam até mesmo à bancarrota na tentativa de arranjar o dinheiro para o resgate de um neto. E, não passou despercebido que, enquanto Getty se recusara a arrumar o dinheiro com base em seus assim chamados princípios, os ignorou quando teve que fazê-lo. Nem que, ao atrasar o pagamento do resgate por tanto tempo, ele forçou os sequestradores a desistirem do valor original de 17 milhões para 3,2 milhões de dólares – uma economia de 13,8 milhões.

Como homem de negócios, ele estava ciente daquilo. E, se isso significasse que, para alcançá-lo, seu neto, uma vez favorito, tivesse que ser forçado a sofrer um pesadelo de cinco meses com a máfia, ele sentiu que era um preço que valia a pena pagar.

Mas ele deve ter tido suas dúvidas. Pois o sequestro provou ser um verdadeiro desastre tanto para a família como para o próprio Getty. Os sofrimentos do menino mal haviam começado e, de formas diferentes, o dano continuaria se espalhando, trazendo ainda mais tormento e tristeza nos anos seguintes.

Isso não ficou evidente logo de início. Após o sequestro, Gail e o filho passaram dois meses se recuperando nas montanhas austríacas, acompanhados por Aileen, Mark e Ariadne. As montanhas apaziguaram seus medos, restauraram seus espíritos e logo eles estavam reaproveitando a vida. Mais tarde, Aileen se lembraria dessas férias como a última vez que esteve despreocupada e feliz. O resto da família sentiu o mesmo, e voltaram da Áustria acreditando que o pesadelo do sequestro estava acabado e esquecido.

Foi um bom sinal o sequestro ter causado pouco impacto em como se sentiam na Itália, e uma vez que Gail estava de volta em sua casa em Orgia, ignorou as sugestões de seus amigos de que precisasse de terapia.

O jovem Paul havia se reencontrado com Martine e, foi só quando ele voltou para Roma com ela, deixando Gail sozinha, que ela percebeu como seus amigos estavam certos. "De repente e sem aviso prévio, eu desmoronei."

Ela passou a ter pesadelos sobre o período do sequestro, seguidos de ataques incontroláveis de choro. Acabou mergulhando na mais profunda depressão. Então, lenta e dolorosamente, ela se recuperou.

A DINASTIA

Na mesma época, Paul pareceu menos afetado pelo sequestro do que a mãe. Isso era em parte o efeito da juventude e, em parte, porque ele tinha a fibra de Martine para ajudar. Pela primeira vez na vida, ele se viu desfrutando de um relacionamento estável e, naquele verão, quando Martine descobriu que estava grávida, ele agiu de acordo com os princípios burgueses que rejeitara antes – e a pediu em casamento.

Foi uma cerimônia feliz, realizada ante o prefeito de Sovicille, o assento da comuna local, com quase toda Orgia comparecendo. Consciente de sua condição, Martine usava um vestido simples, e Paul roubou a cena. Seu cabelo estava grande e ele ficou bem em seu terno preto Mao feito sob medida, com listras vermelho escuras e novos tênis brancos.

Acontecendo assim tão logo após sua libertação, o casamento era um evento para a mídia, com a imprensa italiana e a televisão em peso. Longe de não gostar, Paul adorou ser o centro das atenções – tanto assim que, quando um fotógrafo de Londres do *Daily Express* se atrasou e perdeu o casamento, Paul insistiu em refazer tudo de novo para o fotógrafo.

Aqueles que o conheciam insistem que não era exatamente vaidade. Ao buscar a atenção da mídia, ele estava procurando algo de que precisava desesperadamente – uma identidade verdadeira que esperava encontrar no papel de um tipo de celebridade cult.

Pouco antes do Natal, ele e Martine deixaram a Itália para ir a Los Angeles, onde planejavam viver – e, nos subúrbios de Tarzana (assim chamada em homenagem ao herói do fundador da cidade, Edgar Rice Burroughs, autor dos romances de Tarzan), em janeiro de 1975, Martine deu à luz um filho. Resistindo à tentação de nomeá-lo Tarzan Getty, eles o chamaram de Balthazar. Balthazar era um dos três reis magos na Bíblia e, se a família fosse sobreviver, um pouco de sabedoria não seria mal.

Ao casar com Martine, Paul realizara um tipo de sacrifício – ao se casar antes dos 22 anos, abriu mão de qualquer renda do fundo que seu pai criou em 1966, após o divórcio, para sustentar as crianças. Aquele limite de idade foi inserido para proteger Aileen e Ariadne de potenciais caçadores de fortunas, mas também descartava Paul.

Desprezar o que não tinha fez daquilo uma atitude virtuosa, mas, a partir daquele momento, a falta de dinheiro seria um dos eternos problemas do jovem Paul. Ele achou irritante ter o sobrenome Getty sem o dinheiro Getty. Sabia que um dia ele iria herdar uma fortuna do Fundo Sarah C. Getty – mas, no meio-tempo, passaria por sérios problemas para sobreviver.

Em março de 1975, Gail começou a receber pressão de Paul Junior para trazer as crianças de volta para a Inglaterra. Quando se falavam ao telefone, ele parecia tão deprimido e solitário que ela ficou preocupada.

Percebendo não haver chance de se casar com ele ou ter filhos seus, Victoria o deixou, se submeteu a um tratamento e se casou pela segunda vez – com Oliver Musker, um impressionante jovem londrino negociante de antiguidades que estava apaixonado por ela.

Após a partida dela, Paul atingiu o fundo do poço. A única pessoa que cuidava dele, então, era um ex-taxista chamado Derek Calcott, que fez o possível para garantir que houvesse algo para ele comer – geralmente cookies com pedaços de chocolate e sorvete de chocolate, ambos ruins para ele, mas que satisfaziam o seu desejo de viciado por algo doce. Sentindo-se indefeso e abandonado, ele estava sozinho em uma casa que se tornara tão sombria e negligenciada como ele.

E ele também estava sem dinheiro. Ele era financeiramente incapaz, e as pequenas somas que recebia do Fundo Sarah C. Getty iam para as drogas de rua que ele usava, além das drogas com prescrição médica.

Tudo aquilo o tornou desgraçadamente vulnerável. Os chamados "amigos" começaram a tomar seus bens, e ele tinha vendido muito do que restava – incluindo o MG vermelho de Roma, o qual sua irmã, Donna, comprou por 2 mil dólares. Ele não podia mais auxiliar as crianças na Itália e implorava a Gail que as trouxesse a Cheyne Walk.

Ela não tinha certeza daquilo. Parte dela temia sair da Itália, e ela estava ressabiada em se reaproximar demais dele. Por outro lado, pensou que morar em Cheyne Walk poderia ser bom tanto para as crianças quanto para o pai. Como ela e Paul estavam sozinhos e ainda gostavam um do outro, também fazia sentido para eles estarem juntos.

Então, Gail voou para Londres por alguns dias pela primeira vez desde o sequestro – apenas para encontrar as coisas ainda piores do que ela esperava. Ela chegou no fim de semana. Paul estava sozinho na casa e sem dinheiro, seu traficante o deixara sem drogas, e ele já estava mostrando sintomas de abstinência aguda.

Naquela noite, ele estava numa situação tão desesperadora que ela improvisou uma cama no escritório para ficar perto dele quando o suor e a convulsão começassem. Quando ele falou que tudo o que queria era abandonar o vício, ela prometeu ajudá-lo.

Havia uma clínica para viciados em Elephant and Castle – uma das áreas mais pobres do sul de Londres – que oferecia tratamentos para viciados todas as terças. Então, na terça-feira seguinte, Gail o levou lá e ele começou a usar metadona em vez de heroína e a reduzir o consumo de álcool. Só quando se convenceu de que ele estava falando sério sobre o tratamento ela concordou em trazer as crianças para a Inglaterra.

Foi uma má ideia deixar a Itália, e as crianças odiaram. Mas Gail tinha se convencido de que era o melhor para todos, e as crianças estavam felizes em se reencontrar com o pai.

Decidiu-se que Tara deveria permanecer na França com os avós, e as meninas foram enviadas para colégios internos diferentes – Aileen para a Hatchlands, uma escola de boas maneiras para jovens inteligentes perto de Godalming, em Surrey, e Ariadne para um internato perto de Lewes.

Depois de criar tumulto ao anunciar – como uma piada de mau gosto – que estava grávida, Ariadne, de treze anos, se instalou e aceitou a rotina de um internato inglês feminino. Mas Aileen achou toda a ideia sobre Hatchlands muito estranha. Como uma verdadeira italiana, ela odiava ser obrigada a dormir com as janelas abertas e sempre parecia resfriada. Ela aprendeu esgrima, *contract bridge** e etiqueta, tudo que lhe parecia absurdo. Assim como lhe ensinar a fazer reverência à realeza. Entediada e ressentida, mantinha um estoque secreto de álcool, escapava, ia escondida para Londres e costumava inventar histórias horríveis para escandalizar suas colegas mais ingênuas.

Longe de transformar Aileen em uma jovem senhorita socialmente bem-comportada, um ano de Hatchlands foi suficiente para fazer dela uma rebelde para sempre.

Ao mesmo tempo, encontrar uma escola para Mark provou ser um grande problema. Como era difícil matriculá-lo em uma grande escola pública com tão pouca antecedência, um amigo de Gail o apresentou ao mundo menos opressivo da Taunton School, na área rural de Somerset. Lá ele se sentiu muito em casa, era popular com os outros meninos, amava o campo, trabalhou duro o bastante para obter uma bolsa de estudo para Oxford e se tornou um ser humano muito seguro de si e reflexivo.

Enquanto isso, seu irmão Paul estava tendo problemas como homem casado de dezoito anos com uma esposa mais velha e duas crianças pequenas, a filha de Martine, Anna, e Balthazar para sustentar. Craig Copetas, jornalista da revista *Rolling Stone*, que o viu muito por volta daquela época, lembra que "ele era muito forte e, fisicamente, parecia ter sido pouco afetado pelo sequestro".

Mas isso era uma ilusão. Sob a superfície, cinco meses de tortura física e mental haviam causado estragos em uma personalidade já problemática, e Gail estava convencida de que seu sistema nervoso fora afetado por seus sofrimentos. Ele não dormia bem – e, quando conseguia, era atormentado por pesadelos e uma sensação contínua de medo. Porém, seus reais problemas vieram do conhaque que os sequestradores lhe deram no cativeiro. Ele herdara a natureza viciada do pai, e logo ficou claro que, ao iniciar sua dependência, os sequestradores o transformaram em um alcoólatra sem solução.

---

* Uma variação do tradicional jogo de cartas do bridge. [N.T.]

Não foi surpresa ele achar impossível se estabelecer ou manter uma relação próxima com qualquer um. Muitas vezes, Martine não conseguia lidar com ele, ainda mais quando se valia de drogas – legais e ilegais – para ajudá-lo durante o dia e aproveitar algumas horas de sono durante a noite. Quando conseguia dormir, ele acordava gritando.

A seu modo, Martine manteve sua pequena família em Los Angeles, criando um lar para Anna e Balthazar – e também para Paul, quando ele precisava deles. Quando o avô Getty lhe ofereceu um pequeno auxílio para ele estudar em uma universidade, Paul se matriculou na Universidade Pepperdine em Malibu e optou por estudar história chinesa. Mas a vida acadêmica era tão difícil quanto a vida conjugal, e ele raramente estava na sala de aula ou no apartamento do casal.

Quando podia, ele ia para a Inglaterra e, de acordo com Gail, continuava a adorar o pai e a romantizar sua vida. Embora raramente o visse, estava tão ansioso quanto sempre por sua aprovação, e ainda esperava alcançá-la se tornando uma figura importante na contracultura.

Era isso que estava por trás de sua contínua obsessão por membros proeminentes da geração beat. Copetas conseguiu apresentá-lo a alguns dos "sumos sacerdotes" do movimento, como William Burroughs, Allen Ginsberg e Timothy Leary. Ele se lembra de Paul tentando impressionar Burroughs, dando-lhe uma das primeiras câmeras instantâneas Polaroid. "Era um ótimo presente naqueles dias. Mas Burroughs pareceu intrigado e envergonhado e, obviamente, não tinha a menor ideia do que fazer com aquilo."

Como autor de *Almoço nu*, Burroughs era um herói para o jovem Paul, enquanto, como disse Copetas: "A única coisa que fazia Paul interessante para Burroughs era o seu sobrenome, e ter sido sequestrado pela máfia e tido sua orelha cortada."

Mais tarde naquele ano, foi realizado em Lagonegro o julgamento de sete homens acusados de vários graus de envolvimento no sequestro de Jean Paul Getty III. Na Itália, é raro que as vítimas de sequestro ou suas famílias se arrisquem em participar de julgamentos que envolvam a máfia. Mas Gail e Paul estavam determinados a enfrentar seus ex-algozes.

Preocupado com os riscos que estariam correndo, Paul Junior insistiu para que fossem aconselhados pelo ex-membro do SAS* que ele usava como especialista em segurança desde o sequestro. Como profissional, o homem estava tão preocupado com a perspectiva de um julgamento envolvendo a máfia no coração do país dominado por ela que sugeriu que Gail e Paul voassem de Lagonegro a Nápoles todas as manhãs de helicóptero. Para Gail, isso parecia um exagero, e decidiram ficar em Nápoles durante o período do julgamento e viajar para o tribunal de carro todas as manhãs.

Paul estava usando seu cabelo mais longo do que nunca para esconder a orelha perdida, e muitos comentaram sobre o quão bem ele parecia estar. Mas ele e Gail acharam o julgamento mais perturbador do que esperavam – e ter que ver os rostos carrancudos dos acusados olhando para eles a partir da gaiola de ferro onde foram mantidos dentro da corte só aumentou essa impressão.

Eles pareciam perigosos, mas como os sequestradores tinham usado máscaras, Paul não conseguia reconhecê-los. Nem Gail, quando os ouviu falar, reconheceu a voz de Cinquanta. Nenhum dos líderes principais parecia estar entre eles – como acontecia nos julgamentos da máfia, os chefes não apareciam. Um dos principais suspeitos era uma figura de destaque na N'rangega chamado Saverio Mammoliti. Disseram que ele fora responsável pelo caso, mas a polícia nunca poderia pegá-lo, apesar de ele aparecer em público para se casar na igreja na cidade vizinha de Gióia Táuro, pouco antes do julgamento.

O dinheiro do resgate nunca foi encontrado, além de uma pequena quantidade descoberta com um dos acusados. Isso significava que mais de 3 milhões de dólares, em liras italianas marcadas, estavam ajudando a equipar os laboratórios da máfia para produzir heroína e cocaína.

---

* SAS: sigla em inglês para Special Air Service (Serviço Aéreo Espacial), força especial do exército britânico. [N.T.]

A DINASTIA 211

Os acusados, aqueles considerados culpados, receberam entre quatro e dez anos de prisão em condições de segurança máxima. Mas Gail sentiu que nenhuma punição poderia se igualar à crueldade que os sequestradores infligiram a seu filho. Alguns anos depois, um dos homens que ainda estava na prisão escreveu a ela pedindo perdão e dizendo que uma palavra dela ajudaria suas chances de libertação. Ela não respondeu.

Durante a maior parte de 1975, Gail e Paul Junior pareciam estar bem, juntos em Cheyne Walk, em parte porque a casa era grande o suficiente para que ambos vivessem vidas relativamente separadas. Gail achou a casa mais bonita do que se lembrava, mas também um pouco sinistra – "um túmulo vivo", ela chamaria mais tarde.

Não, ela assegurou a um entrevistador, ela e Paul não se casaram novamente, nem pretendiam fazê-lo.

Mas agora que estavam vivendo juntos, ela ficou chocada com o quanto ele mudou e com os danos que seu modo de vida causou. Graças às suas visitas regulares de terça-feira a Elephant and Castle, no entanto, ele mostrava sinais de uma definitiva melhora e, durante o verão daquele ano, de fato aproveitou uma folga de quinze dias com Mark, levando-o para ficar com amigos na Irlanda. Era a primeira vez que ele ficava longe de Cheyne Walk por tanto tempo desde a morte de Talitha.

Ao longo daquele período, o envelhecido Jean Paul Getty tentava não pensar muito sobre o futuro. Ele tinha passado sua vida construindo a Getty Oil, mas o que seria dela?

"Eu sou um chefe ruim", admitiu melancolicamente em um momento de rara sinceridade. "Um bom chefe desenvolve sucessores. Não há ninguém para ficar no meu lugar."

Teoricamente, todo o propósito de criar a enorme fortuna do Fundo Sarah C. Getty era enriquecer para o que ele gostava de chamar de "dinastia Getty". Mas ele estava tendo dúvidas. Que esperança poderia haver para uma dinastia destruída por desastre e divergência?

Penelope disse a Ralph Hewins que às vezes o velho era perseguido pelo pensamento de que "a dinastia Getty terminaria com ele, e seu império seria dividido, e nunca mais alcançaria o topo novamente".

Algumas vezes, ele até chegou a se culpar pelo que aconteceu. Tendo sacrificado sua família pelo sucesso nos negócios, ele se perguntou se valeu a pena.

Para combater tais pensamentos sombrios, durante o verão de 1975, ele tentou se tornar algo que nunca tinha sido antes – "um avô carinhoso" no centro de uma grande família unida, o "sr. Família" em pessoa, como Gail o chamou. Em diferentes momentos, todos os netos seriam convidados a Sutton Place com seus pais.

Em uma das vezes, Gordon e Ann levaram os quatro meninos, Peter, Andrew, John e William. Em outra ocasião, a primeira esposa de George, Gloria, levou suas filhas, Anne, Claire e Caroline. E Ronald e sua esposa loira, Karin, foram com Christopher, Stephanie, Cecile e Christina. Gail e seus filhos foram regularmente convidados para passar fins de semana em Sutton Place.

Naturalmente, eles foram, pois o dinheiro é um grande remédio, e Gail achou seu ex-sogro tão encantador como sempre. Era como se o sequestro nunca tivesse acontecido e, ao manter o assunto de lado, ele e seu neto, Paul, começaram a conviver bem.

Mais tarde, o velho se surpreendeu com o quanto gostou daquele novo exercício de união familiar e escreveu sobre como as visitas fizeram o verão de 1975 o "mais reconfortante para o avô J. Paul Getty".

Tentando se convencer do que queria acreditar, ele acrescentou que o calor da afeição familiar mostrou que "apesar de tudo – seja riqueza [sic], divórcio, tragédia ou qualquer outra das inúmeras condições e atribulações da vida– a família Getty *é* uma família e continuará a ser".

Palavras valentes, mas pareciam forçadas quando comparadas à realidade. Pois a verdade era que poucas famílias poderiam ter sido mais desunidas do que os Getty, e era impossível considerá-los como uma dinastia americana em construção, como os Kennedy ou os Rockefeller. E, por ironia do destino, a maior parte da desunião familiar fora causada, direta ou indiretamente, por Jean Paul Getty.

Mesmo aos 82 anos, ele não resistia a jogar um filho contra outro. Seu atual favorito, na medida em que ele tinha um, era o antes desprezado e frequentemente ignorado Gordon. Gordon foi nomeado junto com Lansing Hays como administrador do Fundo Sarah C. Getty, e ele e Ann foram os únicos membros da família que Getty achou oportuno convidar para sua festa de oitenta anos.

A demonstração de independência de Gordon ao processar o pai naquela longa e dura batalha sobre sua parte no Fundo Sarah C. Getty continuou a fazer maravilhas tanto pela sua moral quanto pelo seu prestígio pessoal, e as relações começaram a melhorar.

Por ter estado, pelos padrões de Getty, à beira da pobreza, Gordon estava rico. O aumento da renda da Getty Oil se refletiu nos ganhos do Fundo Sarah C. Getty, e Gordon e seu irmão, Paul Junior, receberam 4.927.514 milhões de dólares nos doze meses antes da morte do pai.

Isso significava que Ann e Gordon eram livres para viver como quisessem e, quase desde o início, deixaram claro que não seguiriam a vida de bilionários mão de vaca, exemplificada pelo pai de Gordon.

Ann tinha um forte viés de extravagância que Gordon seguia, de modo que, quando encontraram uma casa, era uma das maiores e mais espetaculares casas particulares de San Francisco, uma mansão italiana de quatro andares no topo da Pacific Heights, projetada no início dos anos 1930 pelo prestigioso arquiteto Willis Polk.

Era uma casa imensa. Tinha um pátio com afrescos de estilo italiano, mais de doze quartos e vistas incomparáveis da baía do Golden Gate até Alcatraz. Tinha sido um tipo de um elefante branco, e eles a compraram bem barato, comparado ao fato de ser necessário muito dinheiro para torná-la habitável, além de ser o tipo de casa com que Ann sonhara.

Assim, comprá-la era uma espécie de declaração de intenções. Gordon e Ann eram ricos, estavam no topo de San Francisco, e iam se divertir.

★ ★ ★

A vida de Ronald permaneceu menos invejável do que a de Gordon durante o verão de 1975. Na verdade, a crescente abundância de Gordon enfatizou ainda mais a brutal injustiça da contínua situação de deserdado do pobre Ronald. Enquanto Gordon sacava seus milhões do Fundo Sarah C. Getty, Ronald recebia seus míseros 3 mil dólares.

Além disso, o negócio no qual ele havia investido seu dinheiro – o nome grandioso Getty Financial Corporation, um conglomerado de propriedades e restaurantes de fast food – ainda não havia mostrado um lucro real.

Mas, depois da visita de verão a Sutton Place com Karin e as crianças, Ronald estava mais esperançoso do que tinha sido por anos. O pai tinha amadurecido e o tratara melhor do que nunca. Na verdade, ele lhe assegurou que a justiça seria feita. Também o fez um dos administradores do museu em Malibu e um executor de sua vontade. Tudo parecia apontar para uma única coisa: que na morte do pai, Ronald seria colocado onde sempre deveria ter estado, em uma posição de igualdade ao lado de seus irmãos como beneficiário completo do Fundo Sarah C. Getty.

O único membro da família a não ser convidado para Sutton Place naquele verão foi o homônimo do velho e ex-filho favorito, Jean Paul Getty Junior. Durante os piores momentos do sequestro, Getty se recusou a falar com ele e, com a velhice cobrando seu preço, permaneceu firme nessa resolução.

Paul Junior ficou muito chateado e telefonou para Penelope Kitson, de tempos em tempos, lhe implorando que intercedesse em seu nome. Mas sempre ouvia a mesma resposta: "Não até que ele abandone as drogas."

Mas, embora seu pai não visse ou falasse com ele, não havia como Paul Junior ser posto de lado como um dos principais beneficiários do Fundo Sarah C. Getty. Como viciado, ele não era considerado apto para ser um Getty, mas financeiramente Jean Paul Getty Junior já era multimilionário.

CAPÍTULO 17

PRAZERES PÓSTUMOS

É ESTRANHO QUÃO POUCO consolo Jean Paul Getty obteve em sua velhice da enorme fortuna que criara por toda a sua vida. Sempre houve algo irreal sobre as grandes quantias de dinheiro que ele havia conjurado da Terra e, como sempre fora tão determinado a preservar sua fortuna, era como se nunca a tivesse possuído por completo.

Como nunca soube o quão grande ela era, ele sempre se sentiu desconfortável ao usá-la, exceto pelo negócio que o preocupava no momento – o de fazer ainda maiores quantidades de dinheiro.

Ao longo dos anos, o dinheiro assumiu vários aspectos para ele – poder, dinheiro para ganhar mais dinheiro e, em um sentido mais profundo, dinheiro para se justificar diante de seus pais e sua consciência. Mas nunca houve dinheiro para ser apreciado, como qualquer pessoa normal poderia tê-lo gastado. Por causa disso, era como se o dinheiro dele o trapaceasse; e, como tinha feito fortuna à sua própria imagem, significava que no final ele foi enganado por ele mesmo.

Ele não podia mudar sua natureza mais do que poderia mudar seu rosto, e ali estava ele, preso na pessoa que criou com a preocupação de criar fortuna. No passado, ele havia se tornado uma figura isolada interessada em manter segredo e força – mas seu isolamento o deixara solitário. Seu rosto, tão treinado para não revelar nada de seus sentimentos, tornou-se uma máscara incapaz de registrar qualquer coisa – mesmo o terror da mortalidade, que nunca o deixou. Ele tinha se tornado imune ao amor e à piedade, e aos 83 anos era incapaz de amar alguém. Assim como alguns não conseguem enxergar cores, ele não conseguia enxergar pessoas depois de se condicionar durante anos a ignorar a distração das emoções comuns.

O resultado apareceu quando seu neto foi sequestrado e a "persiana" emocional se fechou, assim como em sua recusa de pegar o telefone e chamar o filho viciado, Paul Junior. Acima de tudo, talvez tenha sido demonstrado em sua falta de consciência no erro que cometeu com seu filho Ronald.

Como a idade de seu dono não diminui a atração gerada por uma grande quantidade de dinheiro, Getty continuou a atrair mulheres. Na casa dos oitenta anos, a maioria dos homens está pronta para um pouco de descanso e dignidade sobre tais assuntos, mas a oportunidade e o hábito o mantiveram, dependendo de injeções de seu médico para lhe proporcionar uma ereção. Com aquela idade, ainda haviam mulheres falando sobre seu desejo angustiante de se casar com ele.

Algumas haviam desaparecido de sua vida, como Mary Teissier, que mais ou menos sucumbira à bebida e ao desapontamento e se retirara para a casa que ele lhe comprara no sul da França. Mas sempre havia novas admiradoras em cena, até aristocratas como a irmã do duque de Rutland, lady Ursula d'Abo, que declarou seu amor por Getty nas páginas do *National Enquirer* – o que provocou uma carta de amor da sentimental nicaraguense Rosabella Burch, em um artigo no *Sunday Express*, dizendo que *ela* estava pensando em se casar com ele ("Ele é um homem tão querido e tão divertido").

Mas outro velho hábito de Getty era o de jogar as mulheres umas contra as outras e observá-las lutando por seus favores. Ele se sentaria assistindo à TV à noite, perdido em seus pensamentos e ignorando-as. Então, quando tivesse visto o suficiente, titubearia em seus pés e selecionaria a companhia daquela noite.

Junto com a luxúria, outro hábito adicional foi o vício favorito da velhice – a maldade por antecipação. Uma das poucas coisas que ainda poderia excitá-lo era sua vontade. À beira da eternidade, ele gostava de ser mesquinho como uma solução para ficar quite com as mulheres de que em algum momento ele tivesse gostado – mesmo suas ex-esposas, Teddy e Fini, cujas pensões cortou, como fez com a sua única "filha honorária", Robina Lund, que conseguiu ofendê-

-lo. (Por outro lado, havia uma série de antigas amantes de que ele agora se lembrava.)

Mas o seu maior problema esteve presente por quase toda sua vida – o fato de que parte dele ainda não havia crescido. Mesmo com a aproximação da morte, o gênio financeiro estava ligado como nunca ao adolescente sentimental.

Era o lado infantil dele que parecia ter apelado para as mulheres que estavam genuinamente preocupadas com ele. Como sua secretária, Barbara Wallace, que ficou acordada a noite toda segurando sua mão quando ele estava aterrorizado com a morte. Ou Jeanette Constable-Maxwell, que permanecera sua amiga desde que ele lhe deu aquela memorável festa. Ou a sua "queridíssima Pen" (como ele chamava Penelope Kitson), que foi esperta demais para não se casar com ele e era uma das poucas que não permitia que o dinheiro dele ditasse suas ações ou afeições.

Pode-se entender por que, na primavera de 1976, quando soube que tinha um câncer de próstata inoperável e se recusou a ver mulheres que não poderia mais ter, ele ainda queria Penelope por perto, lendo os livros de aventura de G.A. Henty que nunca tinha esquecido. Ele confiava naquela mulher impositiva que o tratava como criança e lia histórias de crianças – assim como há algo patético na ideia de aquele ser o americano mais rico do país, com seu rosto triste e velho e sua figura encolhida na poltrona, com o xale ao seu redor, sonhando em ir ao oeste com Drake ou à Índia com Clive, pensando sobre reencarnação e temendo a morte.

Quando morreu, em junho de 1976, Getty havia mais do que cumprido sua barganha com a mãe quando juntos criaram o Fundo Sarah C. Getty, 42 anos antes. Ele tinha assegurado que, como herdeiros finais de quase 2 bilhões do fundo, pelo menos seus filhos e netos não passariam necessidades financeiras.

No primeiro ano após sua morte, o fundo produziu uma renda não muito inferior a 4 milhões para Paul e Gordon, e a mesma soma foi dividida entre as filhas de George, Anne, Claire e Caroline. Uma vez que esses cinco beneficiários do fundo receberam todos os seus

218   TODO O DINHEIRO DO MUNDO

rendimentos, os pagamentos aumentariam de forma constante, já que a Getty Oil aumentou seus dividendos em dinheiro. Tais dividendos aumentaram de 1 dólar por ação em 1978 para 1,90 por ação em 1980, e chegaram a um recorde de 2,60 em 1982. No início dos anos 1980, Paul e Gordon receberiam 28 milhões cada um do fundo a cada ano, enquanto as filhas de George compartilhariam a mesma soma entre elas.

Entretanto, além do dinheiro, J. Paul Getty deixou muito pouco para os membros de sua família – com certeza, algo que o fundador de uma "dinastia" deveria ter deixado –: não uma herança admirável, nem mesmo um norte para a família. Além do dinheiro, havia pouco para que a família se lembrasse dele de qualquer modo.

Como ele só alugara Sutton Place, até a casa que ele amava foi vendida, e suas fotos e mobiliário, despachados para o museu. Em Malibu era como se, sem confiar sua memória aos seus descendentes, ele estivesse fazendo do museu o melhor repositório de sua reputação e seu único memorial.

O que ele deixou para sua família foi apenas muito dinheiro, um emaranhado de problemas e um legado de vidas despedaçadas.

Assim, vê-se o quão importante a ideia do museu deve ter sido para ele durante os meses anteriores à sua morte. Não importava que ele nunca o visse – não mais do que o fato de nunca ter visitado a Zona Neutra até muito tempo depois de ter construído um dos campos petrolíferos mais produtivos do mundo a partir de seu quarto de hotel em Paris.

Ele era um virtuoso do controle à distância, de usar seu dinheiro e seus conhecimentos para fazer coisas extraordinárias acontecerem longe enquanto as imaginava. Era um talento muito incomum, e durante vários anos antes de morrer ele o usava em silêncio para construir o próprio museu a partir de sua imaginação a mais de 9 mil quilômetros de distância de Malibu.

Ele deve ter sido um sábio por nunca tê-lo visitado. A realidade poderia tê-lo desapontado – e sempre haveria tempo para visitá-lo em outra encarnação.

Em vez disso, de seu quarto em Sutton Place, ele poderia executar metodicamente as tarefas que apreciava – ler relatórios de arquitetos, verificar os custos e seguir minuciosamente o progresso da construção. (De acordo com Stephen Garrett, um dos momentos mais excitantes do velho aconteceu ao assistir a um vídeo com o depósito do concreto nos alicerces.) Então, quando sua *villa* romana estava completa, era hora de começar a enchê-la com seus tesouros.

Nos meses anteriores à sua morte, um dos seus poucos prazeres restantes era discutir seu conteúdo com Gillian Wilson, que além de ser curadora oficial de artes decorativas do museu, também era jovem, inteligente e bonita. Na última ocasião em que o viu, ele fechou os olhos e disse: "Estou entrando na minha galeria de artes decorativas agora. Diga-me o que estou vendo."

Ela alega ter falado "tão descritivamente quanto possível" sobre a galeria por quase meia hora – no final, ele abriu os olhos, sorriu para ela e disse: "Bem. Uma bela coleção, hein?"

Àquela altura, a reação inicial da imprensa ao museu foi esquecida. Os números de visitas já estavam provando sua popularidade. Um ano antes de sua morte, havia mais de 350 mil visitantes – o que, como ele não podia resistir a calcular, custara-lhe 3,50 por cabeça. Porém, era uma despesa da qual não reclamou – pois era bom saber que as pessoas já estavam apreciando o que ele criara.

Em Roma, antes da guerra, ele tinha feito um busto de mármore de si mesmo e pediu que fosse colocado no vestíbulo do museu.

"O visitante ideal para o museu", observou ele uma vez, "deveria se imaginar a dois mil anos atrás, visitando amigos romanos que vivem na *villa*".

Quando o fizessem, teriam encontrado o busto de mármore de um homem de meia-idade que não se parecia com um imperador romano esperando no vestíbulo para cumprimentá-los.

Após a morte do pai, Gordon, como coadministrador com Lansing Hays do Fundo Sarah C. Getty, tornou-se o membro mais rico – e, potencialmente, pelo menos, o mais importante – da família. Além da renda de 3,4 milhões de dólares que recebeu do fundo em 1977, ele teve uma taxa adicional de 1 milhão, mais uma taxa de 4 milhões como executor do testamento do pai.

Embora Ann e Gordon pretendessem aproveitar sua prosperidade, Gordon parecia impassível a qualquer poder e responsabilidade que o acompanhassem. Diferente por natureza, ele não era rival para a autoconfiança de Hays – que, vendo a si mesmo como regente do império Getty após a morte do imperador –, tratou o conselho administrativo da Getty Oil com respeito limitado, e Gordon também. O conselho da Getty Oil periodicamente se pôs contrário a tal tratamento, mas Gordon não. Como a Getty Oil estava indo muito bem na época, dando retornos de dividendos constantes e crescentes ao seu principal acionista, o Fundo Sarah C. Getty, Gordon tinha coisas mais importantes para pensar.

Um homem desprovido de malícia, Gordon falava bem de todos – até mesmo do pai, sobre o qual publicou um obituário amável, senão enigmático:

> Meu pai era um homem insondável, comandando e desarmando, um filósofo e um palhaço. Ele era inescrutável, um showman, um príncipe dos jogadores. Ele era carismático, até mesmo hipnótico. Muitos de seus antigos funcionários, mal pagos ou não, teriam derramado sangue por ele. Ele era estoico com a tristeza e por fim brincalhão até o dia em que morreu. Eu creio que ele quis nos dizer algo sobre coragem.

Talvez ele tivesse dito – embora seja difícil saber exatamente o quê. O que ficou claro era que Gordon não tinha a intenção de aprender lições do pai sobre questões como economia pessoal e abnegação. O dinheiro nunca lhe subiria à cabeça, mas não significava que ele e Ann fossem incapazes de apreciá-lo.

Ao contrário de Paul, seu irmão mais sofisticado, ele e Ann não eram cosmopolitas ricos, e suas ambições sociais estavam confinadas a San Francisco, onde Ann estava pronta para substituir a memória do Vale de Sacramento se tornando a rainha indubitável da Pacific Heights.

Então, o estilo e a qualidade de vida no número 350 da Broadway aumentaram após a morte de Jean Paul Getty. Eles puseram vidros no átrio, tornando a casa ideal para festas e recepções em grande escala. O mordomo de Getty, o solene Bullimore, foi levado de Sutton Place, com uma equipe de seis pessoas. Uma cozinha esplêndida foi instalada, com as divertidas pinturas *trompe l'oeil* de um pátio de fazenda, e a mais majestosa das decoradoras de interiores do país, Sister Parish, foi contratada para supervisionar a decoração da casa. Foi graças a ela que a sala de jantar se tornou o orgulho da casa, na qual a luz elétrica foi banida e os Getty e seus convidados jantavam à luz de velas genuínas de candelabros elaborados (isso apesar de Bullimore resmungar sobre a cera das velas que precisava ser limpa depois). Com o antigo papel de parede chinês azul e dourado, era uma sala de beleza considerável, com as luzes de Oakland brilhando através da baía. Os hóspedes contaram sobre um filé mignon tão macio que poderia ser cortado com um garfo, suflês de leveza virtuosa e vinhos memoráveis da França e da Califórnia, embora observassem que Gordon geralmente bebia água.

Em um nível mais simples, como um homem de família, Gordon não estava ansioso para infligir a seus filhos o tipo de insegurança com que ele cresceu. Ele e Ann liam dr. Spock,* e eram pais tranquilos e pouco exigentes. "Somos uma família muito unida, mas não somos bons em refeições familiares. Todos meio que comem quando sentem fome", disse Gordon. Isso se aplicava a ele também – ele costumava desaparecer o dia todo em sua sala de trabalho à prova de ruído, sem reaparecer até que fosse quase hora de dormir.

Não tendo mais necessidade de se provar para o pai, ele conseguia aproveitar sua liberdade e fazia mais ou menos o que queria. Mas o que Gordon queria? Não era muito óbvio, até para si mesmo. Mais tarde, descreveu aquele período como se estivesse "simplesmente meio à deriva". Com pouco ensino formal, ele já estava tentando escrever música, mas não conseguiu completar nada que o satisfizesse. Ele cantava Schubert – *Winterreise*, que recitava com os olhos fechados –, mas sua voz, embora poderosa, não era clara e era fatalmente desafinada.

De acordo com Ann, "o passatempo favorito de Gordon é comprar CDs na Tower Records. Ele praticamente sustenta a loja". Mas,

---

* Dr. Benjamin Spock (1903-1998), médico pediatra norte-americano.

além da música, ele gastava pouco consigo mesmo. Sua noção de vestimenta era mínima. Sem qualquer tipo de gosto por ostentação, ele usava um relógio de pulso eletrônico Casio de 40 dólares. Ele preferia o seu Dodge conversível a um Rolls Royce ou um Bentley.

Ann, entretanto, começou a comprar impressionistas franceses, mas não tinha o temperamento e as tendências de um colecionador sério. Foram feitas contribuições regulares para a Opera House de San Francisco e para a Filarmônica de San Francisco, mas, em geral, a filantropia era feita "de forma bastante mecânica", como afirmou a própria, de acordo com uma lista anual compilada pela secretária de Gordon.

Como um casal, eles eram generosos, mas não em excesso. Não desejavam ter uma reputação de prodigalidade e pareciam menos preocupados com seres humanos do que com animais, a pré-história e a conservação – principalmente a "conservação dos recursos do mundo antes que seja muito tarde", como Gordon observou ao criar o Prêmio de Conservação da Vida Selvagem J. Paul Getty em memória do pai, mas não deixando muito claro a conexão existente entre seu pai e a conservação de qualquer coisa, exceto grandes quantidades de dinheiro.

Gordon votava em republicanos e Ann, em democratas, "assim um anulando o outro", como dizia Gordon. E eles eram igualmente imparciais em emprestar a casa para qualquer causa que aprovassem.

Nessa fase do casamento, parece ter sido Ann a tomar a iniciativa. Foi ela quem comprou um Porsche, quem se vestia com roupas francesas. E, enquanto ela se tornava a mulher mais glamorosa e comentada em San Francisco, Gordon continuou a exalar o fraco e desconcertado ar de professor de música que, de repente, se viu multimilionário – um multimilionário que às vezes se esquecia de onde estacionou o carro, mas que, quando o achava, sempre insistia em levar seus amigos para casa depois do jantar.

Durante esse período, ele parecia preparado para "ficar à deriva" para sempre, dedicado aos filhos, infligindo Schubert aos seus amigos sofredores de longa data e ignorando o que estava acontecendo no mundo distante da Getty Oil e do Fundo Sarah C. Getty. Às vezes, parecia que ele estava pedindo para as pessoas não levá-lo a sério. Poucos o fizeram.

PRAZERES PÓSTUMOS

★ ★ ★

Nunca se saberá com certeza por que o velho não usou a chance de corrigir em seu testamento a injustiça contra seu filho mais velho, Ronald. Parece inconcebível que o antigo rancor contra o avô de Ronald, o dr. Helmle, continuasse a irritá-lo. Dada a história um tanto acidentada de seu relacionamento, ele pode ter se sentido indisposto a conceder quaisquer favores a Ronald. Mas é mais provável que ele temesse mudar qualquer coisa no Fundo Sarah C. Getty que pudesse conceder uma brecha ao seu inimigo permanente, o fisco.

Em vez disso, ele ofereceu a Ronald certos prêmios de consolação, o que piorou as coisas ao em vez de melhorá-las. Ele lhe deixou a maior parte, com Paul e Gordon, de La Posta Vecchia – que nenhum deles queria. Ele queria menos ainda, naquelas circunstâncias, os diários do pai, que por algum motivo extraordinário os deixou para ele. (Os diários foram avaliados em um valor nominal de um dólar para fins de ratificação do testamento.) Além de um legado de 320 mil dólares, o único benefício substancial que Ronald obteve com a morte de seu pai foi sua taxa de 4 milhões como seu executor, um papel que ele compartilhou com o irmão Gordon.

Depois de tantas promessas, ele estava amargo e se sentindo humilhado, então foi à justiça – contra o Museu J. Paul Getty e o Fundo Sarah C. Getty. Temendo que seu caso retardasse a execução do testamento e ameaçasse a condição de isenção de impostos da grande herança, o museu se acertou com Ronald por 10 milhões. Mas ele não chegou a lugar nenhum em seu caso contra o fundo, embora ele diga que Paul e Gordon estiveram dispostos a incluí-lo no fundo até que seus advogados os dissuadissem.

Assim, a injustiça que foi feita a Ronald supurou, deixando-o se sentido duplamente traído por seu pai – primeiro foi aos seis anos, quando o fundo foi criado, e depois com o testamento, que deu continuidade à injustiça e o colocou contra seus irmãos.

Ronald, é claro, ainda era multimilionário e, investido de forma adequada, seu dinheiro teria lucrado o suficiente para uma vida confortável. Mas ele queria mais do que conforto. Queria se pôr à prova contra seu pai, seus irmãos e frente a seus filhos. Então, ele investiu seu dinheiro em seus negócios de risco, arriscando tudo para fazer outra fortuna Getty por própria conta.

Além de Ann e Gordon, os membros mais afortunados da família foram as filhas de George, Anne, Claire e Caroline. Desde a morte de George, a mãe delas, Gloria, as protegeu de mais escândalos e da intromissão da imprensa. Continuando o padrão estabelecido por George, ficaram mais ou menos separadas de outros membros da família. Cada uma recebeu um terço da renda que o pai teria recebido do fundo, que nos doze meses após a morte de seu avô se aproximou de 2 milhões de dólares para cada.

Embora significasse que elas eram herdeiras, continuavam desconfiadas do mundo fora do círculo protegido. Era como se as três tivessem aprendido lições importantes com a ruína do pai e estivessem determinadas a evitar as tentações e os desastres dos muito ricos. Elas reverenciavam a lembrança do avô. Sua mãe manteve uma forte influência sobre todas elas e, apesar de todo o dinheiro, continuaram a levar vidas nada dramáticas e muito privadas.

Era como se a linha falha na família Getty continuasse através de Paul Junior e seus filhos. Quando o pai morreu, ficou claro que a tentativa de Paul de repará-la, trazendo Gail e as crianças para Cheyne Walk, não dera certo.

Ao longo do casamento da ex-amante de Paul, Victoria Holdsworth, com Oliver Musker, a mãe de Victoria, Mary, manteve contato com Cheyne Walk. Preocupada com Paul, ela costumava lhe levar o jantar numa cesta todas as quartas-feiras à noite, o que também lhe deu a oportunidade de manter contato com o que estava acontecendo.

É difícil saber a sequência de eventos que se seguiram durante a primavera antes da morte de Paul Getty. Surgiram atritos entre Paul Junior, Gail e as crianças, pois Paul achava difícil se recuperar de seu vício e continuar o tratamento na clínica. Ao mesmo tempo, houve desentendimentos no casamento de Victoria, que terminou em divórcio dois anos depois – e, quando ela decidiu voltar para Cheyne Walk, Gail se mudou imediatamente para uma casa do outro lado do rio.

Gail continuou visitando Cheyne Walk para cuidar de sua família, mas estava cada vez mais chateada ao ver que, na sua ausência, Paul estava desistindo de sua recuperação e logo estaria tão viciado quanto antes.

Foi quando Gail concluiu que a causa estava perdida. Houve discussões raivosas e ela percebeu que não havia mais nada a fazer por ele. As crianças ficaram infelizes e, depois de uma cena desesperada entre ela e Paul, Gail decidiu que não fazia sentido continuar ali com as crianças.

Tudo o que ela queria era ir para o mais longe possível da infelicidade de Cheyne Walk, o que para ela significava ir à Califórnia – primeiro San Francisco, onde ficaram com amigos, e depois Los Angeles, onde encontraram uma casa para morar.

Essa foi a mudança mais decisiva que poderiam ter tomado, e uma ruptura total com a Europa e o passado. Às vezes, Gail sonhava com a Itália, que parecia estar a uma distância insuperável da Califórnia.

Paul Junior fez uma aparição angustiante no funeral do pai – o rosto pálido, usando óculos escuros e mostrando tanta dificuldade em andar que parecia precisar do apoio de Bianca Jagger, que o acompanhava. Essa foi a última vez que ele foi fotografado em público em anos. Ele sentia falta das crianças, lamentou amargamente não ter visto seu pai antes de morrer, e sua saúde já se deteriorava quando as drogas e a bebida começaram a afetar sua circulação. Para um homem que de repente se tornou um dos principais beneficiários da maior fortuna dos Estados Unidos, dificilmente poderia ter parecido mais miserável.

Mas a maior vítima dentro da família ainda era o filho de Paul Junior, o jovem Paul. Ele se tornara um alcoólatra sem solução e, financeiramente, seus negócios estavam em um caos tão grande que seu avô, o juiz Harris, apresentou uma ação judicial em Los Angeles para ser nomeado seu tutor legal, baseando-se no fato de Paul ser "financeiramente incauto" e "economicamente incapaz de lidar com os próprios assuntos".

O casamento com Martine entrou em colapso àquela altura. Os cheques que ele passava estavam voltando. Ele desistiu da faculdade, bebia mais do que nunca e estava se misturando com personagens do submundo, comprando carros com o crédito do sobrenome Getty e deixando a cobrança para membros da família.

Desesperada, Gail convidou seu velho amigo, o jornalista Craig Copetas, a Los Angeles para falar com ele. "O que", como diz Copetas, "mostra o quão desesperada ela estava".

Copetas descreve como sua amizade com o jovem Paul terminou. "Fiquei com ele por alguns dias no lugar alugado por ele em Sunset Strip. Ele estava bebendo muito, mas disse que não estava feliz e desejava resolver a vida de alguma forma, mas que não era possível."

"Enquanto estive lá, o pedido de seu avô deveria ser ouvido na Suprema Corte da Califórnia e, na manhã da audiência, levei ele e Martine para o tribunal em um velho Chevrolet vermelho que eu havia comprado. Ele parecia calmo e razoável, então falei: 'Paul, esta é sua chance de mostrar uma verdadeira mudança de atitude. Todo mundo está chateado com você, e haverá hordas de repórteres na corte. Mostre-se de um jeito novo. Apenas por uma vez, seja responsável.'

"Mas de repente ele explodiu e começou a atacar Martine. Por trás de tudo, tinha um temperamento temerário. Acho que foi naquele momento que percebi que Paul Getty era uma causa perdida. Parei o carro e gritei com ele. Ele parou e o levei para a corte, mas ele fez uma cena de novo, e foi isso. Saí da Califórnia poucos dias depois, e nunca mais o vi."

PARTE TRÊS

CAPÍTULO 18

DROGAS E COMA

DEPOIS QUE O PAI MORREU, era como se Paul Junior tivesse condenado a si mesmo à morte em vida em sua bela e infeliz casa, e os anos eram contados enquanto ele cumpria sua sentença pelo que aconteceu a Talitha. O sofrimento por si só não poderia explicar sua situação, que também resultava do álcool, das drogas e do dinheiro. O álcool e as drogas permitiam que ele se isolasse da vida e o acesso ao dinheiro sem esforço permitiu que ele continuasse vivendo como quisesse.

A atração pela heroína se deve ao fato de que ela temporariamente anula a miséria humana. Durante uma hora ou mais, após uma dose, há a sensação de alívio absoluto de qualquer sentimento de inutilidade e culpa e de toda ansiedade. A realidade se dissolve, e em seu lugar vem o sentimento da tranquilidade inefável. O sentimento não dura e, a longo prazo, o uso da heroína tem um efeito cumulativo, levando a mais ansiedade, perda de autoestima, depressão sufocante e sensação de absoluto isolamento. Quando a realidade retorna, o pensamento a respeito de entes queridos pode se tornar uma fonte de culpa, o que ajuda a explicar por que Paul via membros de sua família tão raramente e parecia não sentir falta deles. Confinado dentro daquela casa cheia de memórias, houve momentos em que ele se tornou morbidamente receoso, e sua reclusão aumentou junto com o medo e a suspeita do mundo exterior.

Como companhia ele tinha seus livros, e os livros possuíam uma agradável mágica própria, especialmente os tão raros e valiosos como os que ele estava colecionando – belas encardenações sobre a história da produção de livros, manuscritos pintados da Idade Média aos dias atuais, e requintados livros impressos de editoras particulares. Não eram livros para ler, mas sim livros como talismãs, como história, como obras de arte individuais.

Seus livros eram uma das poucas rotas de fuga que ele possuía, pois pertenciam ao passado, e o passado é mais seguro do que o presente. Ele poderia desfrutar da bênção da página impressa, do cheiro de couro e do toque sensual do velino. Os livros se tornaram seu consolo, as amantes com quem ele não mais dormia, a família que não via. Ele estava cada vez mais bem instruído, e sendo inteligente e metódico também estudou bibliografia, aprendendo sobre os diferentes estilos de encadernação, impressão e o conhecimento esotérico de raras edições. Em seu estilo acadêmico, ele começou a se tornar invulnerável em um campo que transcendia as drogas e o dinheiro.

Para qualquer pessoa em sua situação, fora uma conquista considerável, prova de que sua mente ainda estava tão afiada como sempre, quando ele começou a construir sua biblioteca. Esta seria uma criação com a qual ele se orgulhava, e ele estava em seu momento mais feliz no velho estúdio de Rossetti, que transformou em seu escritório, as cortinas pesadas cerradas contra a luz e seus livros ao redor. Ele já tinha quarenta e poucos anos, porém, parecia mais velho – barbudo, com óculos, barrigudo, a bebida e os biscoitos de chocolate o fazendo ganhar peso, dando-lhe certa semelhança com a figura barbuda de seu herói há muito morto.

Um dos seus poucos visitantes regulares era o gentil Bryan Maggs, rei dos vendedores de livros raros de Londres e um entusiasta da encadernação. (A sua magnífica encadernação de *Trivia or the Art of Walking the Streets of London*, de John Gay, está em exibição no British Museum.) Com Maggs para comprar para ele, sua biblioteca aumentou, e durante todo o tempo ele permaneceu consumindo heroína, bebendo rum e quase nunca via seus filhos.

Sendo inteligente e rico, havia outros interesses que Paul Junior conseguiu encontrar que também ajudavam a passar o tempo e não lhe causavam ansiedade. Um era o cinema. Ele tinha uma coleção enorme de filmes antigos e um profundo conhecimento da era de ouro de Hollywood. Ele também apreciava filmes britânicos anteriores à guerra, o que se tornou uma fonte importante de seu entusiasmo por uma Inglaterra nostálgica que nunca conheceu, mas que amava e na qual se sentia em casa. Os filmes eram uma janela para a vida além da prisão construída por e para ele com tanta cautela.

Havia outra janela, também, que se abriu de forma mais inesperada. Ao viver a vida que ele desejava, havia longos períodos em que o sono era impossível. Para matar o tempo, ele assistiria a intermináveis programas na TV. Ele estava fazendo isso quando Mick Jagger veio vê-lo e perguntou por que ele não via algo que valesse mais a pena.

"Que seria...?", perguntou ele.

"Críquete", disse Jagger, mudando para uma transmissão de uma partida internacional e começando a explicar as regras. Paul tinha sido fisgado. Desde os dias em que ele e Mario Lanza tentaram introduzir beisebol em Roma, ele sempre teve interesse em esportes de espectadores, e gostava da sutileza do críquete, com o drama e a emoção que pode oferecer aos que levam a sério. Como um americano cada vez mais anglófilo, ele também encontrou uma fascinação exótica nesse jogo curiosamente inglês. Logo, ele estava dizendo que o críquete era para o beisebol como o xadrez era para o jogo de damas.

Com filmes antigos, livros antigos e críquete na TV, ele poderia preencher o tédio de sua vida solitária, e parecia estar disposto a continuar até que morresse – o que deu todos os sinais de fazer com bastante rapidez, uma vez que bebida e drogas e falta de exercício minaram sua saúde.

De tempos em tempos, ele entraria na London Clinic para se tratar, algo que nunca durava. Ao mesmo tempo, recebia tratamento por danos à sua circulação e ao fígado, e por suspeita de diabetes, além de outros sintomas de sua condição precária.

Enquanto isso, seus filhos estavam crescendo. Os amigos da família diziam que Aileen era a criança que mais se parecia com ele, tanto fisicamente como com um toque de rebeldia em sua personalidade. Ela era intuitivamente brilhante e muito bonita, com grandes olhos castanhos e um charme mágico que fazia sua mãe chamá-la de sua *leprechaun* irlandesa. Mas Aileen gostava de se achar uma rebelde e, depois de deixar seu curso na Universidade do Sul da Califórnia, fez a maioria das coisas que jovens rebeldes faziam em Los Angeles nos anos 1970, incluindo pintar, fazer campanha contra a guerra do Vietnã e usar maconha e cocaína para relaxar. Como parte de seu protesto político, ela fez colagens artísticas, incluindo uma nota de mil dólares fotocopiada com a mensagem "Lute contra o capitalismo". Ela morou por um período com um pianista de jazz, seguido por um diretor de cinema, e tentou ignorar o fato de que seria um dia uma grande herdeira, como se toda a ideia a atormentasse. Possivelmente sim.

Menos extrovertida, sua irmã Ariadne era muito tradicional para ser rebelde. Mas, mesmo não sendo a "moleque" da família, ela ainda era relativamente rebelde, com a personalidade temperamental e os altos e baixos emocionais de sua ascendência irlandesa. Depois de estudar no Bennington College em Vermont, optou pela fotografia, especializando-se em paisagem e arquitetura. Ela já era promissora o suficiente para ter adquirido o próprio agente em Nova York.

Mark era o único membro da família a não ter sucumbido ao encanto da Califórnia. Após sua educação inglesa, ele parecia tão anglófilo quanto o pai, mas seu sotaque e aparência ingleses eram enganosos. Seu italiano era tão fluente quanto o inglês e, tendo nascido em Roma, ele considerava a Itália como casa. Ele era jovem o suficiente para não ter sido tão afetado pelo divórcio dos pais e os dramas que se seguiram como Paul e Aileen – mas, ao contrário do irmão Paul, a ausência de seu pai às vezes o fez parecer mais velho do que era, tentando o seu melhor para manter seu lugar. Ele era sensato, atencioso e responsável, qualidades escassas e, portanto, valiosas, entre os Getty.

Mark não era o único membro da família que sentia falta da Itália. Após o trauma do sequestro, todos ficaram ansiosos por se afastar, mas sua mãe, Gail, tendia a considerar Los Angeles como um exílio. Ela ainda possuía – e desejava ver – a casa de Orgia, então fechada, enquanto Remo, o jardineiro, tomava conta para ela.

Então, sentiram que não podiam ficar longe e, no início de 1980, Gail, Mark e Ariadne voltaram pela primeira vez desde o sequestro. Ansiosos por descobrir o que aconteceu com a casa, eles não ficaram em Roma, mas alugaram um carro no aeroporto e foram direto para a Toscana. Ao chegar a Orgia, ouviram que Remo morrera antes do Natal. Como já estava doente havia algum tempo, ele não conseguiu cuidar da casa – eles descobriram que ela fora muito vandalizada.

Pode ter sido um símbolo para a família. Mas, apesar da bagunça e da sujeira, ainda era como voltar para casa. Foi ali que Gail e as crianças tinham sido mais felizes e, apesar da lembrança do sequestro, estavam determinados a restaurar a casa. Sentiam que pertenciam àquele lugar e decidiram ficar.

Eles se sentiram seguros em Orgia, pois naquele campo aberto, com as vinhas e o solo vermelho escuro, não havia nada da atmosfera sufocante de Roma. Além disso, não poderiam viver suas vidas evitando o perigo. Como disse Gail, era melhor enfrentar o risco de sequestro do que se esconder para sempre.

Depois da Itália, Gail e as crianças voltaram a Los Angeles em março para a festa de noivado de Aileen. Cansada de seu diretor de cinema – ou ele, dela – Aileen passou algum tempo com o filho de Elizabeth Taylor, Michael Wilding Junior, e através dele conheceu seu irmão mais novo, Christopher. Eles se apaixonaram e, juntos havia praticamente dois anos, queriam se casar. Embora todos gostassem de Christopher, que era bonito, gentil e encantador, casar com ele não era tão simples.

Desde o início era evidente que qualquer casamento envolvendo um Getty e um filho de Elizabeth Taylor era uma possibilidade proibida. O protocolo de Hollywood seria tão complexo quanto qualquer casamento da realeza; a divulgação seria um pesadelo; e as duas famílias tinham problemas próprios para aumentar a confusão. Christopher, que ainda era dedicado ao seu antigo padrasto, Richard Burton, insistiu que ele deveria estar presente – assim como sua mãe, então casada com o senador John Warner. Os horários de filmagem das duas grandes estrelas do cinema tornariam isso difícil – e do lado dos Getty parecia haver poucas chances de os membros da família se reunirem em uma harmonia tolerável. Com certeza, não havia como convencer Paul Junior a conduzir sua filha até o altar.

Como a logística da cerimônia parecia incontornável, Gail sugeriu dar uma festa de noivado americana tradicional para o casal – depois da qual eles poderiam "escapar" e se casar mais tarde, como quisessem. Ambos concordaram com gratidão e, em 17 de março, Gail realizou uma festa de noivado formal em honra a eles para 150 pessoas em sua casa em Brentwood.

Para dar sua bênção, Elizabeth Taylor fez uma aparição régia na festa "coberta de pérolas", e Aileen, vestida de noiva com flores no cabelo, usava um anel de noivado de jade imperial ao estilo de Hollywood, cercado de diamantes.

Os Getty foram representados por Paul, Mark e Ariadne, e Hollywood por Sissy Spacek, Dudley Moore e Roddy McDowell. Timothy Leary veio representando a si mesmo, e no final do que Aileen chamou de "minha festa de casamento substituta", o casal de noivos "escapou" e se casou em segredo logo depois em uma capela da Sunset Strip.

Naquele verão, novas conexões foram feitas entre a Itália e a família Getty quando Mark retornou a Roma e conheceu Domitilla Harding. Com apenas vinte anos e o rosto de uma madona do Siena, ela era filha de um empresário americano e uma italiana. A família de seu pai veio de Boston, mas sua mãe, Lavinia Lante della Rovere, pertencia a uma das famílias mais antigas de Roma. O tio de Domitilla era o mesmo príncipe Ladislao Odescalchi, que possuía a Posta Vecchia e a vendeu para o avô de Mark, e os próprios Lante della Rovere já possuíam uma das casas mais bonitas da Itália, a famosa Villa Lante em Bagnaia, perto de Viterbo, que fora da família por gerações até a avó de Domitilla a vender na década de 1950.

No final do verão, Mark teve que voltar para a Inglaterra para começar a estudar FPE (filosofia, política e economia)* no St.

---

* No original em inglês, PPE (philosophy, politics and economics). [N.T.]

Catherine's College, em Oxford. Mas, por causa de Domitilla, parecia certa a volta para Roma o mais rápido possível.

Com as crianças crescendo, mesmo a vida desordenada do infeliz irmão de Mark, Paul, estava mostrando sinais de paz. No início de 1981, seis anos após o sequestro, ele ainda dependia muito de drogas e álcool. Quando frustrado ou provocado, poderia ser impossível de lidar. Surpreendentemente, ele ainda estava casado com Martine, mas a via raramente e tinha encontrado uma nova "noiva" – uma italiana inteligente de uma família italiana muito inteligente, Emmanuela Stucchi-Prinetti. Foi um bom sinal ele voltar a trabalhar na área que sempre sonhara – a indústria do cinema – em 1978 como assistente do diretor John Schlesinger e, depois, como ator com um velho amigo de Martine, o diretor alemão de vanguarda Wim Wenders.

Os primeiros filmes de Wenders, com seus temas desconfortáveis de alienação e desejo masculino por viajar, podiam ter sido feitos sob medida para Paul. Ele poderia se identificar com os personagens de Wenders com facilidade e, depois de interpretar vários papéis menores, ganhou um papel importante do diretor no início de 1981 – o de um escritor em seu último filme, *The State of Things*.

Por meio de sua atuação, Paul mostrava sinais de chegar a um acordo com a vida. No passado, havia sonhos adolescentes de impressionar o pai como uma figura da contracultura. Isso nunca funcionou, apesar de seu estilo de vida hippie e suas tentativas de se associar com alguns dos heróis da geração beatnik. Mas, quando menos esperava, ele se viu se transformado em um sucesso do cinema de vanguarda. Wenders ficou feliz com as primeiras cenas do filme, filmadas em Portugal. Mais filmagens foram feitas em Paris, e Paul gostou do período passado lá. Ele tinha Emmanuela com ele e parecia mais feliz com ela do que com qualquer outra mulher: embora ainda dependesse de sua garrafa diária de bourbon Wild Turkey, ele estava quase limpo das drogas.

Então, em março, ele retornou a Los Angeles com a gentil Emmanuela e seu cabelo escuro para filmar a sequência final de *The*

State of Things em Hollywood. Eles ficaram com amigos, e Paul parecia feliz em estar de volta a Los Angeles. Mas logo teve que enfrentar uma crise. Ele descobriu que trabalhar em um estúdio de Hollywood não era muito fácil e, depois que as filmagens começaram, não podia atuar e beber – então, largou a bebida. Para um alcoólatra, isso foi um choque considerável para o organismo. A fim de ajudá-lo a lidar com seus sintomas de abstinência, seus médicos prescreveram uma formidável mistura de drogas, incluindo metadona para ajudá-lo a dormir, e Placidyl, Valium e Dalmane para acalmar seus nervos.

Apesar das pílulas, ainda era difícil para ele dormir. Paul tendia a acordar cedo, e por isso, na manhã de 5 de abril, Emmanuela ficou preocupada por não conseguir acordá-lo de um sono mais profundo. Ele estava inerte e quase não respirava. Alarmada, ela teve o impulso de chamar uma ambulância.

Todos suspeitavam de bebida ou drogas. O que aconteceu foi que, incapaz de lidar com o coquetel de remédios prescritos, o fígado maltratado de Paul não funcionou, causando uma interrupção temporária de oxigênio no cérebro. Quando chegou ao hospital Cedars of Lebanon em Hollywood, ele estava em coma profundo.

Alguém telefonou para Gail antes que a ambulância chegasse, mas, estando em Santa Barbara, ela levou uma hora e meia para chegar ao hospital. Quando chegou, encontrou seu filho ainda vivo, mantido vivo por uma máquina, com sintomas de danos ao cérebro por falta de oxigênio. Quando Gail perguntou aos médicos o que poderia fazer por ele, tudo o que puderam dizer foi: "Espere." Então, mais uma vez, Gail esperou.

Os médicos fizeram tudo o que puderam para recuperar a consciência de Paul, mas não conseguiram esconder a ansiedade quando ele não reagiu. Então, alguns dias depois, surgiu outra causa de preocupação: os raios-X revelaram água no cérebro, o que estava causando um inchaço alarmante da caixa craniana. Como um último recurso, os médicos se voltaram para uma técnica revolucionária conhecida como "hibernação profunda", que nunca fora experimentada antes em seres humanos. Drogas foram empregadas para enviar o paciente a um coma ainda mais profundo, então ele foi levado aos poucos para sua condição anterior.

DROGAS E COMA

Três dias de hibernação profunda resolveram o inchaço do cérebro, mas Paul permaneceu inconsciente, mostrando apenas os sinais mais fracos de respiração.

"Ele estava vivo", diz Gail, "mas somente isso – no mais profundo sono, como a Bela Adormecida. Você podia espetar pregos em seus pés e ele ainda não teria dado resposta alguma ou acordado".

Até então os médicos não tinham mais nada a sugerir – exceto mais espera. E foi então que Gail entendeu, como tinha entendido quando Paul foi sequestrado, que dependia dela salvá-lo.

Percebendo sua total ignorância sobre o coma, ela visitou a livraria universitária e, na seção médica, comprou tudo o que podia sobre o assunto. Não havia muito. Desde 1981, o conhecimento e o tratamento do coma avançaram substancialmente, mas naquela época havia apenas uma revista médica que lhe deu o que estava procurando – um artigo sobre formas de manter a atividade cerebral em vítimas de coma. Certos métodos foram sugeridos – conversas contínuas, leitura de um livro em voz alta ou sua música favorita tocando. A ideia era que, embora incapaz de responder, o paciente conseguia absorver muito do que ouvia. Manter a atividade mental é muito importante para evitar que as vítimas de coma caiam em uma inatividade silenciosa.

Desde então, esse tratamento se tornou aceito, mas naquele momento os médicos tendiam a descartá-lo. No entanto, fazia sentido para Gail. Mais importante: ofereceu a ela e à família algo positivo que poderiam fazer por Paul, em vez da angústia de vê-lo se tornando um vegetal.

Ela organizou os membros da família para lhe dar atenção o dia todo. "O objetivo era garantir que sempre houvesse alguém com ele, lendo ou falando ou tocando sua música favorita." Foi um trabalho árduo, mas de repente os auxiliares à beira da cama descobriram que tinham outro ajudante.

Mark tinha voltado a Oxford quando ouviu as notícias sobre seu irmão. Ele não sabia que, deixando a universidade, perderia sua chance de um diploma. Mas, como aconteceu na época do sequestro, ele sentiu a obrigação de estar com Gail e seu irmão em um momento de crise. Era necessária uma presença masculina, e como seu pai não seria capaz de providenciá-la, cabia a ele tomar seu lugar. Em 8 de abril, três dias depois de saber do acontecido com Paul, Mark estava num voo de doze horas para Los Angeles.

Ele assumiu a responsabilidade por parte do turno da noite cuidando de Paul. Gail ficaria no hospital todas as noites até a meia-noite, então Mark assumiria o comando até o amanhecer. Durante o dia, Aileen e Ariadne se revezavam para ler e conversar com o irmão. Martine se juntou a eles. Apesar dos problemas do casamento, ela insistiu que ainda era a esposa de Paul, e que ela, e não Emmanuela, era quem deveria ficar com ele. Como de costume em uma disputa de vontades, Martine venceu.

Há uma coisa silenciosamente impressionante na ideia de uma família reforçar sua presença para evitar uma tragédia e querer uma pessoa amada adormecida de volta à vida. Mas conforme os dias se passavam, parecia que não funcionaria.

"Com Paul apenas deitado lá", diz Gail, "às vezes era difícil dizer que ele estava mesmo respirando, mas tentamos ignorar isso, nos mantendo o mais positivos possível, e falando e brincando com ele como se nada tivesse acontecido". Tentando ficar alegre, ela contou situações a Paul que pensou que ainda pudessem diverti-lo. Às vezes, tocavam seus discos favoritos, e todo o tempo falavam sem a menor ideia se Paul os ouvia ou entendia o que diziam. Às vezes, parecia um exercício inútil. Porém, como não havia mais nada a fazer, continuaram noite e dia por mais de cinco longas semanas. E durante todo aquele tempo, Paul ficou quieto e silencioso como uma estátua.

Um dos problemas era que não havia maneira de saber quantos danos tinham sido causados no cérebro ou o quão comprometido ficaria se e quando Paul se recuperasse. Tudo o que os médicos sabiam, e a família suspeitava, era que quanto mais ele permanecesse inconsciente, piores as chances de recuperação.

Na sexta semana, os médicos já não estavam tentando disfarçar seus sentimentos. Com a tecnologia médica moderna, não haveria problemas para manter Paul vivo indefinidamente, mas todos sabiam que, em certo ponto, sua esperança de recuperação cairia de modo drástico – e que esse ponto estava se aproximando.

Como de costume, Gail se recusava a aceitar aquilo. Ela insistia em que seu filho iria se recuperar – mas, para os outros, o que eles estavam fazendo começava a parecer um exercício triste e desesperançoso. Então, em 14 de maio, quase seis semanas depois de Paul ter entrado em coma, veio um raio de esperança.

Foi Mark quem o testemunhou, durante uma de suas vigílias durante a madrugada ao lado do leito do irmão. Cansado de conversar, ele estava tocando uma de suas gravações favoritas para Paul, a "Cavalgada das Valquírias" de Wagner, e enquanto a música alta e romântica explodia acima da figura imóvel do irmão, Mark notou que algo estava acontecendo. Lágrimas escorreram pelas bochechas do irmão. Com seis semanas em coma, Paul estava chorando.

Ou assim parecia – exceto que, quando Mark chamou o médico de plantão, ele foi rápido em apaziguar sua excitação. Ele já tinha lidado com aquilo antes, com outras vítimas de coma, e geralmente era um grão de poeira causando uma leve irritação aos olhos.

Mas Mark e Gail estavam convencidos de que as lágrimas de Paul vieram como uma reação à música. Essa foi a única coisa que lhes deu a esperança de que Paul ainda tinha um futuro. Mas, por vários dias, nada mais aconteceu. Paul estava tão profundo em seu coma como sempre, e parecia que os médicos estavam certos como de costume.

Para passar infinitas horas no hospital, Gail convidava velhos amigos de Paul para seu leito e foi um deles que começou a relembrar as peças que ele e Paul pregavam na escola. Algumas eram bastante chocantes, e seu amigo logo conseguiu fazer Gail rir. Quando eles pararam, perceberam que outra pessoa também estava rindo. Da direção da cama, de modo silencioso e sem dúvida alguma, Paul havia se juntado a eles.

TODO O DINHEIRO DO MUNDO

★ ★ ★

Esta era a prova final de que Paul realmente estava saindo de seu coma e viveria. De acordo com Gail, "nenhum de nós acreditou direito, e é claro que estávamos todos em lágrimas e emocionados. Mas, a partir desse ponto, o coma começou a se reverter, muito devagar, como uma luz sendo lentamente se acendendo em uma sala". Na terminologia médica, esse processo é conhecido como "iluminação".

Quando Paul recuperou a consciência, os médicos puderam avaliar o dano. Era tão ruim quanto o mais sombrio deles havia suspeitado. Embora pudesse sentir sensações em seu corpo, ele estava praticamente paralisado do pescoço para baixo. Estava cego, exceto pela visão periférica extremamente limitada. Sua fala, embora audível, foi prejudicada. Com essas deficiências terríveis, parecia uma última zombaria que sua inteligência permanecesse inalterada.

Os médicos foram muito gentis com Gail quando falaram sobre o futuro. Mas ela queria a verdade, não a bondade, e eles lhe deram sua opinião sincera. Disseram-lhe que, em último caso, Paul passaria o que restava de sua vida deitado na cama de uma instituição.

Depois de mais de seis semanas lutando para manter a esperança, aquilo foi mais do que Gail poderia suportar. Ela estava exausta e tensa. Mas, assim como não abandonara a esperança quando Paul foi sequestrado, ela se recusou a desistir de novo.

Ela disse que estava fora de questão sujeitar seu filho a tal destino. Os médicos, ainda acreditando que deviam cumprir seu dever, insistiram em lhe dizer que tetraplégicos quase sempre ficavam melhor em instituições adequadamente equipadas para atendê-los, oferecendo enfermagem em tempo integral e o tratamento especializado de que precisavam. As tentativas de seus entes queridos para cuidar deles terminavam em desastre. Por mais devotados que parentes como Gail pudessem ser, a natureza extenuante da tarefa acabava destruindo a vida particular de qualquer um determinado o suficiente para assumi-la.

"Então, esse é um risco que vou ter que correr", disse ela.

DROGAS E COMA 241

★ ★ ★

Se Gail tinha quaisquer dúvidas sobre aquilo, elas foram eliminadas pelo próprio Paul. Sempre que percebia que ela estava no quarto, ele começava a chorar e, com um enorme esforço, pronunciava apenas uma palavra.

"Casa", sussurrava ele.

Então, no caso dela não ter entendido, ele repetiria.

"Casa! Casa!"

Então, começou o trabalho que ocuparia anos da vida de Gail. Anexa à casa em Brentwood havia uma casa de hóspedes com piscina. Quando estivesse equipada com instalações de uma clínica particular, seria ideal para Paul viver com seus cuidadores.

Em relação a uma coisa os médicos estavam certos – a tensão que cuidar de Paul geraria na vida privada de Gail. Emmanuela sentiu também – não foi muito difícil para os pais dela a convencerem do pouco futuro que havia como noiva de um tetraplégico, e ela decidiu voltar para a Itália. Martine, por outro lado, voltou a ser fonte de força, e os dois filhos, Anna e Balthazar, trataram Paul como sempre fizeram. Ignorando suas deficiências, eles logo voltaram a subir na cama dele, o amando tanto quanto sempre.

Felizmente, Gail podia contratar enfermeiras para prestar a atenção especializada constante que o filho exigia, e também os médicos mais sagazes e fisioterapeutas mais renomados da Califórnia. Nada seria possível sem grandes quantidades de dinheiro. Como Paul era um Getty, e o dinheiro era a única coisa que a família Getty possuía com abundância, Gail achava que não seria um problema. Como já havia acontecido tantas vezes no passado, envolvendo dinheiro e os Getty, Gail estava errada.

CAPÍTULO 19

RECUPERAÇÃO

Q UANDO SEU FILHO saiu do hospital, Gail era auxiliada financeiramente pelo pai e pelo tio de Paul, Gordon, que comprara a casa onde ela e seus filhos viviam e ainda oferecia tudo de que o sobrinho precisava. Porém, em longo prazo isso era errado. Gordon era muito rico, mas o mesmo podia ser dito sobre o próprio pai de Paul – e ele, não Gordon, deveria pagar pelo tratamento do filho debilitado. Ele poderia pagar quantas vezes fosse necessário, mas, quando Gail começou enviou as contas para Cheyne Walk, elas foram devolvidas – sem serem pagas. As ligações telefônicas agressivas começaram, e Paul Junior tornou óbvia sua posição incomum. Embora fosse multimilionário, ele se recusou a atender às despesas médicas do filho Paul.

Inicialmente, ninguém conseguiu acreditar, e o advogado de Gail enviou uma carta tranquilizadora tentando explicar a situação – apenas para receber uma nova recusa. Como ela explica: "Com Gordon, uma parte de nós estava pagando pelo tratamento de Paul e, depois de um tempo, parecia loucura e injusto continuar com aquilo. A última coisa que queríamos era um processo, mas como Paul se recusava a ouvir, não houve alternativa."

Como Gail esperava, houve muita publicidade desfavorável para Jean Paul Getty Junior quando ele, em novembro de 1981, instruiu seus advogados em Los Angeles a se oporem ao pedido de Gail no tribunal pelo pagamento de 25 mil dólares por mês para as despesas médicas do filho. O juiz que presidia o caso estava tão chocado que repreendeu Paul no tribunal, dizendo que "o sr. Getty deveria ter vergonha de si mesmo – gastar muito mais dinheiro em despesas judiciais do que cumprir seus deveres morais".

RECUPERAÇÃO   243

Mesmo um amigo tão próximo como Bill Newsom descreveu seu comportamento como "bizarro", acrescentando que Paul tinha "livros em sua biblioteca que custaram mais, muito mais do que teria custado cuidar de seu filho por anos".

Então, o que estava acontecendo?

A verdade era que o coma do jovem Paul tinha chegado em um momento ruim na vida do pai. Durante um tratamento na Suíça, Victoria conheceu Mohammed Alatas, um jovem empresário saudita, e se apaixonou por ele. Ela mais uma vez desistiu de qualquer esperança de uma vida conjugal satisfatória com Paul. Quando Alatas lhe propôs casamento, Victoria aceitou.

Isso deixou Paul se sentindo mais solitário do que nunca em Cheyne Walk. Seu consumo de drogas e bebidas aumentou, e quanto mais isolado e dependente de drogas ele se tornava, mais suas ansiedades e seus medos cresciam. Mark telefonou para a Inglaterra quase todos os dias para informar sobre a condição do irmão, e Paul Junior ficou tão afetado pela provação de seu filho como nos primeiros dias do seu sequestro. E mais uma vez ele tentou obliterar a ansiedade e a dor de pensar.

O que aconteceu, então, fornece um bom exemplo de como a bebida e as drogas podem distorcer a realidade, levando a perturbações emocionais e desastres pessoais. Pois, sem criar desculpas espúrias para Paul Junior, havia uma espécie de lógica de viciado em seu comportamento sobre as contas médicas. Sua recusa em pagá-las foi vista como uma recorrência da mesquinharia, mas esse não era o caso, e suas ações não estavam relacionadas com dinheiro.

Elas eram em parte o resultado da típica neurose de viciado que acreditava que algo estava acontecendo às suas costas. Também eram sua maneira estranha de tentar minimizar o que tinha acontecido com seu filho. Ao menos uma vez, ele poderia se convencer de que estava sendo enganado a respeito das despesas médicas, trocar seu sentimento de culpa pelo que aconteceu convencendo a si mesmo que estavam armando uma farsa. Firme em seu refúgio de Cheyne Walk, ele poderia mesmo acreditar que as terríveis incapacidades de seu filho não eram tão espantosas quanto os médicos desonestos

244   TODO O DINHEIRO DO MUNDO

diziam. Eles exageravam para tirar dinheiro dele. Ao desafiá-los, poderia expor aqueles médicos mentirosos e provar que a condição de seu filho era muito menos séria do que alegavam. Ele não era o idiota que achavam que era. E se ele se recusasse a pagar um centavo, poderia até forçá-los a admitir que seu filho não estava doente.

Previsivelmente, quando as coisas não terminaram assim, Paul se sentiu mais rejeitado e consumido pela culpa do que antes – o que o tornou mais dependente de drogas do que nunca. Após as declarações do juiz no tribunal em Los Angeles, seu advogado, Vanni Treves, foi até Los Angeles para ver o jovem Paul em nome de seu pai. Ele confirmou tudo o que Gail e os médicos disseram e o estado deplorável em que Paul se encontrava. Paul Junior foi convencido e pagou o que deveria ter pago desde o início. Não havia mais argumentos, e o dano havia sido feito – principalmente ao próprio Paul Junior. Como resultado do que aconteceu, sua família se voltou contra ele.

"Gordon é a luz e meu pai é o lado sombrio", disse Aileen a um jornalista. E trancado na casa em Cheyne Walk, Paul Junior se tornou mais infeliz do que nunca e certo de que estava farto de sua família.

Mesmo Mark, o mais leal dos filhos, estava ao lado de Paul e Gail depois de tantas coisas amargas e agressivas terem sido ditas de Londres pelo telefone.

O contato corrosivo com sua família e seus sofrimentos trouxeram mais ameaças à precária estabilidade de Paul Junior, e ele reagiu como sempre fez: confiando mais ainda em suas já confiáveis fontes de alívio, que produziram a inevitável recaída, seguida de uma longa permanência na London Clinic, que estava se tornando uma segunda casa para ele.

Enquanto o que restava de sua saúde e autoestima estava passando por outro golpe, Gail e as crianças nos Estados Unidos estavam duplamente agradecidas pelo equilibrado tio Gordon, que, em contraste com o irmão, estava mais feliz do que nunca.

Em uma livraria de Paris no ano anterior, Gordon encontrou uma cópia dos poemas da misteriosa e reclusa autora americana do século XIX Emily Dickinson, alguns dos quais o impressionaram e pareciam ideais para ser musicados. Inspirado pelos poemas, ele superou tudo o que estava lhe restringindo como compositor e, em um período de trabalho febril, produziu composições para 32 deles – dos quais ele por fim criou o ciclo de canções que intitulou *The White Election*.

The White Election marcou o início de toda uma nova vida para Gordon e o início de sua verdadeira ambição – se tornar compositor. Todas as suas mais entusiastas energias foram depositadas nesse sonho – e ele afirmava que sua vida só começara de verdade a partir desse momento.

Como compositor, ele tinha grandes ambições. Como declarou: "os compositores são lembrados na posteridade e os homens de negócios são esquecidos". Ele apostou sua reivindicação de forma inequívoca. "Eu gostaria de ser um compositor lembrado ao lado dos mestres do passado, como Bach, Beethoven, Schubert, Wagner, Mahler e Brahms. Talvez seja arrogância colocar meu nome nesse grupo. E talvez a arrogância seja uma coisa muito boa."

A confiança de Gordon e a felicidade criativa recentemente encontrada constituíram o maior contraste com a infelicidade de viciado de seu irmão Paul. Gordon era um homem genuinamente feliz com tudo o que tinha então, bem como dinheiro. Para Gail e as crianças, ele foi o que gostariam que Paul Junior fosse – parceiro, amável e discretamente preocupado com todos eles.

Paul Junior começou a suspeitar de que seu irmão o usurpasse no que dizia respeito às afeições de sua família e ficou com ciúmes de tudo o que ele representava.

Era característico de Gordon ser o único que não parecia notar a mudança de atitude do irmão ou se ofender, e ele o continuou tratando como se nada de grave tivesse acontecido. Foi então que a paixão compartilhada dos irmãos pela ópera assumiu uma importância particular como uma ponte estreita entre eles. Gordon enviaria informações para Paul sobre os grandes cantores que ambos gostavam.

"Domingo maior do que nunca no Scala."

"Pavarotti maior ainda", responderia Paul.

★ ★ ★

Após os dramas do ano anterior, 1982 começou com um período de calma em toda a família – e testemunhou o início de uma recuperação parcial para o jovem paralítico Jean Paul Getty III.

No começo, ele parecia tão terrivelmente aflito que as primeiras palavras de sua avó, Ann, ao vê-lo, foram: "Eles deveriam ter terminado com o sofrimento dele."

As câimbras musculares causavam dores excruciantes, e seu corpo era tão rígido que até mesmo o toque da roupa de cama era intolerável. Agonia, lágrimas, períodos de depressão profunda se seguiram, mas depois de algum tempo algo miraculoso começou. Para a surpresa de quase todos, Paul começou a mostrar uma força de vontade extraordinária enquanto lutava para fazer algo do pouco que lhe restava.

Foi quando o dinheiro dos Getty realmente ajudou. Assim como tinha sido a origem de tantos problemas, a fortuna ajudou a aliviar sua situação horrível; pois, sem ela, a enfermagem especializada e os equipamentos dos quais ele dependia teriam sido impossíveis. Mas Gail insiste em que havia mais do tratamento e recuperação de Paul do que o dinheiro. "Incluiu não ter medo e ser positivo. Exigiu coragem e perseverança. Era sobre nunca desistir."

E, além disso, havia o fato mais importante de todos: que o menino perdido tinha se encontrado; que, graças ao desastre que o atingira, os impulsos suicidas e autodestrutivos que o destruíram foram substituídos pelo seu oposto, um apego à vida, que por sua vez foi seguido por uma vontade resoluta de viver.

Encontrando-se sem nada, ele estava sendo forçado a lutar para ser um ser humano – o que fez com o grande desenvolvimento à medida que seu vigor aumentava. Tudo na vida que antes tinha sido chato, gratuito, dado como certo, teve que ser conquistado agora. Desde o sequestro, houve poucos desafios em sua vida. Agora, tudo se tornara um desafio.

Embora não pudesse ver, ele pediu para ser levado para o museu do avô em Malibu no dia em que estava fechado para os visitantes e, enquanto era empurrado pelas galerias vazias em uma maca, as pinturas lhe eram descritas, e as pinturas se tornaram preciosas para ele, como nunca tinham sido quando podia vê-las.

Todas as manhãs, ele se exercitava com seus fisioterapeutas na piscina ao lado da casa – exercícios tediosos e repetitivos, mas ele

RECUPERAÇÃO

os suportou e gradualmente sua força melhorou. Sua fala continuou um problema, pois houve danos motores no cérebro causando uma condição conhecida como afonia – dificultando a pronúncia correta de consoantes. Assim, no ano seguinte, Gail iria levá-lo para se consultar com os fonoaudiólogos do Instituto de Fonoaudiologia Rusk de Nova York, o que trouxe uma melhoria lenta, mas clara.

Ele ficou com fome de livros e seus amigos se revezaram para lê-los. Martine era uma tábua de salvação, assim como as crianças, dando-lhe ainda mais força para continuar. A devoção de Gail era incondicional.

Um de seus heróis do passado, o dr. Timothy Leary, veio visitá-lo.

"Sua força de vontade é como o Niágara. É um milagre", disse ele.

O ano de 1982 viu outro casamento na família.

Quando, logo antes do Natal, Mark se casou com Domitilla Harding na antiga basílica dos Santos Doze Apóstolos, em Roma, ele era a terceira geração da família Getty a se casar na Cidade Santa. Mas, ao contrário dos outros casamentos, o seu era um assunto muito maior que não só garantiu que as conexões italianas da família Getty continuassem, mas também ligavam a família à história italiana. Com suas famosas relíquias de São Pedro e São Paulo, a igreja dos Santos Doze Apóstolos contém os túmulos de numerosos cardeais de Riario e della Rovere, todos ancestrais da noiva; e parte da própria igreja foi construída pelo membro mais famoso de sua família, o beligerante della Rovere, Papa Júlio II (patrono de Michelangelo, pintado por Rafael, e interpretado no filme *The Agony and the Ecstasy*★ por Rex Harrison).

Embora o noivo tivesse feito as pazes com o pai, Paul Junior não compareceu, pois mal podia andar e ainda não estava disposto a voltar para a Itália. E, no dia do casamento, apesar de todos os preparativos detalhados, as coisas começaram a dar errado. Primeiro, a noiva não conseguiu chegar à igreja. Seu avô, John Harding, tinha viajado de Boston para conduzi-la ao altar, mas, devido a uma confusão tipicamente romana, ele foi a buscá-la na casa de verão da família, junto à costa em Fregene – e ela estava em seu apartamento em Parioli. No

---

★ Filme lançado em 1965, dirigido por Carol Reed; com Rex Harisson como o Papa Júlio II e Charlton Heston como Michelangelo.

momento em que John Harding encontrou o endereço certo e levou sua neta em segurança para a igreja, o noivo e os convidados haviam suportado duas horas ansiosas se perguntando o que acontecera.

Ela chegou parecendo linda e despreocupada, mas isso pouco contribuiu para resolver um mistério ainda mais perturbador – onde estava a tia do noivo, a esposa de Gordon, Ann Getty? Como ela não estava lá, a cerimônia começou sem ela.

Quando Mark e Domitilla anunciaram sua intenção de se casar em Roma, o tio Gordon se opôs com firmeza. Ainda preocupado com a lembrança do sequestro de seu sobrinho, ele decidiu que ainda era muito arriscado para ele ou sua família participar. Mas Ann, por natureza menos ansiosa do que o marido, achava o contrário. Na mesma época, ela estava viajando pela Europa, e sem informar Gordon tinha voado para Roma para estar no casamento do sobrinho.

Ela estava hospedada no Hotel Excelsior na Via Veneto, e Bill Newsom havia combinado de encontrá-la e levá-la para a igreja. Contudo, mais uma vez, algo deu errado. De alguma maneira, eles se perderam. Então, Ann pegou um táxi sozinha para a igreja e descobriu que esqueceu como a igreja era chamada – além de não falar italiano e de o motorista não falar inglês. Durante as três horas seguintes, ela e o motorista de táxi rodaram por Roma, parando em todas as igrejas onde um casamento poderia estar acontecendo.

Com a lembrança do sequestro do jovem Paul em mente, Bill Newsom, Gail e vários membros da família ficaram alarmados com o fato de que o pior poderia ter acontecido. Gordon poderia ter tido razão: Ann nunca deveria ter ido sozinha a Roma.

Ela e o motorista de táxi nunca encontraram a igreja e retornaram ao hotel, onde ela se reuniu com a família quando a cerimônia acabou. Só então, com o pesadelo de um segundo sequestro na família deixado de lado, todos os convidados puderam aproveitar a festa.

No dia seguinte, enquanto Ann estava no avião em segurança de volta a San Francisco, Mark e Domitilla estavam a caminho da lua de mel na Suíça. Elizabeth Taylor convidou Gail e a família para passarem o Natal com ela em seu chalé em Gstaad, e os recém-casados se juntaram a eles. A neve era espessa, a ameaça de sequestro foi esquecida, e mesmo com Elizabeth Taylor como anfitriã, o Natal na Suíça provou ser mais tranquilo do que um casamento romano.

CAPÍTULO 20

GORDON, O PACIFICADOR

ORDON GETTY ERA alguém que se desenvolvera tardiamente – e tinha muito orgulho disso. "Você sabe, para mim é verdade", disse ele, radiante para o mundo ao seu redor. "A vida realmente começou aos quarenta", pois foi quando ele começou a perceber seu verdadeiro potencial, como compositor, intelectual e empresário.

Ao contrário da maioria dos membros da família, Gordon sempre parecia não se deixar levar pela obsessão em ficar mais rico ou era muito bom em ignorá-la. Ele ainda amava sua enorme casa no topo da Pacific Heights, continuava muito dedicado a sua família e desfrutou da liberdade da rotina diária que seu dinheiro lhe dava.

Mas ele também insistiu que "mal notaria a diferença no meu estilo de vida se eu não tivesse minha fortuna. Acho que dirigiria o mesmo carro, assistiria aos mesmos programas de TV, aos mesmos filmes. Talvez eu não tivesse tido o luxo de ser um compositor, mas talvez tivesse ensinado literatura em uma faculdade em algum lugar e ficasse tão feliz quanto".

Talvez sim, pois na época o maior de seus problemas era ser levado a sério por qualquer coisa além de seu dinheiro. As reações a *The White Election* foram diversas, mas ele mostrou uma louvável indiferença com as palavras dos críticos. "Minha filosofia sempre foi de que o gosto do próximo é tão bom quanto o meu, mas não vou me submeter ao dele." O difícil era saber o quanto as reações críticas de qualquer maneira eram influenciadas pelo fato de ele ser multimilionário.

"Eu descreveria Gordon Getty como o melhor poeta milionário de nossa língua", disse o poeta irlandês Seamus Heaney a Bill Newsom depois de ler algumas de suas poesias extraordinariamente fluidas, altamente polidas e românticas. Muito parecido com a sua música e suas teorias econômicas, que tendiam a ser colocadas em uma categoria especial apenas porque ele era um Getty.

Isso não era justo, pois Gordon, longe de ser um diletante rico, trabalhou arduamente em tudo o que fez. Ao contrário do irmão, Paul, Gordon sempre foi adepto do trabalho, uma tendência herdada, como seu dinheiro, do pai. E, como o pai, quando o impulso tomava conta, trabalharia com muita energia, levantando às 6:30 da manhã, se enfiando no escritório o dia todo, sem pausa para comer, fazer exercício ou conversar, até que, como ele dizia em seu típico "gordonês": "Estou exausto."

Além de manter sua coleção de gravações – provavelmente a maior coleção privada nos Estados Unidos até então –, ele permanecia inativo. Foi Ann quem comprou as três pinturas dos dançarinos de balé de Edgar Degas* penduradas no quarto e escolheu a mobília da espetacular sala de estar. Ann adorava joias, grandes móveis e pinturas impressionistas. Gordon preferia ideias.

Por essa época, um amigo, ligando para a casa, viu uma pintura de um cachorro apoiado contra um sofá e, lembrando que Ann havia comprado uma pintura de um cachorro de Manet, perguntou se era o caso.

"Puxa, eu não sei responder", disse Gordon. "Pergunte a qualquer um menos a mim."

Alguém já o descrevera como "opaco", o que era devido em parte a sua aparente imprecisão e também ao seu tamanho, o que lhe deu uma espécie de grande impenetrabilidade.

Mas, como os meses seguintes mostrariam, Gordon poderia se importar tanto com o dinheiro quanto outro multimilionário. E qualquer um que pretendesse desafiá-lo seria avisado a não dar importância excessiva à sua ingenuidade e distração. Ele poderia ser

---

* Edgar Degas (1834-1917), pintor francês.

"opaco", mas em uma batalha financeira, com sua conversa sobre ignorar dinheiro, Gordon era alguém para ser levado a sério.

Na época do casamento de Mark, já havia problemas entre Gordon e o conselho da Getty Oil depois da morte, alguns meses antes, do coadministrador do Fundo Sarah C. Getty, o poderoso advogado Lansing Hays.

Uma vez que o fundo detinha 40% do capital da Getty Oil, Hays dominava o gerenciamento da empresa em nome do fundo desde que Jean Paul Getty morrera em 1976. Hays não escondia seu desprezo pelo diretor da Getty Oil, o ex-contador Sid Petersen. Com a morte de Hays, Petersen se sentiu mais livre para se afirmar.

Mas Petersen não foi prudente e não teve tato ao lidar com Gordon Getty. Como único administrador do Fundo Sarah C. Getty, Gordon sentiu a necessidade de saber mais sobre o estado da empresa na qual todo seu dinheiro estava investido. Petersen, no entanto, como outros em seu tempo, o considerava como um tolo e o tratava como tal.

Naquele outono, o comportamento de Petersen estava irritando Gordon, não muito pela ofensa à sua dignidade, mas porque sentia que Petersen e o conselho da Getty Oil insultavam sua inteligência. Como controlava o fundo da família, ele sentiu que tinha o dever e o direito de saber por que as ações da Getty Oil atingiram um mínimo histórico de menos de 50 dólares por ação. Ele reclamou para Bill Newsom: "Sempre que pergunto sobre isso, Petersen me trata como uma nulidade."

Incapaz de obter as informações que exigiu de Petersen, Gordon se voltou para outros que poderiam ajudar e foi para Nova York consultar uma empresa de banqueiros de investimento de Wall Street. As ações da Getty Oil, perguntou a eles, estavam seriamente subvalorizadas? E, em caso afirmativo, o que poderia ser feito?

Ele estava sendo um pouco ingênuo ao agir de tal maneira. Com guerreiros de tomadas do mercado financeiro como Ivan Boesky e T. Boone Pickens rondando, tais indagações por qualquer um tão inconfundível como Gordon Getty sugeririam chamar a atenção deles para a Getty Oil. Então, quando Petersen percebeu o que estava acontecendo, a batalha entre ele e Gordon se tornou inevitável.

Foi uma luta curiosa, pois, enquanto Gordon continuava atrás do que sentia serem os interesses do Fundo Sarah C. Getty com uma estranha inocência, seus oponentes realizaram esforços extraordinários para frustrá-lo. Suas ações assumiram a forma de um plano secreto para persuadir algum membro da família Getty a solicitar ao tribunal de Los Angeles que o Banco da América deveria ser nomeado administrador adicional do fundo com base na incompetência de Gordon.

Os conspiradores não foram muito inteligentes ao fazerem isso, pois, além de subestimarem Gordon, eles também julgaram mal quem da família seria a primeira escolha ideal para entrar com a ação. Em outubro de 1983, Mark Getty ficou tão surpreso ao ser convidado a apresentar a petição contra seu tio favorito que foi até San Francisco só para lhe perguntar o que estava acontecendo. O próprio Gordon ficou desconcertado – ao menos a princípio. Mas a consulta de Mark serviu para avisá-lo de que algo estava em andamento, de modo que, quando a petição chegou, Gordon estava preparado.

Até então, os advogados que representavam a Getty Oil haviam persuadido o irmão de Gordon, Paul Junior, a solicitar ao tribunal em nome de seu filho, Tara, de quinze anos.

O fato de Paul Junior quase nunca ver o filho fez com que aquilo parecesse uma manobra muito cínica. Mas, do ponto de vista da Getty Oil, também foi singularmente inepto. Os oponentes de Gordon não poderiam ter previsto que ele possuía uma arma que não conseguiriam vencer. Consciente do que estava acontecendo, o desajeitado Gordon a usou – e o destino da Getty Oil estava selado.

A força de Gordon estava no fato de a maior parte do dinheiro que o pai havia deixado em seu museu em Malibu estar na forma de uma participação de 12% nas ações da Getty Oil. Até aquele momento, o presidente do museu, Harold Williams, não sabia o que estava acontecendo. Mas, graças ao comportamento do conselho da Getty Oil, foi fácil para Gordon persuadi-lo de que ajudá-lo seria o melhor para os principais interesses do museu – especialmente os financeiros.

Juntos, os acionistas do Fundo Sarah C. Getty e do Museu J. Paul Getty formaram uma maioria capaz de demitir o conselho da Getty Oil – e o fizeram.

Esse foi o momento em que uma aquisição da Getty Oil se tornou inevitável – e chegou na forma de uma oferta em dinheiro de 110 dólares por ação da Pennzoil Company, uma empresa de porte médio. Essa oferta interessava a Gordon, que chegou a um acordo com o presidente-chefe da Pennzoil para se tornar presidente da empresa reconstituída.

Mas a conclusão do acordo foi adiada por uma ação judicial de uma das "Georgetes" (como alguém tinha chamado as filhas de George) – a segunda filha, Claire, se sentia sentimentalmente contra aquela tentativa impiedosa de destruir a empresa preciosa do avô Getty e entrou com uma ação nos tribunais.

"Por que, tio Gordon, um fundo que já vale 1,8 bilhões de dólares precisa ter seu valor aumentado?", perguntou ela.

"Uma pergunta filosófica muito interessante, Claire", respondeu o tio Gordon, coçando a cabeça encaracolada e procurando uma resposta. "É meu dever fiduciário", concluiu, "maximizar a riqueza e o rendimento do fundo".

Ele maximizou, e em grande parte graças a Claire. Enquanto os advogados dela discutiam a legalidade do acordo com a Pennzoil, uma gigante do petróleo, Texaco, entrou com uma negociação maior, de 125 dólares por ação, para a Getty Oil. E em janeiro de 1984, quando Gordon aceitou a oferta da Texaco em nome do fundo, o valor do fundo foi duplicado da noite para o dia, de 1,8 bilhão para quase 4 bilhões de dólares.

Mesmo isso não foi o fim. Para evitar mais uma intervenção legal de mais uma parte da família – dessa vez dos filhos de Ronald, afirmando que o preço ainda não era suficientemente alto –, a Texaco de fato aumentou seu preço para 128 dólares por ação.

Se a palavra "fantástica" pode ser aplicada de forma adequada a um acordo financeiro, a venda da Getty Oil foi fantástica. Ao pagar um total de 10 bilhões por toda a Getty Oil, a Texaco fez o que era a maior aquisição corporativa na história americana.

Alguns dos resultados foram menos do que benéficos. Com a Getty Oil engolida pela Texaco, a empresa familiar perdeu sua identidade – e 20 mil funcionários da Getty Oil, seus empregos. Para a Texaco, o acordo de monstros também se mostrou desastroso – com a Pennzoil os processando com sucesso por 10 bilhões em relação ao assunto e promovendo a falência da empresa no processo.

Dentro da família, alguns pareciam felizes com o resultado e as batalhas legais retumbavam. Ronald usou a venda como ocasião para mais uma tentativa de corrigir a injustiça que tinha perseguido sua vida – e solicitou ao tribunal que "igualasse" sua participação no Fundo Sarah C. Getty com as de seus três irmãos. (Dois anos depois, o juiz Julius M. Title, de Los Angeles, expressou sua simpatia pela situação de Ronald, mas, relutantemente, declarou que "legalmente não havia nenhuma prova de que seu pai prometeu corrigir a desigualdade".)

As "Georgettes" também foram à justiça – na tentativa de punir o tio pelo que ele fez à empresa, tentando fazê-lo pagar todos os impostos da venda. E a tentativa anterior em nome de Tara de ter um coadministrador nomeado para o fundo continuou. Mas, apesar da raiva e das perturbações que ainda ecoaram do terremoto da venda, uma coisa era inegável. Enquanto o Fundo Sarah C. Getty tinha estado sob o controle solitário de um poeta, compositor e teórico econômico ausente, seu capital mais do que duplicou e representava algo acima de 4 bilhões de dólares.

Seja por uma extraordinária astúcia ou a sorte que protege os inocentes, Gordon, naquele acordo traumático, fez quase tantos bilhões de dólares para o fundo quanto seu pai tinha feito na vida. Dessa vez, a revista *Forbes* estava proclamando um Getty como o ser humano mais rico dos Estados Unidos.

Isso não era estritamente verdade, já que Gordon não possuía o dinheiro do fundo que controlava e estava limitado a uma renda anual como seu principal administrador de "apenas" 200 milhões de dólares. Mas isso não impediu ele e Ann de tentarem aproveitar um pouco do seu novo incremento financeiro.

Deixado por conta própria, Gordon quase teria ficado onde estava e continuaria compondo sua ópera com base na personagem de Falstaff de Shakespeare, que o Fundo Globe Theatre de Londres havia encomendado. Além de encontrar fama como compositor, havia pouca coisa que Gordon desejava, e San Francisco se adequava a ele perfeitamente. "Posso ir à rua e entrar no meu carro, sem ligar para o motorista como eu teria de fazer em Nova York", disse ele. Além disso, seus amigos estavam lá, e seu precioso escritório com dois computadores, seus alto-falantes Macintosh e seu piano Yamaha.

Mas Ann se sentia diferente. De acordo com a lei da Califórnia, teoricamente, ela tinha direito à metade da renda de Gordon, e foi Ann quem teve o papel de incentivadora e gastadora. Mesmo assim, ela teve um problema sobre o que fazer com aquela enorme soma de dinheiro. Como Gordon, ela parecia ter mais que o suficiente de quase tudo.

Eles já tinham seu Boeing 727 particular, com as iniciais de Ann pintadas na cauda, e o próprio banheiro com um chuveiro de verde, o que, por algum motivo, parecia fascinar o marido. Conhecida por direcionar o avião para Paris por um capricho súbito para fazer algumas compras, ela se viu com lenços Hermès suficientes, bolsas da Gucci, sapatos de Ferragamo, para a vida toda.

Ela e Gordon fizeram doações para causas em que acreditavam – ainda preocupados com a conservação do meio ambiente. O Fundo Leakey Anthropological recebeu doação para sua pesquisa sobre as origens do homem – como também recebeu Jane Goodall por seu trabalho sobre o comportamento dos chimpanzés. Quando Gordon entregou 5 milhões de dólares para o Fundo Leakey, falou: "Eis uma qualidade decisiva para pesquisa antropológica, uma vez que a expansão humana e o desmatamento ameaçam fontes fósseis de base de dados."

Simultaneamente, Ann decidiu reconstruir sua casa familiar no Vale de Sacramento. Embora se referisse à sua mãe como "velha e dura morcega", Ann era uma boa filha e esperava pelo agradecimento materno por aquela nova casa na forma de *villa* toscana, com pátios, canteiros de flores e campanário. A "velha e dura morcega" ficou bastante satisfeita – e o prédio usou apenas 2 milhões de todo aquele dinheiro.

Foi por volta dessa época que uma Ann glamorosa, quando entrevistada na televisão por Barbara Walters, tentou o destino expondo seu credo atual. "De forma alguma", respondeu à sugestão de que muito dinheiro era uma fórmula certa para a tristeza. "Acho que é possível ser muito rico e feliz, e suponho, muito pobre e feliz. Mas é mais fácil ser muito rico e feliz."

Sendo a mulher determinada que era, ela estava pronta para provar aquilo, para a sua satisfação particular.

Ann é o tipo de mulher que gosta de desafios como de dinheiro. Como havia pouca coisa para desafiá-la em San Francisco, ela decidiu que era hora de concentrar sua atenção em Nova York. Tendo se tornado a rainha incontestável da sociedade de Pacific Heights, planejava fazer o mesmo no grande apartamento que ela e Gordon tinham na Quinta Avenida de Nova York.

Foi uma operação espetacular e dispendiosa, uma aventura no que às vezes é chamado de "vontade de rico", com Ann, se não Gordon, aparentemente se tornando a coisa mais próxima da realeza para os Estados Unidos. Ela se entretinha generosamente, vestia-se soberbamente e logo adquiriu bajuladores – como Jerry Zipkin, famoso por sua amizade com os Reagan, e o financista e socialite grego Alexander Papamarkou. Foi Papamarkou que a apresentou para um verdadeiro rei, ou melhor, ex-rei, Constantino da Grécia. Quando decidiu se converter ao cristianismo ortodoxo grego, o rei Constantino estava ao lado dela como seu padrinho.

Mas, apesar daquela conexão real, Ann permanecia sendo a menina de Wheatland, Califórnia. Para satisfazer sua consciência puritana, ela tentou se tornar o que é conhecido como "rico trabalhador" – juntando-se aos conselhos da Sotheby's e da Revlon e tornando-se parte da administração do Museu Metropolitano e da Biblioteca Pública de Nova York.

Não foi suficiente. O que ela ansiava em segredo não era tanto trabalho quanto cultura de autoaperfeiçoamento – a sutil conversa de filósofos, noites com autores distintos, enriquecendo contatos com grandes mentes. De repente, tudo isso lhe foi oferecido graças a uma amizade improvável com um editor corpulento, poliglota e amante de charutos, de origem judaico-austríaca, que passou a ser membro da Câmara Britânica dos Lordes.

Desde o início da década de 1970, Ann e Gordon tinham voado regularmente para a Europa no Boeing 727, frequentando festivais de música como Salzburg, Spoleto e Baviera, que tanto apreciavam. Foi em Salzburg em 1972 que conheceram o barão Weidenfeld de Chelsea e a amizade floresceu.

Embora fosse um editor de profissão, George Weidenfeld era essencialmente um mago cultural europeu tradicional. Tudo sobre ele tinha um toque de magia, incluindo seu barman, oferecido a ele pelo primeiro-ministro socialista Harold Wilson, e a sobrevivência igualmente mágica de sua editora londrina, Weidenfeld & Nicolson. Ao encontrar Ann para discutir suas aspirações, ele sugeriu que a resposta para seus problemas era se tornar uma editora.

Foi uma sugestão original, mas não impossível para a esposa do homem mais rico dos Estados Unidos, ainda mais porque Weidenfeld sabia que Barney Rosset, da Grove Press, famosa editora de Henry Miller, Jean Genet e do Marquês de Sade, estava interessada em vender o negócio e se aposentar com 2 milhões de dólares.

Ann sempre foi uma leitora voraz – ainda que os livros da Grove Press sejam outro assunto* – e a ideia ficou em sua mente.

"Eu adoro ler o dia todo", declarou ela. "Uma vez que sou de linhagem puritana e cresci acreditando que você tem que trabalhar o dia todo, decidi fazer da leitura o meu trabalho."

Comprar a Grove Press lhe veio a calhar, pois, além de ler para o resto da vida, ela poderia conhecer aqueles estranhos personagens

_____

* Fundada em 1947, mas logo comprada por Barney Rosset em 1951, a editora ficou conhecida pela publicação de livros alternativos, da contracultura e de conteúdo "impróprio" para os padrões dos Estados Unidos dos anos 1950-1970. Entre os autores publicados pela Grove Press, destacam-se, por exemplo: Jack Kerouac, William S. Burroughs, Allen Ginsberg, Timothy Leary e D.H. Lawrence. [N.T]

Houyhnhnm,* autores famosos vivos. Ela também participou de uma turnê de promoção com um deles, Nien Cheng, autor do best-seller *Vida e morte em Shanghai.*

A compra também se adequou a George Weidenfeld, que persuadiu Ann a se tornar uma parceira na Weidenfeld & Nicolson em Londres e, simultaneamente, ajudar a financiar um novo e independente setor da sua editora em Nova York, em estreita cooperação com a Grove Press.

Para Ann e Weidenfeld, editar se tornou um jogo que os dois poderiam jogar. Ele voaria de concorde para Nova York, onde eles se reuniriam para discutir as diretrizes das publicações na década de 1980: poderiam encorajar Joseph Heller a criar uma sequência apropriada de *Ardil-22* ou J.D. Salinger a fazer o mesmo com *O apanhador no campo de centeio*? Ann poderia atrair o susceptível Norman Mailer ou o saturnino Philip Roth para sua editora – ou eles deveriam procurar autores menos dispendiosos e menos conhecidos? Eles também planejaram investir em filmes, preparando-se para trazer a antiga cidade natal de Weidenfeld, Viena, para a tela "em todo o seu esplendor intelectual e cultural", como a publicidade anunciou. Havia conversas sobre uma impressionante revista cultural. Uma série de TV sobre 2 mil anos de arqueologia foi encomendada.

"Tudo o que faço está relacionado com tudo o mais que faço", falou Ann, ao criar a Fundação Wheatland para promover seus diferentes interesses nas artes. A fundação foi até Veneza para conversar sobre o futuro da ópera, e até Jerusalém para discutir a sinfonia. Escritores foram levados pelo Nilo para falar sobre literatura, e outros foram trazidos para falar sobre seus livros às margens do Tejo.

E, ao longo de tudo isso, Ann pagou grandes adiantamentos a seus autores, que é a melhor e mais bela maneira para que alguém possa se livrar honestamente de grandes quantidades de dinheiro.

---

* Referência ao livro de Jonathan Swift, *As viagens de Gulliver* (1726), no qual, ao final do livro, temos a presença dos Houyhnhnm, uma raça de cavalos inteligentes, que contrastam com os Yahoo, criaturas humanoides e selvagens, que representam tudo que é inferior. Já os Houyhnhnm – pronunciado como o relinchar de um cavalo – formam uma sociedade tranquila, confiável e racional. [N.T].

Havia também jantares para autores e seus agentes no apartamento dos Getty na Quinta Avenida, os quais não tinham sido vistos antes ou desde então no mundo editorial – comida requintada, flores exóticas, 24 lugares à mesa, tudo isso com o aroma de charutos Corona de George Weidenfeld e sua conversa fluente em cinco idiomas europeus.

Ao longo daqueles jantares, Gordon, sendo Gordon, sentava-se no fundo, sorria seu sorriso, dizia "Caramba!" e "Puxa!", e tentava resolver o enigma que começou a obcecá-lo, um enigma estranho para um bilionário. Como a sociedade capitalista moderna pode operar sem dinheiro? O dinheiro causa muitos problemas. Com certeza, ele disse a si mesmo, tinha que haver uma maneira melhor.

Gordon não pôde meditar por muito tempo, já que a venda da Getty Oil causava problemas. Ao todo, ele enfrentou quinze processos individuais, a maioria deles de membros da família – o que o perturbou. "Não há nada mais rancoroso e perturbador do que um processo familiar", constatou ele, com tristeza. Além disso, desejava voltar a compor.

Como testemunha próxima dos efeitos dos conflitos familiares do passado, Gordon queria paz. De acordo com Bill Newsom, ele ficou "surpreso com o fato de como a venda de Getty Oil se deu", e confessou a ele: "Bill, eu não quero 4 bilhões de dólares." Também não queria o problema que acompanhava o cargo de único administrador do Fundo Sarah C. Getty. Nem via, a esse respeito, muito benefício ao prolongar a existência do fundo por lealdade ao pai. Tinha feito seu trabalho. Tinha desempenhado um papel importante na preservação e incrível recriação da fortuna da família. A sua utilidade acabara.

Então, agindo como o filósofo bilionário que era, Gordon Getty tendeu ao inevitável e acabou com o Fundo Sarah C. Getty. Primeiro, ele pagou praticamente um bilhão de dólares para o fisco – então, como o rei Salomão, dividiu o que restava do cadáver de quatro maneiras. Cada parte era de aproximadamente 750 milhões de dólares. Uma parte foi para seu irmão Paul, outra para as "Georgettes" – as três filhas de seu meio-irmão George –, outra para os herdeiros de seu meio-irmão Ronald, e a quarta parte manteve para si mesmo e sua família.

Como a exclusão de Ronald dos frutos do fundo continuou, isso trouxe certa complicação à situação. Além das Georgettes, nenhum dos netos de J. Paul Getty herdaria o dinheiro até a morte do último de seus três filhos restantes – o que, por meio de cálculos, poderia ser esperado em torno de 27 anos a partir daquele momento. No meio-tempo, o dinheiro que iria para os filhos de Ronald, por sua vez, dividiu-se em três fundos distintos, cujos lucros se destinariam a Paul, Gordon e as Georgettes até a próxima geração estar apta a herdá-los.

O desmembramento do fundo foi um momento importante na história dos Getty, pois ofereceu à família a possibilidade de paz, dando a cada seção o controle da "dinastia" das próprias finanças. A venda imensamente lucrativa da Getty Oil já havia liberado a família de sua dependência do futuro incerto do negócio do petróleo. A partir de então, possuía aquela vasta área nova de riqueza que, com o investimento adequado, poderia durar para sempre, com o capital dentro de um fundo cada vez maior e os beneficiários da renda vivendo bem da mesma.

Ao mesmo tempo, Gordon fez mais uma contribuição para o bem-estar futuro da família. Avaliando o perigo de ter grandes quantidades de dinheiro trancadas dentro dos fundos separados por anos, para serem liberadas apenas com a morte do último da geração mais velha, ele criou uma maneira de garantir o que, pelos padrões Getty, era um rendimento relativamente modesto para os membros mais jovens da família em troca de sua participação no funcionamento dos diferentes fundos.

Ele desistiu da taxa de administrador de 5% a que tinha direito, a fim de fornecer taxas anuais para os membros mais jovens da família, que seriam nomeados coadministradores dos fundos familiares aos 25 anos. Com isso, ele esperava que seus filhos – e primos – ganhassem experiência nos assuntos financeiros da família e tivessem uma participação precoce em sua prosperidade.

Ele já ansiava por um futuro para seus filhos livre dos desastres que perseguiram os Getty no passado. Ele expôs suas esperanças em um poema que escreveu mais ou menos na época, intitulado "A casa do meu tio", que terminava assim, em tradução livre:

Eu não desejo aos meus filhos um melhor nascimento;
Eu lhes desejo isto, perceber
Quão paciente e generosa é a terra
Que cria a vida, como o trabalho cria riqueza e valor,
*E a canção faz a mente agraciada.**

★ Em inglês: "I wish my sons no finer birth;/I wish them this, to find/How patience and the generous earth/Make life, how work makes wealth and worth,/And song the graced mind".

CAPÍTULO 21

CAVALEIRO

OS 750 MILHÕES que Paul Junior recebeu da divisão do Fundo Sarah C. Getty o tornaram o homem mais rico da Grã-Bretanha da noite para o dia. O capital foi creditado ao seu Fundo Cheyne Walk, e foi investido habilmente por gestores de fundos em toda uma gama de investimentos para garantir segurança e crescimento – o que, com taxas de juros em um recorde histórico no início da década de 1980, significava que, enquanto o capital do núcleo aumentaria constantemente para o benefício das gerações futuras, Paul receberia mais de 1 milhão de dólares por semana em rendimentos.

Em termos de renda disponível, ele era ainda mais rico do que a maioria dos outros hiper-ricos da Grã-Bretanha. Com as heranças de seus filhos e netos garantidas pelo capital no fundo, e sem exigências sobre sua renda, ele era livre para gastá-la como queria.

Teria sido difícil encontrar uma parábola que mais se adequasse à ironia da riqueza excessiva. O que significa ganhar 1 milhão de dólares por semana para alguém que desprezava a si mesmo, que mal saía de casa – exceto para se internar numa clínica –, que não tinha prazer com a família, com comida ou viagens e que sofria de flebite aguda, diabetes iminente, suspeita de cirrose, mau funcionamento dos pulmões, ossos frágeis e dentes horríveis?

A pobreza dos desejos de Paul tornou a riqueza de sua herança distintamente inútil. Ainda assim, em uma reviravolta do destino, a chegada dessa vasta herança marcou o início da sua salvação.

★ ★ ★

A chegada do dinheiro coincidiu com uma crise pessoal. Paul estava muito doente, e com Victoria ainda casada com Mohammed Alatas – e mãe de dois filhos, Tariq e Zain –, era difícil para ele permanecer em Cheyne Walk sozinho. Com sua saúde em ruínas, ele voltou a se internar na London Clinic pelo que seria uma longa estadia.

Foi por volta dessa época que se voltou ao catolicismo, ao qual fora convertido aos dezesseis anos pelos jesuítas do St. Ignatius. Depois, ele abandonara a fé, mas, durante esse último período na clínica, ele foi influenciado pelo capelão jesuíta, o padre Miles, da paróquia próxima de St. James's, em Spanish Place. Sob a sua orientação, Paul voltou a frequentar a igreja.

Restaurado à fé, e tendo cortado a maior parte das ligações com seus bens e com o mundo exterior, ele vivia como um monge na London Clinic. Ali, ele não tinha responsabilidades e estava livre do medo e da preocupação.

Assim, sua primeira reação ao dinheiro foi uma reação cristã. Ele lembrou os comentários de Cristo, comparando as chances dos homens ricos de ir para o céu com as chances de um camelo passar pelo buraco de uma agulha. Ele estava preparado para seguir o conselho de Cristo. Não tendo necessidade de tanto dinheiro, estava preparado para doar a maior parte. Mas não era fácil. Como foi hippie, ele estava desconfortável com grandes quantidades de dinheiro e tinha poucos planos sobre o que fazer com ele – além de querer enxergá-lo como sendo uma boa coisa.

Sua primeira grande doação foi para uma causa em que acreditava. Como amante do cinema, descobriu que todo o legado dos primeiros filmes britânicos estava em perigo. As únicas cópias de inúmeros filmes britânicos nos arquivos do British Film Institute estavam preservadas em nitrato perecível, e o instituto não tinha recursos para o caro processo de transferi-los para uma mídia moderna. Paul financiou isso – sem chamar a atenção da mídia, pois não queria publicidade – contribuindo, por fim, com cerca de 20 milhões de libras esterlinas. É em grande parte graças a ele que a história inicial do cinema britânico não foi perdida para sempre.

Pouco depois, ele ofereceu 500 mil libras ao Manchester City Arte Gallery para evitar que uma pequena pintura da Crucificação do mestre sienês Duccio fosse vendida ao Museu J. Paul Getty, em Malibu. Isso despertou a especulação da imprensa de que ele estava se igualando à memória do pai – ou, de forma alternativa, a seu irmão Gordon, que era administrador do museu. Mas sua explicação para o seu presente foi mais simples. Ele comentou: "Estou farto de tudo sendo enviado para Malibu. É hora de alguém parar com isso."

Influenciado pelo padre Miles, Paul fez um sério juramento para desistir das drogas para sempre. Mas ele tomara a mesma decisão várias vezes antes, e estava dolorosamente consciente da dificuldade de se ater a ela. Por isso, pretendia continuar seu tratamento, supervisionado pelos médicos, na segurança e no anonimato da London Clinic o máximo de tempo possível.

De fato, ele ficaria quinze meses, mas seu desejo por anonimato não seria respeitado.

No início de 1985, o governo de Margaret Thatcher enfrentava problemas em relação à sua política para o financiamento das artes, uma área menor, mas potencialmente embaraçosa, na qual a economia do lado da oferta, praticada por sua administração monetarista, falhou. Em teoria, à medida que o Estado reduzia os impostos e os ricos ficavam mais ricos, começaria o chamado "efeito de gotejamento", com vários milhões de milionários oferecendo seu capital excedente para financiar as artes, assim como bons doadores fizeram nos Estados Unidos por anos.

Mas a década de ganância da Inglaterra foi tão gananciosa que não funcionou desse jeito. (Para ser direto: as contribuições para as artes ainda não eram dedutíveis de impostos, como eram havia muito tempo nos Estados Unidos.) E o fato era que, em meados dos anos 1980, muitos dos grandes museus e galerias do país, montados em épocas mais civilizadas, estavam sem dinheiro em caixa em um mundo absurdamente monetarista.

Ironicamente, o Museu Getty, em Malibu – ele próprio produto da doação privada e com sua riqueza aumentada, como Paul e Gordon, em função da recente venda de suas ações da Getty Oil –, estava piorando a situação, elevando os preços das principais obras de arte e capaz de superar a proposta de aquisição de qualquer grande galeria do mundo. Sem um financiamento sério por parte do governo – que perturbaria a primeira-ministra e seus limites de gastos –, a National Gallery seria pauperizada e ficaria incapaz de competir por mais aquisições no mercado da arte internacional.

Havia um ponto de esperança no cenário sombrio do patrocínio artístico – a doação de fundos para a National Gallery britânica pela família Sainsbury, para construir uma nova ala em uma área vizinha que, em última análise, teria seu nome. O que iria impulsionar tal iniciativa fora o descendente artisticamente iluminado da família, Simon Sainsbury, que coincidentemente vinha a ser o parceiro comercial de Christopher Gibbs. Enquanto a doação de Sainsbury estava sendo finalizada, um dos curadores da galeria, o marquês de Dufferin e Ava, havia conversado com Gibbs sobre a necessidade da galeria de "uma grande doação" que forneceria uma renda anual para suas principais aquisições.

Gibbs refletiu, mas não poderia pensar por muito tempo. Pois foi pouco depois que alguns membros influentes do governo e do mundo da arte se tornaram interessados em um até então bilionário eremita negligenciado residente na London Clinic.

Passaram-se quase vinte anos desde que Christopher Gibbs conhecera Paul, e ele era um dos poucos que continuaram a vê-lo com regularidade durante os tristes anos que se seguiram à morte de Talitha.

Durante aquele período, o próprio Gibbs prosperou. Com Simon Sainsbury como parceiro, ele se tornou um negociante de arte bem-sucedido do West End, com uma clientela rica e uma loja fascinante em Mayfair. Ao mesmo tempo, ele se transformou do garoto prodígio de Chelsea da década de 1960 numa figura social séria, com uma casa às margens do Tâmisa em Abingdon, um apartamento em Albany e uma ampla gama de amigos influentes.

Durante sua ascensão, havia pouco que ele pudesse fazer para impedir o declínio do amigo, mas identificara na situação atual uma chance de Paul se ajudar enquanto ajudava a National Gallery a resolver seus problemas. Se ele pudesse ser persuadido a fazer a grande doação de que a galeria precisava, o resultado poderia fazer maravilhas para sua imagem pública – e, portanto, para sua autoestima pessoal e sua moral precária.

Apesar de suas doações para a Manchester City Art Gallery e o British Film Institute, Paul ainda tinha muito dinheiro, com o qual ele não sabia o que fazer. Então, quando Gibbs descreveu a situação da National Gallery, ele concordou com uma doação de 50 milhões de libras esterlinas sem grandes exigências.

Mas Gibbs queria garantir que Paul recebesse crédito por sua generosidade. Com tanto dinheiro – e a imagem tão duvidosa do passado –, a doação poderia se virar contra ele se fosse mal administrada. Para evitar isso, Gibbs confiou em uma série de aliados estrategicamente escolhidos, que entenderam a situação, podendo garantir que a doação se tornasse uma grande jogada para a galeria – e algo mais para Jean Paul Getty Junior.

O mais importante desses aliados foi o recém-nomeado presidente dos curadores da National Gallery, o financista e colecionador de arte lorde Rothschild. Um ser humano perspicaz e um banqueiro bem-sucedido, Jacob Rothschild foi rápido em apreciar a natureza irresistível da doação – e no que ela implicaria.

"Não é comum conseguir uma oferta de 50 milhões de libras, mesmo para a National Gallery", diz ele. "Então, quando *realmente* acontece, você vai atrás com tudo o que tem e se joga de cabeça – apoio de políticos, da realeza, de qualquer um que pode ajudar. É seu trabalho ser um oportunista, e fazer tudo o que puder para que a doação aconteça. Eu sabia que Christopher via aquilo como parte do retorno de Paul e esperava que mudasse a percepção que as pessoas tinham do amigo. Era algo que eu estava preparado em consentir."

Outro dos influentes amigos de Gibbs, o ministro das Artes da primeira-ministra, lorde Gowrie, sentiu o mesmo quando ouviu a oferta. Como membro do governo, ele tinha interesse em garantir que a doação fosse adiante, e estava consciente do significado político de tanto dinheiro privado para as artes. Então, como lorde Rothschild, ele visitou Paul Getty Junior na London Clinic para expressar sua gratidão e finalizar os detalhes da doação.

Ele foi rápido em contar "à chefe", como se referia a Thatcher, que ficou igualmente encantada com a notícia. A alta arte estava muito em baixa na escala de valores "thatcheristas", mas uma doação não solicitada de 50 milhões de libras para a nação afetou o lado gentil da Dama de Ferro, e sua reação imediata era agradecer Paul Getty Junior pessoalmente.

Nos Estados Unidos teria sido impensável que o chefe do governo se associasse a um conhecido viciado com uma história como Paul, mas, para Thatcher, teria sido impensável não fazê-lo.

Ela gostava de pessoas ricas e estava animada que um rico estivesse mostrando tal patriotismo ao seu país adotivo. Uma vez que estava na London Clinic, o que mais poderia fazer uma primeira-ministra atenciosa, senão vestir o manto da srta. Nightingale,* ir à beira da cama do bilionário inválido e agradecer calorosamente por sua generosidade.

Antes disso, Gowrie achou prudente perguntar a Paul como ele se sentia em relação a Margaret Thatcher. Ele diz que o achou "animado com a ideia, mas, sendo um homem muito tímido, também foi cauteloso e pediu que o informasse sobre o que aconteceria. Eu respondi: 'Não se preocupe. Você achará ela muito encantadora e muito fácil de conversar e, assim que o vir, ela dirá: 'Agora, meu caro sr. Getty. O que está acontecendo?' Então, antes de perceber onde você está, ela já falará do seu caso do ponto de vista médico."

Quando lorde Gowrie levou Thatcher até a London Clinic alguns dias depois, ele ficou compreensivelmente aliviado ao ver que "Paul se preparou e estava sentado na beira da cama como um estudante que esperava a governanta do internato". Uma vez apresentados, a primeira-ministra o tratou quase como Gowrie havia previsto.

"Meu querido sr. Getty", começou ela. "Qual é o problema? Não devemos deixar as coisas nos derrubar, devemos? Devemos tirá-lo daqui o mais rápido possível."

---

* Florence Nightingale (1820-1910), enfermeira britânica que ficou famosa por ser pioneira no tratamento a feridos de guerra durante a Guerra da Crimeia. Ela lançou as bases da enfermagem profissional com a criação, em 1860, de sua escola de enfermagem no Hospital St. Thomas, em Londres, a primeira escola secular de enfermagem do mundo, agora parte do King's College de Londres. [N.T.]

Gowrie viu Paul ficar preocupado, pois, segundo ele: "Paul estava tão feliz como uma ostra na London Clinic, onde ele se mantinha ocupado e não tinha intrusões em sua privacidade, além de ter tudo do que precisava – suas gravações, seus livros e televisão."

O pensamento de ter que deixar aquele refúgio deve ter lhe chocado. Apesar disso, a visita ocorreu de forma admirável. Todos eram muito educados, e o próprio Paul ficou emocionado pela preocupação da primeira-ministra. Quando uma foto assinada chegou de Downing Street, ficou num lugar de honra ao lado de sua cama; e, nos meses seguintes, Paul e Thatcher se encontraram várias vezes e se deram bem. Encontrando-se com a meia-irmã de Paul, Donna (sobrenome de solteira Wilson), mais tarde nos Estados Unidos, Margaret Thatcher disse a ela que seu irmão tinha uma das mentes mais notáveis da Europa.

Apesar da preocupação da primeira-ministra de tirá-lo da London Clinic o mais rápido possível, Paul tinha quase mais de nove meses de felicidade e ostracismo dentro daqueles preciosos portões. De acordo com seu advogado, Vanni Treves, ele estava tratando aquilo "mais como um hotel do que um hospital", o que não excluía o fato de que ele estava extremamente doente e que o processo de recuperação de um vício tão longo e profundo exigia tempo.

Felizmente, não houve pressão para economizar as 250 libras por dia –, mais custos de tratamento e eventuais extras – que seu quarto estava custando. A metadona poderia tomar o lugar da heroína, a cerveja lager na geladeira poderia se tornar um substituto aceitável para o rum – mas não havia atalhos para ajudar seu espírito alquebrado a se recuperar.

Enquanto isso, ainda determinado a não gastar sua enorme renda consigo mesmo, foi anunciado que ele doaria grande parte dela para um fundo de caridade, mantendo "apenas o que é necessário para manter um estilo de vida relativamente modesto".

Foi então que ele contribuiu com 20 milhões de libras para criar o Fundo de Caridade J. Paul Getty Jr. Os administradores eram Christopher Gibbs, Vanni Treves e James Ramsden, ex-ministro conservador e presidente da London Clinic – e Paul teve o cuidado de designar os tipos de grupos nos quais a renda anual deveria ser gasta.

Duas categorias-chave deveriam ser a conservação e o meio ambiente, mas o resto do dinheiro iria para o que ele chamava de "causas impopulares", geralmente envolvendo "pobreza e miséria". A maioria das doações seria da ordem de 5 mil a 10 mil libras para pequenos projetos comunitários e locais – como trabalhos com doentes mentais, dependentes químicos, minorias étnicas e sem-teto. O fundo também deveria "oferecer apoio a pessoas sob estresse", como esposas agredidas, vítimas de abuso sexual e famílias em dificuldade. A maior parte do sofrimento que Paul esperava aliviar tinha conexões com sua própria experiência. Ele nunca conheceu a pobreza – mas, de outra forma, estava bem familiarizado com a maioria das misérias humanas.

Com o fundo estabelecido, ele continuou a doar em uma escala ampla, muitas vezes no impulso do momento para algo que ele tinha visto na televisão. Ouvindo que o virtuoso pianista John Ogdon tinha tão pouco de dinheiro que fora forçado a vender seu piano, Paul lhe pediu para escolher um novo e lhe enviar a conta. (Ogdon fez isso – o custo foi de 18 mil libras.) Tocado pela situação de um grupo de mineiros dissidentes em greve, ele lhes enviou 50 mil libras. O valor de 250 mil libras foi doado para preservar o terreno da Catedral de Ely a partir da ameaça de uma construção, e 10 mil libras para conservar um campo medieval em Somerset.

(Desde então, ele fez grandes doações para o alívio da fome na Eritreia, suprimentos médicos para a Polônia, o Serviço Aéreo Especial e o Museu da Guerra Imperial. Ele também pagou 1 milhão de dólares pelas taxas judiciais de Claus von Bülow por sua defesa bem-sucedida contra as acusações de tentativa de assassinato de sua esposa, Sunny – "porque meu pai teria feito isso".)

Ao fazer doações, ele estava gerando boa vontade. A Grã-Bretanha não é um país generoso, e a gratidão era palpável em torno dele. Enquanto isso, de seu quarto na London Clinic, ele continuou a aderir a esse "estilo de vida bastante modesto", do qual ele aparentemente gostava. Sua única extravagância pessoal naquele ano foi a compra de Wormsley Park, uma casa de campo degradada em uma propriedade mais ou menos abandonada, a uns 60 quilômetros de Londres, por 3,4 milhões de libras.

Construída em 1720, Wormsley tinha sido o lar da família Fane por dois séculos até a acharem muito cara para mantê-la. A casa precisava mais ou menos de uma reconstrução – ou demolição – e seu maior atrativo era sua localização romântica, em um vale à beira das colinas Chilterns, cercada por 3 mil hectares de pradaria e uma floresta de faias seriamente negligenciada.

Ninguém sabia ao certo por que Paul havia comprado o lugar. Se ele precisasse de uma casa de campo (o que não precisava), por que um edifício abandonado como Wormsley quando ele poderia ter comprado qualquer casa majestosa na Grã-Bretanha? Para tornar a sua atitude em relação à compra clara, um porta-voz disse à imprensa que a casa e a propriedade seriam restauradas "independentemente do custo – e depois dadas a um fundo de caridade para crianças desfavorecidas".

Talvez fosse isso. Mas, assim como sua doação para a National Gallery, a iniciativa por trás da compra de Wormsley veio de Christopher Gibbs, que alegremente admite ter "intimidado" Paul. Gibbs era um homem de muitos interesses, mas criar casas dispendiosas para crianças necessitadas não estava entre eles.

Quando a doação de Paul para a National Gallery foi anunciada, o *establishment* britânico se uniu para expressar sua gratidão.

"Mecenas* veio a nós", disse o vice-chefe de Gowrie, William Waldegrave, quando este trouxe a notícia para uma admirada e agradecida Câmara dos Comuns. Simultaneamente, uma mensagem de distinção considerável chegou para Paul na London Clinic. Era do secretário de gabinete e transmitia a notícia de que "o gabinete concordava que a posição da instituição e a generosidade da doação combinavam para tornar esta uma ocasião de significado nacional, e

---

* Caio Cílnio Mecenas (70 a.C.-8 a.C.), político, estadista e patrono das artes no tempo do imperador Otaviano Augusto, cujo nome se tornou sinônimo de ricos patronos das artes em geral.

expressar sua calorosa apreciação e profunda gratidão por sua magnífica generosidade".

Por sua vez, vieram parabenizações dos Estados Unidos em um vernáculo menos tortuoso. "Três vivas por seu magnífico apoio", telegrafou Gordon. "Se isso significa que a Grã-Bretanha pode manter as obras de arte que poderiam ir para o Museu J. Paul Getty, é bom. E, se você pessoalmente estava visando às aquisições do Museu Getty para retenção de fundos, escolhendo-nos e não a outros compradores, também não vejo como também poderia achar isso ruim." Como Gordon era um dos administradores do museu em Malibu, era generoso ele escrever assim. E, no contexto do tratamento que recebia de Paul até muito recentemente, sua mensagem parece a atitude de um santo. Mas Gordon queria que o passado ficasse no passado. Assim como Paul. Um novo e nada comum clima de reconciliação começara na família.

Ao mesmo tempo, a aprovação pública estava começando a ter o efeito sobre a moral de Paul que os amigos esperavam, incentivando-o a evitar as drogas e a ser digno da reputação brilhante que estava ganhando. Ele tentou quebrar o hábito muitas vezes antes, mas não conseguiu sustentar a decisão. Daquela vez, no entanto, ele estava revelando inesperada força de vontade.

Mesmo assim, não foi fácil – e sua "cura" não foi de modo algum completa. Ele foi viciado por quase vinte anos, e a dependência psicológica que esse período causa é muitas vezes mais difícil de romper do que a puramente física. O vício prolongado pode inibir o desenvolvimento emocional de forma que os antigos viciados se encontrem sujeitos a recaídas, a ataques de pânico e estejam dolorosamente em risco.

Embora forte, Paul permaneceu vulnerável, e sua psique danificada precisava se reconstruir, como seu corpo ferido. No processo, muito do seu eu anterior estava sendo substituído por algo bem diferente.

Isso explica por que Jean Paul Getty Junior, que foi hippie, viciado em heroína e bilionário desempregado, estava se dando tão bem com Thatcher, que, como pessoa e política, defendia muito o que ele uma vez teria quase certamente ridicularizado – moralidade da classe média, trabalho árduo e valores familiares.

Paul estava mudando. Ele tinha agora 52 anos e, em vez do hippie pré-rafaelita dos primeiros dias em Cheyne Walk, surgia cada vez mais um inglês conservador de meia-idade.

Naquele outono ocorreu o maior teste de todos – a reunião com seu filho, Paul. Este foi o primeiro voo do jovem Paul para a Europa desde o coma. Ele voou de Los Angeles com seus dois enfermeiros e, uma vez em Londres, a primeira coisa que queria era ver seu pai havia muito perdido – ou melhor, já que o jovem Paul era quase cego, para ouvir a voz de seu pai, estar com ele novamente, esquecer o passado e começar uma nova vida com sua bênção.

Teria sido difícil para qualquer pai lidar com tal situação. Houve lágrimas, especialmente de Paul Junior, cuja sensação de horror e arrependimento diante do que aconteceu com seu filho paralisado pode ser imaginada. Era uma provação perturbadora, porque ele não podia mais amenizar seu senso de culpa com drogas ou álcool. Mas também houve alegria e a chance de reparação no futuro. Ele estava aprendendo as primeiras lições para lidar com sua culpa sem ajuda e, a cada dia, o futuro parecia mais esperançoso.

Na segunda semana de março de 1986, Paul estava recuperado para seguir os conselhos de Thatcher e sair da London Clinic. Ele permaneceu escondido por tanto tempo que, apesar da fama que a generosidade lhe trouxera, ele era considerado um mistério pelo público em geral, e rumores bizarros de sua condição física levaram Vanni Treves a assegurar aos jornalistas que "sua saúde está realmente muito boa".

Como a maioria das afirmações dos advogados, isso era verdade até certo ponto. Paul estava afastado de heroína e bebidas alcoólicas, sua circulação melhorara, assim como a condição de seu fígado, e sua saúde geral estava melhor que dezoito meses antes. Mas sua condição física permaneceu prejudicada. Ele se cansava com facilidade e estava propenso a cair e quebrar os ossos se não fosse cuidadoso. Para lorde Gowrie, ele parecia "como se tivesse sofrido um ferimento grave em algum momento em seu passado, e nunca tivesse superado".

Sábio ao menos uma vez, Paul decidiu não voltar a viver em Cheyne Walk, a desculpa sendo de que a casa tinha sido tão negligenciada que precisava ser reformada. Mas a verdade era que Cheyne Walk continha o peso morto de seu passado – o arrependimento por seus filhos, a culpa por Talitha, as drogas, a bebida, a influência de Dante Gabriel Rossetti – e ele deveria romper com tudo o que ela representara.

Sua nova morada não poderia ter sido mais diferente – um apartamento em um bloco moderno criado para os muito ricos atrás do Ritz. Não havia fantasmas ali. Era silencioso, discreto e um pouco clínico, sendo as principais características as paisagens de suas janelas de vidro com árvores até o infinito em Green Park e a presença ocasionalmente evasiva de Rupert Murdoch como vizinho. Paul tinha comprado o apartamento alguns meses antes para sua mãe, mas ela estava morrendo de câncer.

A honraria final para Paul chegou no início de junho na Lista de Honra do Aniversário da Rainha, quando, de forma não inteiramente inesperada, ele foi nomeado Cavaleiro do Império Britânico, "por serviços às artes".

Para um homem sofrendo de baixa autoestima, não há nada melhor que um título de nobreza, e era tocante observar seu óbvio prazer com o que estava acontecendo. Aquele era o último selo de aceitação do *establishment* britânico, prova de que, no que dizia respeito à Grã-Bretanha, o passado havia sido superado e eram tudo águas passadas. No entanto, como estrangeiro, ele não podia ostentar "Sir Paul" – o que lhe cairia muito bem –, porque os estrangeiros recebem apenas títulos honorários de cavalaria. Para apreciar os prazeres curiosos de um título, ele teria de mudar sua nacionalidade, algo que ele já havia pensando a respeito, tendo chegado à conclusão havia anos que "a Grã-Bretanha é Utopia".

Mas ele relutantemente explicou que "meus conselheiros me pediram para não fazê-lo, devido às enormes consequências fiscais. [Isso o teria envolvido em dupla tributação, pelos Estados Unidos e pela Grã-Bretanha.] Se eu me tornasse cidadão britânico, isso me impediria de colocar meu dinheiro onde é necessário".

Pode-se ver seu argumento. Seu título de cavaleiro já lhe custara 50 milhões de libras. Pagar ainda mais ao tesouro britânico pelo direito de usá-lo teria sido excessivo. Então, ele permaneceu como "sr. Getty, KBE"* – juntando-se a um grupo distinto de famosos parceiros americanos, incluindo Ronald Reagan, Gerald Ford, Henry Kissinger e Douglas Fairbanks Junior.

Receber as insígnias de KBE da rainha na investidura oficial no palácio de Buckingham foi a primeira aparição de Paul em um evento público desde sua chegada inquietante com Bianca Jagger ao funeral de seu pai dez anos antes. À sua maneira, isso era ainda mais uma provação, dada a natureza ameaçadora do palácio e o fato de que ele ainda estava longe de estar bem, e se tornou até mesmo mais e mais recluso com os anos.

Ele teve que ir, não apenas porque a rainha o havia convocado, mas porque sua mãe e sua meia-irmã, Donna, tinham vindo dos Estados Unidos para estar presente na grande ocasião. No lugar da agitada figura de tia Mame, Ann estava só pele e osso, e tão doente que sua filha, Donna, teve que acompanhá-la. Ann tinha testemunhado os problemas que atingiram os Getty e a dor e o desapontamento que Paul lhe causara. Mas, pela primeira vez em muitos anos, ela poderia se orgulhar dele e poderia morrer tendo visto a rainha da Inglaterra honrando o seu "adorado Pabby".

A essa altura, Paul seguia vários caminhos para a salvação. Seu catolicismo era um e sua filantropia, outro – e o terceiro, e mais prazeroso, era o críquete.

Desde que Mick Jagger o apresentou ao jogo, ele continuou assistindo às transmissões na TV; devido a sua natureza viciante, logo

---

* Knight of the British Empire ("Cavaleiro do Império Britânico"). [N.T.]

ele se tornara um fã dedicado. O esporte pode ter efeitos extremos sobre homens adultos. Harold Pinter dizia seriamente que: "Críquete é a melhor coisa que Deus criou na Terra, certamente maior que o sexo, embora o sexo também não seja muito ruim."

Paul teria concordado, e, erudito como era, começou a estudar a história do jogo, na década de 1790, quando os membros do Marylebone Cricket Club adiaram a partida para a sala da Lord's Tavern para codificar as "leis" do jogo. Apaixonado pela Inglaterra, ele amava o modo de ser inglês do esporte e a forma como foi patrocinado pela aristocracia quando jogavam com qualquer trabalhador da propriedade que conseguisse acertar uma bola para fora do campo. Ele aprendeu tudo o que pôde sobre os famosos jogadores, do passado e do presente, como uma vez aprendeu tudo o que podia sobre os grandes cantores de ópera.

Quando James Ramsden, presidente da London Clinic, o apresentou ao colega de aparência distinta que estava se recuperando de uma operação, ele sabia exatamente quem o homem era e se sentiu honrado em conhecê-lo.

Sir George "Gubby" Allen foi um dos mais grandiosos entre os grandes do críquete inglês. O filho de um ex-comissário de polícia, formado em Eton e Trinity College, Cambridge, foi um dos últimos grandes amadores de todos. Ele capitaneou a Inglaterra contra a Austrália em 1936 e é lembrado por se recusar a entrar na tática de "atingir o corpo dos adversários" de Douglas Jardine contra os australianos em 1932, alegando que aquilo "não era críquete".

Gubby veio a ser o modelo ideal do inglês britânico para Paul, e depois de sua morte em 1989 alguém sugeriu que ele tinha sido como seu irmão mais velho.

"Mais como um pai", respondeu ele.

Foi uma observação importante de alguém que havia sentido muita falta dos pais, e Gubby se tornou algo que Paul sempre quis: o tipo de figura paterna que exemplificava as virtudes de que ele precisava, a autodisciplina e a coragem.

Para qualquer amante de críquete, a eleição para o Marylebone Cricket Club é um dos pináculos dourados da vida, exigindo muito tempo e influência para ser alcançada. Se tiver muita sorte, pode-se ser indicado para o MCC no nascimento, e ser eleito apenas na casa dos trinta. Mas, com o presidente Gubby e o irmão de Gibbs, Roger, um membro do comitê, a eleição de Paul provou o que todos sabem – que na Inglaterra a maioria das portas se abrem na presença de grandes quantidades de dinheiro e das conexões corretas.

Mas, para Paul, a eleição para o MCC foi como a aceitação no paraíso. Não mais um pária, ele tinha o direito de usar uma das marcas da aceitação inglesa da classe alta, a gravata marrom e dourada do clube (conhecido entre os jogadores de críquete como "ruibarbo e creme"). Ele também teve a entrada garantida para um dos últimos bastiões masculinos da Inglaterra, o histórico Long Room no MCC Pavilion.

Sentado ao lado de seu amigo, o grande Gubby Allen, nesse Valhalla do críquete, Paul poderia participar do ritual do jogo nacional, observando os batedores passarem pelo Long Room enquanto caminhavam para bater, seguindo suas entradas do ponto de vista do pavilhão, e depois aplaudir – ou se sentar em um silêncio compassivo – durante seu retorno.

A experiência do Long Room fez mais do que qualquer outra coisa para tirar Paul do mundo isolado em que viveu por tanto tempo. Antigos jogadores sempre falam sobre duas coisas – o críquete e eles mesmos – e, para Paul, a ideia de se entediar do críquete era inconcebível. Em pouco tempo, ele contava com alguns dos maiores nomes do esporte entre seus amigos – o finlandês australiano Keith Miller, Denis Compton e o capitão mais antigo da seleção internacional inglesa, R.E.S. "Bob" Wyatt. Esses grandes homens trataram Paul com a mesma camaradagem que especialistas tendem a mostrar a pesquisadores ricos em busca da verdade, e sua timidez natural não parecia impedi-lo.

Gubby continuou a ser muito gentil com Paul, mas seria inútil fingir que não havia um método em sua bondade. Ele tinha sido um jogador inteligente em seu tempo, e, como um corretor de ações bem-sucedido e ex-tesoureiro do MCC, ele não era ingênuo. O críquete estava seriamente subfinanciado, e Gubby tinha planos para melhorar os padrões do jogo e as amenidades no terreno de críquete da Lord's Tavern.

Paul logo concordou com ele e, com Gubby para aconselhá-lo, se sentiu honrado por se tornar o autonomeado padrinho do críquete inglês. Em pouco tempo, ele enviou doações anônimas para os cantos do condado mais necessitados, pagando as escolas para jogadores juvenis e ajudando um grupo de beneficiários mais valiosos da Grã--Bretanha – velhos e carentes jogadores – com pensões. Então, em 1986, Paul coroou sua benevolência ao doar 3 milhões de libras para um novo posto de espectadores extremamente necessário na Lord's.

Sua doação de 50 milhões de libras para a National Gallery lhe garantiu o título de cavaleiro e a aceitação do *establishment* britânico, mas seu apoio ao críquete trouxe algo diferente – uma popularidade genuína e duradoura. E, paradoxalmente, ao conquistar seu apelo popular, o jogo também facilitou as coisas com as classes altas inglesas.

Ele entendia o jogo e realmente o amava. De sua televisão na estante nova que havia comprado, podia assistir seus rituais arcanos enquanto se sentava em esplendor, oferecendo excelente champanhe aos seus amigos da fraternidade do críquete e aliviando o tédio do verão inglês. Mas, no que diz respeito ao seu futuro privado, algo mais importante ainda estava ocorrendo sob as faias em um vale havia muito esquecido nas colinas Chilterns.

CAPÍTULO 22

WORMSLEY

MESMO NOS ANOS perdidos para o vício, quando fazia visitas semanais a Cheyne Walk, Christopher Gibbs achava seu amigo "um homem muito inteligente, engraçado e erudito", e, apesar da angústia e da heroína, insiste que foi durante esses anos que Paul lhe ensinou "a maior parte do que sei sobre livros e a sua arte, e tudo o que sei sobre filmes, e muito, muito mais além disso".

Conhecendo-se muito bem por tantos anos, eles desenvolveram muito em comum: interesses, gostos e o mesmo senso de humor. Quando Paul recebeu sua fortuna monstruosa após a venda da Getty Oil, Gibbs pôde ver, melhor do que ninguém, como aquela grande quantidade de dinheiro poderia ser usada para salvá-lo e enriquecer sua vida de forma constante.

Uma das muitas paixões de Gibbs é o interior da Inglaterra e, mesmo quando Paul parecia preso para sempre na London Clinic, ele já planejava apresentá-lo de verdade aos prazeres da vida no campo.

Quando Paul saiu da clínica, era óbvio que, com todas as conversas sobre o "estilo de vida bastante modesto" que pretendia levar, ele não residiria exclusivamente em seu apartamento ao lado do parque para sempre. Mas Gibbs o conhecia o suficiente para entender que Paul não tinha interesse em comprar uma casa pomposa como Sutton Place, o que o teria preocupado e restringido. Foi por isso que o estimulou a comprar Wormsley.

No momento da compra, Gibbs viu Wormsley como pouco mais do que "uma casa apática em um cenário romântico", e sim que algo extraordinário poderia ser feito. O "ambiente romântico" poderia se tornar o cenário ideal para o que ele estava pensando para Paul, um lugar tão perfeito que satisfaria todas as necessidades e caprichos do amigo e aceleraria sua recuperação.

Na verdade, toda a ideia de criar tal casa havia assombrado Gibbs por anos. Ele sempre se interessou por arquitetura e ficou fascinado por uma fantasia arquitetônica recorrente – de um paraíso terrestre em que seus ocupantes poderiam encontrar a verdadeira felicidade. No passado, os possíveis paraísos dos muito ricos tiveram muitos nomes – Xanadu, Shangri-La, Schifanoia, Sanssouci –, mas Gibbs ficou intrigado com uma versão inglesa desse sonho, a recriação da casa de Adão no paraíso no interior inglês.

Foi uma ideia associada a uma figura improvável que veio a fascinar Paul e Gibbs por causa de suas estreitas conexões com Rossetti e os pré-rafaelitas – William Morris, o artista, tipógrafo e um dos primeiros socialistas, e por cuja esposa Rossetti era apaixonado.

Gibbs diz que ele "sempre teve uma visão (que vem e vai, como todas as coisas místicas) de um paraíso inglês como o da obra de William Morris, *Notícias de lugar nenhum*. Paul também conheceu essa visão. E ali, naquele vale das Chilterns, uma área que conhecia desde a infância, Gibbs viu como Wormsley poderia se tornar uma espécie de paraíso rural na Terra. Poderia trazer de volta o apetite de Paul pela vida, reuni-lo com sua família e fazê-lo feliz.

Uma vez que a casa foi comprada, poucas visitas foram suficientes para entusiasmar Paul, colocando um fim à sua vida de eremita para sempre.

Uma vez iniciado, o trabalho em Wormsley logo ganhou ritmo próprio e duraria mais de sete anos, envolvendo mais de uma centena de homens permanentemente empregados a um custo de cerca de 60 milhões de libras. Seria uma criação tão extraordinária que, depois de vê-la, um escritor recente afirmou que "enquanto expressão do gosto de um homem em grande escala, Wormsley não se compara a nada na Bretanha moderna".

Desde o início, era óbvio que seria mais do que apenas transformar a "apática" propriedade na "bela casa de campo" que Gibbs queria para seu amigo. A casa precisaria de muita reforma – mas, acima de tudo, Paul estava preocupado em receber sua preciosa coleção de livros. Ele já havia comprado tantos livros que a maior parte deles estava guardada em armazéns de Londres, e ele não via a hora de reuni-los sob o mesmo teto – que se tornaria uma biblioteca perfeita. Mas o que era a biblioteca perfeita?

A solução mais simples teria sido construir uma extensão da casa em um estilo que combinasse com sua arquitetura do século XVIII, mas, como disse Gibbs: "Teria se parecido com um asilo." Em vez disso, Gibbs se lembrou de ter visto casas do século XVIII, na Irlanda e nas fronteiras escocesas construídas perto de castelos muito mais antigos. Um castelo também ofereceria o toque de fantasia de que Wormsley precisava, e alguém sugeriu a construção a partir de pedras locais. Ninguém havia construído um castelo de pedras de sílex na Inglaterra desde os normandos, mas Paul concordou.

Ele também queria um cinema dos mais avançados, e garagens discretas, um abrigo à prova de bombas nucleares, uma piscina coberta, um parque de cervos e um lago de quatro hectares. Wormsley não tinha lago, mas Gibbs acreditava que qualquer casa de campo devia ter um. Então, um lago artificial teria que ser criado. E, uma vez que não havia água para isso, poços artesianos teriam que ser perfurados e a água, bombeada de profundidades de mais de cem metros com o uso de cal para enchê-los.

Os 1.500 acres de floresta de faia também precisavam de um reflorestamento cuidadoso. Os campos requeriam cobertura, uma vez que a propriedade fora terrivelmente negligenciada e Paul tivesse decidido ter um rebanho de seu gado favorito, o velho longhorn inglês. Mas a primeira prioridade era colocar a casa e os chalés em ordem. Paul desejava um centro para sua família, já que as relações haviam melhorado – ele já se imaginava com seus filhos na propriedade. O pitoresco New Gardens Cottage era necessário para a visita do jovem Paul em dezembro, o que significava pressa em construir uma piscina aquecida para ele continuar seus exercícios.

Para o futuro ainda havia uma questão muito importante a considerar – a criação de um campo de críquete. Paul estava entusiasmado com o que havia lido dos grandes dias do críquete inglês nas casas de campo – tardes de verão quentes, figuras em trajes brancos de flanela com pregas e a busca sem esforço do melhor jogo do mundo. Antes de Wormsley estar pronta, seria necessário um espaço de críquete perfeito para combinar.

A criação da Shangri-La de um bilionário nas Chilterns poderia muito bem ter acabado como um pesadelo ou uma piada. Para Paul, tanto um quanto outro teriam sido um desastre pessoal. Foi Gibbs quem impediu que isso acontecesse, graças à orientação que exerceu e aos especialistas que conseguiu para trabalhar no projeto. Pois assim como, por meio de seus amigos, ele ajudou Paul a obter seu título de cavalaria, Gibbs se voltou para outros amigos para que suas esperanças sobre Wormsley frutificassem.

Com o arquiteto errado, o castelo da biblioteca poderia se tornar algo saído da Disneylândia – mas Gibbs tinha em mente um arquiteto que conhecia e no qual confiava, Nicholas Johnston, um homem com um talento para interpretar os caprichos de clientes ricos. Gibbs o conhecia mesmo antes de ele ter ficado famoso – projetando uma extensão que imitava o estilo georgiano para a casa de Ian Fleming perto de Swindon – e passou a admirar seu gosto e sua engenhosidade. Como Gibbs esperava, Johnston se deu bem com Paul, e a biblioteca Wormsley é uma das suas criações mais bem-sucedidas. Por fora é essencialmente um belo castelo, coexistindo com seu vizinho, mas, uma vez dentro dela, vê-se o edifício sofisticado que Johnston, com seu colaborador, Chester Jones, criou para a lendária coleção de livros de Paul.

Desde a venda da Getty Oil, Paul intensificava seus gastos em livros e manuscritos inestimáveis. Além da compra de Wormsley, tais gastos permaneciam como sua única e autêntica autoindulgência. Mesmo com recursos praticamente ilimitados e um especialista como Bryan Maggs para aconselhá-lo e comprar por ele, os dias de compra chegam ao fim quando alguém constrói uma grande e farta biblioteca. Os livros deixam de ficar disponíveis assim.

Mas ainda havia tesouros únicos a serem comprados – e Paul estava reunindo uma coleção do que ele chamava de "livros de marco" na história da produção de livros para enriquecer sua biblioteca; entre eles, um evangelho inestimável do século XII, do monastério de Ottobeuren, na Alemanha, o decorado *Book of Hours* flamengo e elaborados *livres d'artiste* franceses do século XIX, edições impressas e produzidas com todo luxo e ilustradas com pinturas originais de artistas contemporâneos. O forte da biblioteca consiste em grandes encadernações (uma paixão de Paul), livros ingleses de água-forte e maravilhosos exemplos do movimento de imprensa particular.

Tais livros são uma maneira muito comum de gastar grandes quantidades de dinheiro e devem ter se constituído em uma fonte de prazer para seus donos. Quando convertido em livros, o capital adquire uma aura quase sagrada e a biblioteca de Johnston, com seu interior erudito e umidade e temperatura cuidadosamente controladas, tem algo da atmosfera de uma capela secular construída para servir a casa-grande. No teto estão pintadas as estrelas em seus cursos como estavam na noite de 7 de setembro de 1939 acima do mar da Ligúria quando Paul nasceu. Quando alguns dos tesouros da biblioteca são trazidos dos cofres e colocados em exibição, a visão é esplêndida.

Uma vez que a biblioteca foi concluída e os preciosos livros, reverentemente postos em suas estantes e cobertos de tecido barathea, Paul passou a gastar seu tempo entre a sala de estar apinhada de livros, onde ele costumava assistir à TV, o conservatório e o silêncio de sua biblioteca com perfume de couro – que logo se tornou seu lugar predileto para leitura.

Mas, além de projetar a biblioteca, Johnston também supervisionou a transformação da mansão rural degradada em uma visão atualizada de uma casa de campo perfeita do século XVIII.

Novamente, havia o perigo de que Wormsley exibisse o que o próprio Gibbs chamou uma vez de "uma espantosa uniformidade de riqueza, onde tudo evoca adoração à ostentação e soberba". Para evitar que isso acontecesse, ele apresentou outro amigo em cujo trabalho confiava, o decorador de interiores David Mlinaric. Encantador e amável, Mlinaric é um erudito que se tornou o papa inglês da decoração clássica de interiores – e, como o Papa, ele tende a ser infalível, como mostrou em seu trabalho para os Rothschild da Warwick House, na National Gallery em Londres e para a embaixada britânica em Paris.

Em Wormsley, o resultado de suas extensas operações foi uma mistura muito grande de conforto e opulência discreta, com um toque da atmosfera que às vezes se sente em grandes casas históricas. Os inestimáveis tapetes estão ligeiramente gastos. Os novos pisos de carvalho foram desgastados artificialmente, mas como se por gerações de pés nobres. E a mobília, na maior parte encontrada por Gibbs, consegue parecer como se tivesse chegado a Wormsley nos últimos 250 anos.

Talvez a coisa mais interessante sobre esse período curioso, quando Wormsley e Paul Junior estavam sendo reinventados, foi como, sem esforço, ele foi aceito pela alta classe inglesa. Isso era algo que seu pai desejava tanto, tendo ficado apaixonado pela aristocracia inglesa, que estava preparada para visitar Sutton Place e comer sua comida e ter sua hospitalidade. Mas, embora intrigada pelo velho e profundamente fascinada pelo seu dinheiro, a alta classe inglesa nunca o viu como pertencente ao seu próprio subtipo de humanidade.

Mas com Paul Junior fora diferente. Os tempos mudaram e seus vícios do passado poderiam ser esquecidos. De certa forma, parecia injusto, já que, até recentemente, ele exibia uma gama muito maior de falhas humanas do que seu pai. É importante lembrar que, enquanto Getty se tornara notório por uma marca de maldade que o desclassificava, nenhum dos vícios de Paul era particularmente chocante para a classe alta britânica. A bebida, as drogas, a negligência no casamento e a crueldade para com os filhos são em grande parte elementos endêmicos da aristocracia inglesa, que tendem a ser aceitos com base na excentricidade.

Paul também se fez aceitar por meio de seu amor ao críquete, que é amplamente aceito como a mais pura prova de amor pela Inglaterra. Na verdade, em um momento de autoconfiança nacional fraca, havia algo reconfortante no pensamento daquele rico californiano levando a Inglaterra tão a sério. Sua filantropia também mostrou quão genuinamente ele cuidava de seu país adotivo, e havia certa grandiosidade em sua generosidade. Em um momento em que a aristocracia nativa, na maioria das vezes, abandonara o interesse mais remoto pela filantropia, Paul estava realizando doações em uma escala tradicionalmente reservada aos príncipes.

Mas outro motivo para a aceitação de Paul era Wormsley. Se a casa tivesse revelado o toque fatal de ostentação e soberba como Sutton Place tinha feito, ele não teria uma chance. Mas, como Wormsley era tão discreta e romântica, com as conotações de classe corretas na decoração e nos móveis, não podia ser criticada. Nem, por associação, poderia seu proprietário.

É preciso lembrar também que, em Wormsley, ele se entregava a um exercício enorme de pura nostalgia e tentava o que a aristocracia inglesa fazia desde a Reforma, mas não podia mais por causa do custo – criando um ambiente clássico de um nobre em sua plenitude, com seu castelo, sua mansão e seu pórtico com pilares, sua fazenda, parque de cervos, lago e campo de críquete, e uma das bibliotecas mais ricas do país, repleta de tesouros garantidos em fundos para as gerações futuras.

Mas o elemento final na aceitação de Paul foi a forma como os membros da família real lhe deram o selo de aprovação pessoal. Tudo começou quando a rainha lhe concedeu o título de cavalaria, mas em 1987 veio um revés em seu progresso real, fazendo com que se percebesse quão delicada era sua recuperação.

No começo de maio daquele ano, ele deveria ser agraciado com o prestigioso prêmio da National Arts Collection, como "benfeitor das artes do ano", pelo príncipe Charles em um jantar em Dorchester. Paul já havia mostrado que não era contrário às honrarias, mas recebê-las em público era uma tortura. Então, ele não compareceu, alegando dor de dente pouco antes de chegar. Por sorte, Tara, de dezessete anos, estava passando uma temporada com o pai e, sendo excepcionalmente tranquilo com assuntos como esse, recebeu o prêmio por ele.

Três semanas depois, mais uma chance de conhecer outro membro da família real quase falhou também. Uma das amigas e vizinhas de Gibbs, lady Katherine Farrell, convidou ele, Paul e Victoria para uma pequena festa durante o almoço que ela estava dando para sua amiga, a rainha Elizabeth, cuja curiosidade tinha sido despertada pelo que ouvia sobre aquele estranho filantropo americano. Mas, enquanto Paul estava aguardando a chegada da rainha-mãe, o pânico tomou conta dele, fazendo-o se sentir tão mal que teve que se deitar em um quarto no andar de cima.

"Que pena", disse a rainha-mãe quando informada da indisposição do sr. Getty. Mas, como sempre prática, acrescentou: "Suponho que é melhor tomarmos algo e começarmos sem ele."

Por sorte, Paul se recuperou quando a refeição acabou, e conseguiu fazer companhia à rainha-mãe e lhe mostrar Wormsley. Sua Majestade ficou fascinada – tanto por Paul quanto por sua casa – e eles se encontraram mais tarde em várias ocasiões.

Como quase todos, Victoria se apaixonou por Wormsley, assim como Tariq e Zain, seus dois filhos. Surpreendentemente, seu casamento com Mohammed Alatas não estava indo bem, já que ela voltara a ver Paul. A saúde dele estava melhorando, e quanto mais forte e mais confiante se tornava, mais feliz parecia com Victoria.

Em meados de seus quarenta anos, ela ainda era uma beldade inglesa elegante e bastante nervosa. Enquanto ele foi assombrado pela memória de Talitha, seu papel com Paul fora complicado em função de seus casamentos e romances que serviam como distração. Mas ela o conhecia e o entendia melhor do que ninguém, e ele estava particularmente à vontade em sua companhia. Paul comprou uma casa confortável em Chelsea para ela, mas para Victoria a casa que importava era Wormsley e, inevitavelmente, ela se tornou a castelã do lugar.

Rossetti se fora – com exceção da sua famosa pintura *Proserpine*, que pendia no apartamento de Paul em Londres como uma lembrança de Cheyne Walk. O retrato de Talitha, de Willem Pol, ainda estava pendurado no seu quarto. A Queen's House logo seria vendida – para o parceiro de Gibbs, Simon Sainsbury e seu amigo Stewart Grimshaw.

Ocasionalmente, Paul iria se aventurar incógnito pelo mundo exterior, às vezes barbado, às vezes não, e desfrutando da nova liberdade de seu anonimato.

Naquele outono, ele gastou 4 milhões de libras comprando *Jezebel* – um iate motorizado maravilhoso e elegante construído na

Alemanha antes da guerra para o chefe da empresa de automóveis Chrysler. Ele gastaria mais do que o dobro o restaurando e, embora fosse permanecer vários anos em um luxo solitário no rio Dart, sua presença era uma promessa de terras estrangeiras e viagens e uma vida mais emocionante ao alcance da mão.

Era como se sua vida começasse de novo lentamente depois de uma grande interrupção. Paul estava construindo um círculo íntimo de amigos fiéis. Ele também estava redescobrindo seu passado ao levar alguns dos antigos membros da "Gangue Getty" de San Francisco, como James Halligan e John Mallen, para ficar em Wormsley.

Surpreendentemente, parecia haver pouco ressentimento sobre o passado em relação a seus filhos. Tara estava tranquilo e parecia herdar a natureza feliz de sua mãe. Apesar de dedicado aos Pol e passando a maior parte de seu tempo com eles na França, ele também via o pai com mais frequência e continuou a se dar bem com ele e com Victoria – assim como se dava bem com quase todos. As duas meninas permaneceram na Califórnia (Ariadne se casaria com o ator Justin Williams em 1992). Paul esperava ver suas duas filhas em Wormsley no futuro próximo.

Mas no que diz respeito ao futuro da família, o mais importante de seus filhos acabou por ser seu segundo filho, Mark. Percebendo o quão importante o controle e a direção das finanças familiares se tornariam, Mark decidiu por uma carreira em altas finanças. Por isso, levou Domitilla para Nova York e havia conseguido um emprego no banco da Kidder Peabody e Co. Ele admite que "o fato deles terem ganhado recentemente 15 milhões de dólares com a venda da Getty Oil pode ter ajudado".

Em 1982, Mark e Domitilla tiveram um filho e, querendo um nome que soasse igualmente bom em inglês e italiano – e pensando que havia "Paul" suficiente na família –, o chamaram de Alexander. Mas não gostaram da ideia de criar uma família em Nova York e, desejando estar mais perto da Itália, mudaram-se para Londres, onde mais uma vez Mark não achou difícil conseguir um emprego – dessa vez com o influente banco de mercado de Hambros.

WORMSLEY

A única pessoa que não estava muito satisfeita com isso era o pai dele, que queria que ele voltasse a Oxford para conseguir seu diploma (algo que ele nunca fez). "Para alguém que foi tão pouco convencional, ele estava se tornando muito convencional sobre tudo", comenta Mark, que como homem casado não estava particularmente interessado em voltar a ser um graduando. Em grande parte para agradar o pai, ele acabou retornando, obteve um diploma em filosofia – e depois voltou para Hambros.

Mas quanto mais ele aprendia sobre bancos e finanças, mais preocupado ficava com o futuro da família. Era de grande importância a forma como se gerenciavam os recursos enquanto o resto de sua geração crescia para a vida adulta; e o que o preocupava era o problema humano de evitar a angústia e o desgaste que ele havia testemunhado no passado.

Ele já estava se tornando uma ponte entre os diferentes lados e gerações da família. Mark permaneceu perto de seu tio Gordon e seus primos em San Francisco, e também do filho mais velho do tio Ronald, Christopher. Continuou tão devotado como sempre à sua mãe. Teve mais dois filhos – Joseph em 1986 e Julius dois anos depois – e ficava mais feliz quando se hospedava com a pequena família em sua casa de infância em Orgia.

Após as amarguras e as batalhas do passado, o que ele mais queria era a paz entre os Getty, para que seus filhos pudessem crescer sem medo e sem serem afetados pelo passado – e livres para aproveitar o que herdariam.

Para ele, o Natal de 1987 foi muito especial. Em Wormsley, a piscina coberta já havia sido construída ao lado de New Gardens Cottage, de modo que tudo estava pronto quando seu irmão, Paul, e suas enfermeiras saíram da Califórnia para se juntarem à família. Paul ainda estava paralisado, e sua fala e visão seguiam prejudicadas, mas ele havia se transformado após ficar inválido, desesperançado e dependente de cuidados. Mark não o via tão otimista ou tão cheio de vida havia muitos anos.

Paul decidiu viver como se suas deficiências não fossem importantes – e, até certo ponto, havia conseguido. Até pouco tempo, ele havia ido às aulas de nível superior em literatura inglesa e história na Universidade Pepperdine, a escola que ele tinha largado antes de seu coma. Uma vez por semana, frequentava aulas na universidade, e uma de suas enfermeiras gravou fitas dos textos para ele e servia de intérprete de suas respostas para o tutor.

Adorava concertos e o cinema, e se transformou em um tipo de especialista em restaurantes de San Francisco. Ele já tinha voltado a esquiar – amarrado a uma armação de metal em esquis, com um instrutor à frente e atrás dele. Ele sonhava algum dia voltar para Orgia.

Enquanto isso, durante a preparação para o Natal em Wormsley, Gail chegou e ficou encantada em estar com seus filhos e seu neto, Alexander. Lembrando quão desesperador seu filho Paul tinha parecido após o coma, havia momentos em que ela achava difícil acreditar em todas as recentes conquistas dele. A recuperação de seu ex-marido, Paul Junior, era quase tão milagrosa quanto, e Gail estava contente em vê-lo feliz e relaxado – e desfrutando de um Natal inglês tradicional na própria casa. Ele estava com 58 anos, e parecia que os problemas da família tinham chegado ao final. Mas, mesmo assim, o passado não poderia ser evitado com tanta facilidade.

CAPÍTULO 23

AILEEN

A O FINAL DO ANO de 1985, Elizabeth Taylor, então presidente da Fundação Americana para Pesquisa sobre Aids, foi a Paris em uma rápida viagem para angariar fundos. Mais cedo naquele ano, sua nora, Aileen, tinha dado à luz um filho que foi chamado Andrew. Posteriormente, ela ficou deprimida e, pensando que umas férias na França fariam bem, Elizabeth decidiu levá-la.

Mas, para Aileen, as férias se tornaram um pesadelo. A discussão constante sobre a aids a deixou ciente dos riscos que ela correra no passado. Havia coisas que ela preferia esquecer – e depois de uma noite em claro no hotel, ela contou a Elizabeth que poderia ser HIV positivo.

Como um tipo de especialista naquela pavorosa doença, Elizabeth fez o possível para tranquilizá-la, mas os exames de sangue que Aileen realizou retornando para os Estados Unidos deram positivos. Era como uma piada doentia. Aparentemente, a nora da presidente da Fundação Americana para Pesquisa sobre Aids corria o risco de ter contraído aids. Após o choque da descoberta, Elizabeth foi a única pessoa capaz de consolar a aterrorizada Aileen, que parecia ter medo de que outras pessoas soubessem o tanto que ela temia morrer. Ela se agarrou à sogra de forma patética e, para ajudá-la a iniciar o doloroso processo de adaptação, Elizabeth deixou que Aileen ficasse na privacidade de sua mansão em Bel Air. Os temores de Aileen eram piores à noite, e a estrela acalmaria seu medo compartilhando sua cama com ela.

Para Elizabeth, a situação era complicada por dois fatos: Aileen era mãe de seus dois netos (Aileen e Christopher já haviam adotado um filho, Caleb, antes de Andrew nascer); e seus problemas não terminaram com o resultado positivo. A doença era, na verdade, a culminação de uma série de dramas e desastres em sua vida particular. Por algum tempo, Aileen correu tanto risco quanto o seu irmão Paul antes do coma.

Aileen se tornou o último dos filhos sacrificados, a última vítima da grande fortuna. Ela era muito bonita – com o rosto em forma de coração, um jeito inquieto e enormes olhos castanho-escuros –, mas também era volúvel, e a combinação deu a impressão de um animal nervoso prestes a sair em disparada, como um fauno a toda velocidade. Durante vários anos, ela esteve cada vez mais desesperada e deprimida, e parecia se dirigir a um desastre.

O destino dela ainda espanta seu irmão Mark, pois, como ele diz: "Poderia se esperar que o meu irmão Paul terminasse mal, mas não Aileen, que sempre pareceu a mais vívida e mais ajustada das crianças. Ela parecia tão cheia de vida e tinha tanto a seu favor. Talvez ela só quisesse tudo muito depressa e tudo aconteceu rápido demais como resultado."

Como de costume em tais situações, é difícil saber quando os problemas começaram. Aileen afirmou que suas inseguranças surgiram quando seus pais se separaram. Ela também disse que sua rebeldia se iniciou após o sequestro do irmão, quando aprendeu a desconfiar da família Getty, temendo que a destruísse e a isolasse da realidade.

"Vejo o dinheiro como um elemento tóxico", confessou ela. "Acho que ele afasta aqueles que o tem de saber como é estar sem ele. Isso remove da vida muito do que é importante." Indo direto ao ponto, ela podia ver o problema que o dinheiro dos Getty trouxe para aqueles que ela amava – as dificuldades de seus pais, o horror do sequestro de seu irmão e a suspeita e o desconforto que ela, como muitos dos filhos dos muito ricos, aprenderam a adotar contra o mundo ao seu redor.

Mesmo na Inglaterra, durante seu tempo em Hatchlands, ela já rejeitava o que viu como "obrigações de ser um Getty". Mas só quando voltou para a Califórnia que se tornou rebelde em tempo integral. Como rebelde, ela poderia se juntar a companhias inadequadas se tivesse vontade, dormir com eles, beber e se drogar com eles. Acima de tudo, ela poderia viver a única coisa que o mundo dos Getty negava: liberdade.

Não havia escassez de drogas – ou sexo – na Califórnia na segunda metade dos anos 1970, e Aileen os consumiu como armas em sua batalha para ser livre. A droga para a qual ela se voltou era a favorita dos ricos e famosos, que pode se tornar a mais traiçoeira de todas – cocaína.

Ela havia herdado uma forte tendência ao vício, cheirando cocaína em quantidades tão grandes que, quando ainda estava no início de seus vinte e poucos anos, seu nariz precisou de tratamento médico. Até então, as drogas lhe dariam o que chamava de "sobrecarga emocional" – principalmente horrendos ataques de pânico e insônia. Quando "fugiu" com Christopher, ela teve a primeira de várias crises nervosas.

O casamento com Christopher ajudou a piorar. Parte do problema era a bondade de seu marido. Ele era um homem gentil e apaixonado por ela. Os viciados em cocaína podem reagir com crueldade àqueles que os amam, e suas mudanças de humor tornaram sua coexistência uma tristeza – e a vida conjugal, impossível.

Ofuscado desde a infância por uma mãe que era uma das mulheres mais famosas dos Estados Unidos, Christopher não conseguiria enfrentar uma personagem tão forte quanto Aileen. Com nada em especial para fazer em relação às suas vidas, eles tentaram prospecção de ouro e fotografia – e nenhuma das opções foi bem-sucedida.

Aileen teve vários abortos espontâneos, seguidos por mais períodos de depressão profunda, durante um dos quais ela desapareceu em Nova York por várias semanas. Ao retornar, ela teve um ataque de nervos grave que exigiu tratamento de choque elétrico.

Não demorou muito, como um amigo se lembra, "Christopher estava ficando cansado de agir como enfermeiro para Aileen", além de ignorar suas ausências e infidelidade. Foi em uma última tentativa de salvar o casamento que eles adotaram Caleb – e, como costuma acontecer, não muito antes de Aileen descobrir que estava grávida. Seu filho Andrew nasceu no início de 1985. Oito meses depois,

Aileen estava chorando compulsivamente, contando seus medos para Elizabeth Taylor em Paris.

Aileen tem um forte toque de drama em sua natureza e, após o choque inicial de descobrir ser soropositiva e sabendo que não poderia ficar com Elizabeth para sempre, fugiu mais uma vez para Nova York – onde tentou se acabar na bebida e drogas no circuito das casas noturnas de Manhattan. Perigosamente autodestrutiva, ela estava levando o que chama de "medidas extremas para lidar com uma situação extrema" e acrescenta que "curiosamente, pensei que seria mais aceitável – isso mostra o quão inaceitável era o vírus – se eu morresse de uma overdose".

Mas Aileen não morreu. Em vez disso, ela voltou para Los Angeles, onde as duas crianças esperavam por ela. Christopher estava falando de divórcio. E, claro, havia outro problema. Seu maior medo era por seu bebê, Andrew, mas felizmente exames de sangue mostraram que ele não fora afetado pelo vírus.

Por um tempo, ela tentou manter a verdade sobre sua doença restrita a Christopher, a Elizabeth e a si mesma, e não disse nada ao resto de sua família. Eles achavam difícil ajudá-la quando usava cocaína e esperavam que ela atingisse um ponto crítico a partir do qual poderia ser curada do vício.

Ela se submeteu a vários tratamentos – sem sucesso. E, quando sua família estava começando a se desesperar, ela lhes deu a notícia: ela tinha aids.

O que a perturbou foi o contraste entre a instantânea reação calorosa de Elizabeth Taylor e o que sentiu como uma fria indiferença daqueles que deveriam tê-la amado.

"Quando contei a Elizabeth, ela só chorou e chorou – e, quando ela me abraçou, senti que ela estava me dando algo especial."

Mas não havia abraços para Aileen de sua família, e ela se queixou com amargura de que "ninguém na minha família derramou uma lágrima por mim".

Ela estava exagerando, como costumava fazer. Gail estava preocupada com ela – assim como sua irmã, Ariadne. Mas o fato era que, depois de tantas tragédias, a maioria da família achava difícil enfrentar outra – ainda mais uma envolvendo Aileen. Eles tinham ouvido demais sobre seus problemas no passado. Como Martine disse: "Aileen teve uma longa história com as drogas. Então, no início, todos pensaram que ela havia inventado tudo aquilo – ou não queriam acreditar."

Além disso, a aids era algo tão terrível que Gail admite que só queria se "esquivar" quando a filha a informou ser soropositiva. Mas o verdadeiro problema era que, naquela fase, quase tudo a ver com a aids era misterioso – ainda mais em como afetava as mulheres, que formavam uma pequena, praticamente não pesquisada, minoria de suas vítimas.

Tentando descobrir o que estava errado com Aileen, Gail perguntou aos médicos da filha, mas ninguém disse nada com base no direito à privacidade – e eles se recusaram a discutir qualquer coisa a ver com aids, mesmo nos termos mais gerais.

"Pode ser uma coisa horrível tentar consolar alguém que acha que está morrendo, quando você nem sequer sabe sobre do que ela está sofrendo", diz Gail.

Por outro lado, Elizabeth Taylor, como chefe de um grupo de caridade com foco em pessoas com aids e, tendo visto seu amigo Rock Hudson morrer, sabia como lidar com a situação – também, como atriz, ela conseguiu dar a Aileen o tipo de reação emocional que queria. Os Getty não conseguiram.

Somente quando Gail encontrou um médico receptivo que explicou calmamente e sem emoção os fatos sobre a doença de sua filha, ela e outros membros da família começaram a aceitar o que havia acontecido.

A notícia foi escondida de Paul Junior durante o máximo de tempo possível, mas, por fim, ele teve que saber. Quando isso aconteceu, ele ficou arrasado, como os que o conheciam tinham previsto. Todas as velhas tragédias reavivadas, o inevitável sentimento de culpa e amargura que remontava ao divórcio e até mesmo antes. Será que a infelicidade nunca terminaria?

Sentindo que precisava conversar com seu amigo mais velho – na verdade precisando de consolo e de ser tranquilizado –, ele pediu a Bill Newsom que voasse até ele para conversarem sobre Aileen.

O pior foi que havia pouco a se fazer – exceto esperar. Em contraste com a situação do jovem Paul, o dinheiro dos Getty faria pouca diferença com Aileen. E, mais uma vez, sentiu-se que, de uma forma desconfortável e muito estranha, esse infortúnio estava relacionado com uma mácula primordial dentro da família e a corrente de infelicidade que parecia continuar a segui-los.

Mas uma coisa que ele podia fazer era rever Aileen. Ele tinha que revê-la e, pouco depois, Bill a trouxe. Assim, a doença e a ameaça de morte reuniram uma parte da família.

Foi difícil ver que Aileen tinha um grande fardo para lidar depois que Christopher Wilding se divorciou dela e se casou novamente em 1987, levando as crianças com ele. Elizabeth Taylor, a quem ela chamava de "mãe" (Gail era "mamãe"), continuou a oferecer apoio pessoal, mas recusou se envolver quando Christopher ganhou a guarda das crianças.

A perda das crianças afetou duramente Aileen. Ela estava desesperada, e era difícil dizer o que acabaria com ela primeiro – a aids ou as drogas. Ela estava sempre entrando e saindo de clínicas de reabilitação, tentando se tratar, sem sucesso. Então, no final de 1988, ela informou à sua família que tinha conhecido o homem com quem desejava se casar.

Ele era um belo jovem que ela conhecera na clínica de reabilitação. Gail pediu que ela tivesse cautela. "Qual é a pressa e por que se casar imediatamente? Não tenha pressa."

Mas Aileen, impetuosa como sempre, insistiu estar livre das drogas e havia direcionado seu coração para o casamento – que ocorreu logo depois no rancho Monte Cedro, perto da casa de Gail em Santa Barbara. Gail, Ariadne e Martine participaram, além de pacientes da clínica de reabilitação. Depois, Aileen e o marido saíram em uma lua de mel de três semanas.

No dia seguinte da volta deles, um amigo de Aileen tocou a campainha de seu apartamento e ficou alarmado ao encontrá-la deitada na cama inconsciente. Ela foi levada às pressas de ambulância para o hospital, e os médicos fizeram uma lavagem estomacal, suspeitando de uma overdose por ingestão de drogas.

Gail chegou quando ela estava voltando à consciência, mas o médico disse estar horrorizado com a quantidade de drogas que ela tomara.

Logo depois o segundo casamento de Aileen terminou.

Em contraste com a família de Paul Junior, Gordon e Ann tiveram relações tranquilas com seus filhos – pelo que eles eram profundamente gratos. Peter acabara de sair da faculdade, em que ganhara um prêmio por uma peça que havia escrito. Com a publicação desta, ele esperava se tornar um dramaturgo. Seu irmão Bill frequentaria por um ano a Universidade de Florença.

Gordon permaneceu um pai tranquilo, e todos os seus filhos seguiam o estilo "garotos da Califórnia" – calmos, divertidos e sem muita vontade de viver em nenhum outro lugar, exceto San Francisco. Isso agradava a Gordon.

Ele sempre dizia o quanto adoraria a emoção de outro grande negócio, pois, em retrospectiva, sentiu que gostou do drama da venda da Getty Oil – até das noites maldormidas, dos processos legais e da necessidade de lidar com todos os desastres possíveis. Tinha sido o tempo de Gordon viver perigosamente.

Mas, quando ele se via envolvido em um negócio, raramente parecia funcionar, e ficou óbvio que sua jogada com a Getty Oil nunca seria repetida. Por outro lado, seu trabalho criativo estava florescendo. A série de músicas sobre o tema de Falstaff, que o Fundo do Globe Theatre encomendou, tornou-se uma ópera em grande escala, intitulada *Plump Jack*, que teve sua primeira apresentação em 1989. Alguns críticos gostaram, outros não, e, como com todo trabalho seu, a recepção pela crítica foi quase certamente afetada pelo fato de ele ser absurdamente rico.

Mas o entusiasmo de Gordon era ilimitado, e às vezes ele mal podia acreditar que tinha feito aquilo. Ouvir a própria música sendo tocada profissionalmente foi mais emocionante do que a venda da Getty Oil. Um dia talvez o nome de Getty possa realmente ser lembrado mais em função da música do que pelo dinheiro.

Ele também estava entusiasmado com as teorias econômicas com as quais trabalhava muito antes da venda da Getty Oil e que, como o próprio Gordon, poderiam ser consideradas excêntricas ou originais, dependendo do ponto de vista. A primeira, na qual ele trabalhou por vários anos, era uma tentativa audaciosa de aplicar seu interesse por biologia à economia. Partindo da proposição de que o mercado operava no campo econômico da mesma forma que a seleção natural fazia em relação às espécies, ele elaborou uma teoria complexa para explicar a maneira como funcionava.

O resultado, que ele publicou em 1988 sob o título *The Hunt for R* ("R" sendo a taxa de retorno de um investimento), é um exercício altamente esotérico em teoria econômica calculado para assustar a todos, exceto os economistas profissionais mais qualificados, pela complexidade da sua matemática. Isso pode explicar sua falta de impacto no mundo rarefeito da alta teoria econômica.

Mas Gordon também tentava elaborar uma resposta para um problema econômico mais premente – a inflação. Partindo do fato óbvio de que a inflação tende a seguir um aumento na oferta de dinheiro, ele começou a se perguntar se alguma outra forma de "dinheiro" que não estimulasse a inflação poderia ser encontrada.

Ele argumentou que, se fazer dinheiro pudesse ter a mesma taxa de retorno do que em outros investimentos, um aumento no seu fornecimento não precisaria aumentar automaticamente a inflação, pelo simples motivo de as pessoas preferirem guardá-lo a gastá-lo. Mesmo quando disse isso, Gordon percebeu que já existe uma espécie de retenção de "dinheiro" – sob a forma de unidades de fundos mútuos –, e sua proposta, desenvolvida extensamente no artigo "Fertile Money", publicado em 1992, era que fundos desse tipo poderiam se tornar uma forma de moeda e que, se apenas os governos adotassem suas ideias, a inflação poderia ser solucionada.

AILEEN

★ ★ ★

No mundo real, em oposição aos mundos da ópera e da teoria econômica, o único revés aparente encontrado pelo três vezes abençoado Gordon Getty, naquele momento, envolvia os empreendimentos de Ann em Nova York após a venda da Getty Oil. Estava ficando óbvio que eles não estavam dando certo – e nunca dariam. As fofocas começaram, e a maledicência e a reprovação também, já que a carreira editorial de Ann não estava indo a lugar algum.

Ela pensou que Peter, seu filho, poderia estar interessado em assumir a editora um dia. Mas, embora ele, como seus irmãos, tivesse ambições literárias, Peter não estava motivado para fazer aquilo.

Era ruim que o empreendimento Grove-Weidenfeld mostrasse sinais de se tornar um desastre. O desastre torna os ricos nervosos quando sentem a fragilidade de suas grandes posses.

A situação da editora significava inevitavelmente o fim de todas as ideias emocionantes que Ann e Weidenfeld gostavam tanto de discutir, mas que teriam de permanecer como ideias – a preciosa Fundação Wheatland, o projeto da brilhante revista sobre artes, as performances patrocinadas de grandes óperas e as conferências para escritores e intelectuais –, todas pretensas possibilidades, assim como o papel que ela já havia considerado para si mesma de uma figura do mundo da arte e da literatura.

Pois a triste verdade era que, mesmo com todos os jantares que tinha recepcionado, todos os adiantamentos financiados, todas as discussões, conferências e reuniões de comitês, a editora não tinha produzido nenhum best-seller.

Barney Rosset, trabalhando durante anos no equivalente literário de uma empresa de baixo orçamento, havia publicado sucesso após sucesso. Mas ele era habilidoso e muito sortudo. Barney possuíra a aptidão. Ann possuíra apenas o dinheiro.

Ela parecia confirmar a verdade do famoso dito de Scott Fitzgerald sobre o rico ser diferente – mas sem pretender ser diferente. Os muito ricos são diferentes porque o dinheiro os priva de um papel – exceto o papel de ser muito rico, o que impede que sejam levados a sério para qualquer coisa. Eles podem ser lisonjeados e indulgentes, mas as coisas que realizam tendem a acabar mal.

Tendo perdido cerca de 15 milhões de dólares na Grove-Weidenfeld, os Getty tentaram vendê-la – mas não encontraram ofertas adequadas, deixando-a em um estado de animação suspensa. E todo o assunto gerara um sabor amargo entre muitas pessoas que Ann queria impressionar.

Harry Evans, ex-editor do *Sunday Times* de Londres, havia trabalhado como conselheiro da empresa antes de se tornar presidente da Random House. Ele se sentiu ressentido com a forma como o assunto era tratado.

"Não gostei dos ricos pegando uma editora como um brinquedo e abandonando-a depois, quando se entediaram. Faz parte do grande descaso dos ricos. É algo que talvez o dinheiro faça com as pessoas. Elas ficam um pouco casuais demais."

Casual ou não, Ann retornou agradecida a San Francisco, onde lambeu as feridas e entrou na Universidade da Califórnia como uma estudante comum se especializando em química. Weidenfeld a descreveu uma vez como "uma eterna estudante" – já que no caminho dele havia Gordon. (De forma despretensiosa, ele passou algumas semanas estudando o livro de física de ensino superior de Halliday e Resnick, realizou as provas de física de graduação do primeiro ano em Berkeley e passou.)

Mas Ann também era fascinada pela pré-história, desde que Gordon apoiou as pesquisas de Richard Leakey sobre as origens do homem no Quênia. Assim, além de estudar química, ela também se envolveu na pesquisa de campo realizada na Etiópia sob a direção do arqueólogo e antropólogo Tim White. White foi colega do dr. Donald Johanson – que em 1974, em um local rochoso, a 160 quilômetros a nordeste de Addis Ababa, ficou famoso ao descobrir os restos fossilizados de "Lucy", um hominídeo feminino de 3,2 milhões de anos que ele afirmou ser o mais antigo dos ancestrais não simiescos do homem já descobertos. Gordon ajudou Johanson a criar o prestigioso Institute of Human Origins em Berkeley, com uma doação de 15 milhões de dólares. E Ann estava obcecada pela Etiópia, e a perspectiva de descobrir ainda mais restos fossilizados.

Logo sua vida estava se tornando um contraste bizarro atrás do outro – entre a grande casa em Pacific Heights e seu Boeing pessoal, que estava sendo reformado a um custo extraordinário, e o vale desolado no interior etíope, vasculhando hectares de rocha e xisto por restos fossilizados de hominídeos. A vida na Etiópia era difícil, as comodidades inexistentes, o clima terrível, mas Ann preferia ficar lá a Nova York.

Nessa época, as três filhas do irmão de Gordon, George, estavam arraigadas à sua decisão original em evitar a ribalta. Dado quem elas eram, e quão ricas se tornaram, essa foi uma conquista notável. Elas recusavam entrevistas ou fotografias em público. Evitavam fofocas e escândalos. "Se quer uma história, tente meu tio Gordon. Ele gosta de publicidade. Nós não", disse a segunda filha, Claire, a um dos poucos repórteres com quem falou por telefone. Mesmo quando Claire deu à luz um filho em 1979 – Beau Maurizio Getty-Mazzota – como resultado de um caso de amor com um italiano que conheceu em um curso universitário para estrangeiros na Universidade de Perugia, nenhum detalhe chegou à mídia.

As três garotas também mantiveram a distância dos outros ramos da família. Na verdade, era como se elas nunca pudessem perdoá-los pelo que viram como traição à conquista de seu avô, concordando com a venda da Getty Oil. Elas permaneceriam em contato com os membros do séquito do avô, como Penelope Kitson ou Barbara Wallace, mas, quando foram convidadas para o casamento de Mark e Domitilla, os convites ficaram sem resposta.

A vida de Ronald continuou a ser governada por sua exclusão da cada vez maior fortuna Getty, e é só agora que se pode ver toda a extensão do dano que isso causou. Ao deserdá-lo, seu pai fizera dele uma espécie de exilado – da família e da própria vida –, e Ronald estava passando cada vez mais tempo com sua esposa Karin e seus quatro filhos em sua casa na África do Sul. Eles gostavam da Cidade do Cabo. Ele amava o clima, enquanto o campo ao redor do Cabo era bonito e livre de todas as associações com um passado que o assombrou. Na África do Sul, ele não lembrava o que perdeu na Califórnia.

As crianças foram para a escola lá, mas, mesmo com seus filhos, a exclusão de Ronald da fortuna teve seus efeitos. Havia sempre uma diferença sutil entre ele e os filhos. Todas as crianças estavam destinadas a serem incluídas ao restante da família Getty, da qual ele sempre parecia excluído.

Apesar de seus esforços para ignorar isso, Ronald já podia detectar uma atitude diferente se desenvolvendo entre eles – particularmente com o mais velho, Christopher. Ele era um menino forte, mais baixo e menos refinado do que o pai, e já tinha esse toque de confiança que a certeza do dinheiro traz. Com 25 anos, Christopher se tornaria um administrador remunerado do fundo no qual estava o dinheiro que um dia viria a ser dele e de suas irmãs – e que, por direito, já deveria ser de Ronald com a morte do pai.

Mas Ronald não desistiu e decidiu que, se ele não pudesse herdar o que sentia lhe ser moralmente devido, tentaria ganhá-lo. Ele estava pensando grande, assim como seu pai sempre fez, e, como parte de seu plano para fazer essa fortuna indescritível, investiu em uma empresa que construiu um hotel de luxo, o Raddison Manhatten Beach, perto do aeroporto de Los Angeles. O parceiro majoritário que atuava como administrador da empresa era um amigo e Ronald se juntou a ele como parceiro não executivo.

Foi um projeto promissor, mas no início dos anos 1980 houve problemas. O *boom* da construção californiana produziu vários outros hotéis na mesma área e, quando a recessão chegou, alguns foram à falência. Para evitar o mesmo com o Raddison Manhatten Beach, Ronald se juntou a outros três parceiros para garantir as dívidas – mas, apesar disso, a empresa entrou em colapso.

Nem Ronald nem os outros parceiros poderiam quitar suas dívidas, mas como tinha o sobrenome Getty, Ronald era o único credor perseguido por seu dinheiro. Quando descobriu as somas astronômicas pelas quais era responsável, o pesadelo particular de Ronald Getty começou.

CAPÍTULO 24

SOBREVIVENTES

SE HAVIA UMA maldição sobre os Getty, parecia estar se reerguendo com o início da década de 1990. Por fim, a influência do velho, que trouxe problemas no passado, estava diminuindo, e Gordon – menos prático, e o mais eficaz de seus filhos – tinha colocado um fim no conflito e no litígio dentro da família quando dividiu o Fundo Sarah C. Getty. A venda da Getty Oil mais do que duplicou os recursos combinados dos Getty. E ao pôr de lado seu dinheiro para os jovens administradores dos fundos, também garantiu que teriam o suficiente para mantê-los felizes – e se envolverem no trabalho de seus respectivos fundos familiares enquanto esperavam herdá-los, provavelmente na meia-idade.

Ao mesmo tempo, a grande fortuna que Jean Paul Getty passou sua vida criando não mostrou sinais de desaparecer como muitas fortunas famosas no passado. Pelo contrário, a forma como os diversos fundos foram estruturados garantiu que, com o rendimento rapidamente aumentando e impedindo acidentes e revoluções, o capital continuaria se acumulando. À medida que os membros mais jovens da família começassem a ter os próprios filhos, o número de herdeiros Getty também cresceria, mas é difícil imaginar uma situação em que a família deixaria de ser extremamente rica.

Assim, por volta de 1990, financeiramente pelo menos, o futuro já estava olhando de forma calorosa para a geração mais nova dos Getty, mas e sobre aqueles que ainda sofriam por causa dos desastres do passado?

★ ★ ★

Foi Aileen, possivelmente a mais autoindulgente das vítimas dos Getty, que deu a resposta mais valente à sua situação quando parecia mais impossível.

No início de 1990 veio o primeiro dos sintomas – em seu caso, pústulas dolorosas na boca –, sinalizando o desenvolvimento completo da aids. Os médicos deram o veredicto: com sorte, ela poderia ter mais seis meses de vida.

Isso produziu em Aileen uma reação que poucos esperavam. Ela ainda estava aterrorizada com a morte e sabia que não podia evitar o que aconteceria, mas, como sempre rebelde, começou a se opor à maneira como estava sendo tratada. Era ruim bastante ter pessoas se compadecendo dela – e a recusa em abordar o assunto era ainda pior –, e ela percebeu que estava sendo tratada como fonte de vergonha. Isso a irritou, e de sua raiva cresceu algo que começou a mudar sua vida. Ela diz que a aids lhe deu algo positivo para viver.

Ela ficou muito doente por um tempo – seu sistema nervoso foi afetado, dificultando sua locomoção. Física e emocionalmente, ela sempre tendeu a ser frágil. Caiu muitas vezes e se machucou, tendo que ficar deitada na cama por vários dias.

Mas uma coisa que não lhe faltou foi coragem, e ela não aceitou se esconder atrás da negação da situação. "O que eu queria era trazer dignidade para mim e para a doença."

Com isso em mente, ela admitiu abertamente à imprensa que era soropositiva. Sua família a apoiou, e com o sobrenome Getty – e Elizabeth Taylor nunca muito distante –, ela ganhou a mais ampla publicidade para sua luta "para dar um rosto humano à praga da aids a um mundo que não queria enxergá-la".

O que a irritou mais foi a situação de outras mulheres que estavam sofrendo nos Estados Unidos – mulheres e filhos estavam se tornando o grupo com crescimento mais rápido da população com o HIV.

Por isso, ela não fez nenhum segredo sobre a verdadeira causa de sua infecção – não uma transfusão de sangue, como afirmou na primeira vez, mas por meio de "sexo desprotegido, por medo de rejeição" com alguém que mais tarde descobriu ser portador do vírus.

O argumento de Aileen era que pouco importava a maneira como a aids fosse contraída. O certo era todas as suas vítimas serem tratadas como pacientes de qualquer outra doença grave – com cuidado e dignidade. Graças, em grande parte, ao nome dela – e à sua natureza dramática –, Aileen se tornou uma voz poderosa falando para as vítimas femininas da aids em todos os lugares.

Ela apareceu na TV defendendo a causa. Trabalhou com outros soropositivos em Los Angeles. Visitou e fez campanha por eles, e planejou um abrigo especial para mulheres contaminadas. Com o seu nome e imagem, ela estava se tornando algo que nunca tinha sido antes – uma celebridade nacional.

Isso trouxe o desafio de colocar sua vida pessoal em ordem. Ela fez o possível para sair das drogas e, tendo restabelecido boas relações com Christopher, que se casara novamente e morava perto dela em Los Angeles, recebeu a custódia dos filhos quatro dias por semana.

Caleb tinha oito anos e Andrew sete, crescidos o suficiente para saber o que estava acontecendo, e ela foi sincera com eles, respondendo suas perguntas com a maior sinceridade possível. Ela falou sobre sua doença e lhes ensinou como lidar com uma emergência. Caleb e Andrew estavam dando à sua mãe a vontade de continuar vivendo – o que por um milagre ela continuou fazendo desde então.

Sua vida hoje é plena – com seus filhos e seu trabalho. Graças ao dinheiro dos Getty, ela recebe o melhor tratamento possível – em seu caso, a chamada "terapia agressiva" – com os medicamentos mais poderosos disponíveis: o fármaco contra a aids, o AZT, e três medicamentos antivirais avulsos, tomados simultaneamente.

Além disso, Aileen recuperou sua autoestima por uma causa em que acredita. Isso, com força de vontade e determinação, desempenhou um papel importante em sua sobrevivência.

Ela tem períodos de recaída, mas em dias bons é excepcionalmente bonita e serena. Aconselha outras mulheres infectadas, trabalha para elas e faz tudo o que pode para divulgar a situação e ajudá-las. Diz que agora tem pouco medo de morrer e que, pela primeira vez em anos, está feliz.

★ ★ ★

A situação de Aileen lhe proporcionou uma resposta, por mais desesperada que fosse, ao que ela viu há muito tempo como um problema associado a grandes quantidades de dinheiro: a sua tendência de isolar os muito ricos da vida normal e das pessoas comuns. No caso dela, como vítima da aids, ela descobriu uma sensação de companheirismo genuíno com outros infectados.

Em termos práticos, sua doença teve o efeito de empobrecê--la – limitando sua liberdade e ameaçando encurtar sua existência. Mas, ao concentrar todos os seus interesses e esforços em sua luta para sobreviver, ela ganhou algo em troca – um senso de propósito irresistível e um desejo de continuar vivendo.

A tragédia teve um efeito semelhante em outro Getty, o irmão de Aileen, Paul, que após o sequestro foi praticamente destruído pela tristeza e bebida. Mas agora, os mais próximos a ele acham que os efeitos do coma, por mais cruel que fossem, podem ter salvado sua vida. Até ser afetado por eles, Paul estava preso em um ciclo sem fim de desastre devido à bebida e às drogas – como diz Gail: "Suspenso sobre o abismo."

Agora, como Aileen, Paul argumenta estar feliz, e seus amigos confirmam. Tal como acontece com a irmã, a luta contra as suas deficiências lhe deu um propósito. Seus dias são mantidos com o dinheiro dos Getty, mas qualquer coisa que ele quer exige esforço extraordinário, forçando-o a fazer algo que os muito ricos normalmente não precisam fazer: batalhar duro por sua existência.

A força de vontade o impulsiona, e todos os dias exige trabalho árduo e constante na fisioterapia, além de exercícios para melhorar sua fala. O trabalho é laborioso e doloroso, mas Paul lentamente se tornou mais forte. Catorze anos após o coma, sua fala ainda está melhorando. Seu vigor aumentou e ele até conseguiu ficar de pé com seus enfermeiros o ajudando.

Mas a sua verdadeira conquista é a sua resolução de viver como se as suas desvantagens não existissem. Ele frequenta seus concertos de rock favoritos. Adora ir a restaurantes. Mantém-se atualizado em relação a filmes e galerias de arte e, tendo muitos amigos que leem para ele, fica a par da ficção contemporânea e dos clássicos. Com seu time de enfermeiros, desenvolveu rotinas para viajar. A casa de campo em Wormsley se tornou sua base na Inglaterra, e ele fica lá duas vezes por ano, incluindo o Natal, que passa com o pai e a família. Ele ainda planeja visitar a Itália e Orgia, onde Gail está adaptando a casa para levá-lo, mas já a avisou que prefere ficar no centro da *villa* onde, segundo diz, "posso sair com meus velhos amigos italianos".

Seu casamento com Martine (agora chamada Gisela) terminou em 1993, aparentemente de forma amigável, e ela voltou para a Alemanha, onde dirige uma companhia de vídeos em Munique. Eles continuam amigos íntimos e se falam regularmente ao telefone. Ele ainda se apaixona tão facilmente como nunca, e não lhe faltam namoradas, que o adoram.

Paul continuou a desfrutar de uma estreita relação com seu filho Balthazar, que vive nas proximidades de Los Angeles. Balthazar herdou a antiga ambição do pai em ser ator e, por fim, diretor de cinema – e teve um considerável sucesso desde que apareceu atuando como um estudante no filme baseado no livro de William Golding O *senhor das moscas* (1990), com participação em filmes como *Jovens demais para morrer* (1990), *Querem matar o Papa* (1991) e *Hoje é dia de rock* (1993). Sua meia-irmã, Anna, está na Sorbonne, mas também planeja ser atriz. Paul, seu padrasto, a adotou legalmente para torná-la um dia elegível, como Balthazar, em sua participação no dinheiro dos Getty.

Apesar de toda a coragem e determinação de vítimas como Paul e Aileen, o fato é que são tragédias humanas – vidas arruinadas que mesmo todo o dinheiro do mundo pode apenas amenizar. O resto da família os esquecerá em seu perigo.

Outra das vítimas da família – mas de um tipo muito diferente – foi o tio Ronald, que no início dos anos 1990 enfrentava a total ruína, como resultado das dívidas decorrentes da construção do hotel em Los Angeles. Ele foi ingênuo e muito confiante – e estava pagando o preço por isso. Os credores da empresa o perseguiam sem remorso, mas ninguém parecia capaz de resolver nada – pelo menos os advogados, que pareciam pensar que, por ter o sobrenome Getty, ele era feito de dinheiro. De fato, o infeliz Ronald havia perdido sua casa na África do Sul, tinha poucos amigos e nenhum recurso.

A luz no horizonte bastante sombrio foi oferecida por sua filha mais velha, Stephanie, que em breve se casaria com Alexander Weibel, filho de um próspero fabricante têxtil austríaco. Tanto Ronald quanto sua esposa encontrariam algum consolo para seus problemas, ficando com os hospitaleiros Weibels em sua casa na Áustria.

Em 1993, seu filho Christopher realizaria um casamento ainda mais retumbante – com Pia Miller, uma das herdeiras mais ricas dos Estados Unidos, cujo pai, Robert Miller, tinha feito uma fortuna com franquias de lojas de *free shop*. Ronald, sua esposa e a filha deles não foram ao casamento.

Durante esse período, o sobrevivente mais famoso da família continuou a ser o candidato mais improvável para a redenção. Paul Junior, que completara sua transição de enfermo e recluso da contracultura em um pilar respeitado, obcecado por críquete, estranhamente aceito pelo *establishment*.

O que ele fez foi extraordinário. É raro herdar uma fortuna tão grande como a sua na meia-idade. É ainda mais difícil fazê-lo quando você é um bibliófilo viciado em drogas com uma paixão por cinema, arte e literatura romântica do século XIX. Assim como um diretor de cinema inteligente, Paul criou para si mesmo um intrincado novo papel por meio de sua filantropia e seguiu e frente, construindo paisagens maravilhosamente românticas para ele, sua família e amigos em Wormsley.

Quando você pode comprar qualquer coisa, acaba comprando sonhos, e os sonhos de Paul pareciam reminiscências de uma série de episódios românticos recorrentes do século XIX em que homens ricos e infelizes gastaram grandes quantidades de dinheiro escapando de sua destruição em mundos mágicos de fantasia privados.

Os paralelos mais óbvios foram com o recluso e rico escritor William Beckford na década de 1820, fugindo da infelicidade e do escândalo, construindo seu palácio de inspiração medieval, a abadia de Fonthill, não tão longe de Wormsley, ou com o amaldiçoado rei Ludwig da Baviera, buscando a salvação em castelos oníricos que mandou construir nas montanhas fora de Munique na década de 1890. Um modelo mais interessante pode ter sido o herói de *Vinte mil léguas submarinas*, escrito por Júlio Verne, o misterioso e imensamente rico capitão Nemo. Como Paul Junior, Nemo era um amante da música, um recluso e um futuro oceanógrafo, que usou sua fortuna para construir um enorme submarino, o *Nautilus*, no qual se afastou do mundo e de seus problemas, encontrando tranquilidade ao tocar órgão para si mesmo nas vastas profundezas do oceano.

Desde o início, Wormsley teve um toque da mesma fantasia de escapismo surrealista, mas graças em grande parte à família e aos amigos, tão práticos quanto Gibbs e tão devotado como Victoria, o ar de ruína em torno de Paul Junior foi mantido à distância e toda aquela estranha empreitada multimilionária estava funcionando. Paul Junior estava começando a aproveitar a vida.

Ele já não era tão rico como tinha sido quando as taxas de juros estavam nas alturas na década de 1980 e, tendo aberto mão de algo próximo de 100 milhões de libras, estava precisando de todos os seus rendimentos para sustentar seus projetos de construção e seu modo de vida.

Isso significava que seu tempo espetacular de filantropia acabara e a maior parte de suas doações atuais foi limitada à receita do fundo de caridade de 20 milhões de libras criado em 1985. Ele era cuidadosamente sacado e economicamente administrado.

Paul estava aproveitando cada vez mais a vida em seu apartamento em Londres, onde passava a semana. Victoria ia de Chelsea para lá todas as manhãs, agindo como companheira dedicada durante o dia, e ficava até tarde quanto fosse necessário antes de retornar para Chelsea e seus filhos. Ela era uma excelente anfitriã e, em grande parte graças a ela, o crescente círculo de amigos de Paul incluía estrelas de cinema como Michael Caine, escritores como John Mortimer e o poeta Christopher Logue, e um colecionador experiente como lorde Rothschild. Paul já era visto em um dos clubes de jantar mais exclusivos de Londres – o Pratt's (o proprietário era o duque de Devonshire), do qual se tornara membro.

Mas foi em Wormsley que Paul relaxou e se tornou afável. Ali, o ex-recluso que raramente tinha visto os próprios filhos se transformara numa figura paterna admirável para os dois filhos de Victoria, Tariq e Zain. Ele amava o país, estava orgulhoso de seu rebanho de gado inglês tradicional longhorn e até lembrou o suficiente de seus ideais ao estilo de William Morris para prometer um dia estabelecer uma colônia de felizes encadernadores de livros na propriedade. Muitas vezes, ele exibia algo de sua grande coleção de filmes históricos em seu cinema particular – ou reproduzia gravações raras (como Robert Browning lendo sua poesia ou declamando Oscar Wilde) de sua coleção igualmente vasta de gravações históricas. Em Wormsley, era difícil ver como o tédio poderia afligi-lo.

No entanto, apesar de todas as suas bênçãos recentes, Paul Junior, como um verdadeiro herói romântico, pareceu ter querido nunca descobrir a felicidade duradoura. Sua viagem particular para o inferno acabou, mas as cicatrizes pareciam colocá-lo à parte daqueles ao seu redor – metade de seus anos de vida foram desperdiçados, perdidos na masmorra das drogas para sempre, dois de seus filhos foram destruídos pela mesma aflição, e ele sempre seria um quase inválido, condenado a viver fora da realidade cotidiana.

Também não parecia que ele conseguiria escapar da morte de Talitha, nem que a dedicada Victoria poderia ocupar seu lugar. Pois a beleza de Talitha era imutável – como era a verdade do que ocorreu naquela noite de julho de 1971 em Roma. Essas eram áreas em que seu dinheiro não podia entrar – e parecia que Talitha sempre iria assombrá-lo, inatingível, bela e jovem para sempre.

Enquanto isso, de sua mansão italiana em Pacific Heights, em San Francisco, Gordon estava dando seu exemplo pessoal à família de como permanecer saudável e feliz com uma fortuna de bilhões de dólares.

Ao contrário de seu irmão Paul, Gordon parecia intocado pelo tempo ou pelos problemas. No fim dos seus cinquenta anos, sua aparência melhorara com a idade, mas ele ainda era essencialmente o mesmo aspirante a professor que se esquecia de onde ele havia estacionado o carro, o mesmo artista dedicado que preferia ser lembrado por uma ópera do que por uma grande fortuna.

Embora na superfície ele parecesse tratar seu dinheiro como uma irrelevância levemente tediosa, não era bem assim. Gordon possuía uma profunda admiração pelo dinheiro e, em particular, pelos benefícios que ele conferia.

SOBREVIVENTES

O maior de todos foi o privilégio de ser Gordon Getty. Pois uma das verdadeiras vantagens de grandes quantidades de dinheiro é o direito de satisfazer a si mesmo em quase tudo – e Gordon fez isso. Ele podia viajar como, quando e para onde queria em seu Boeing. (Quando comprou um novo, o homem que fez a decoração do interior explicou: "Este é o vagão da família em termos de uso.")

Ele também poderia trabalhar com o que desejasse. Como um *workaholic*, trabalhar era o maior luxo de Gordon, e eram as grandes quantias de dinheiro que lhe permitiam trabalhar com o que quisesse. Ele ainda estudava, sem empenhando em seu escritório, escravo de sua música ou de sua mais recente teoria econômica.

"No que diz respeito ao trabalho, é praticamente do nascer ao pôr do sol", disse Gordon.

Contudo, o aspecto mais importante da riqueza de Gordon foi seu efeito sobre sua personalidade. Parecia que nada poderia perturbá-lo. Ele sempre foi um homem que se satisfez, e sua fortuna parecia libertá-lo dos ciúmes e das inseguranças que afligem tantas pessoas em função de uma simples falta de dinheiro.

Quando um jornalista foi indelicado o bastante para sugerir que ele era "uma versão artística de Walter Mitty",[*] Gordon riu e alegremente concordou.

"Claro que sou. Eu sou Dom Quixote."

E se outros economistas ignorassem suas teorias econômicas, ele ria de novo.

"Eles irão aceitá-las no final", foi tudo o que ele disse. "Eles terão que aceitá-las."

Como empresário, ele teve que se contentar com a reputação de o homem que duplicou o valor da fortuna Getty, pois poucos de seus empreendimentos comerciais subsequentes foram bem-sucedidos. Em março de 1990, a Emhart Industrial Products Corporation de Connecticut rejeitou a oferta de aquisição de 2 bilhões de dólares

---

[*] Walter Mitty é o personagem central do conto de James Thurber *The Secret Life of Walter Mitty* (1939), um homem comum e gentil que sonha acordado. O nome "Walter Mitty" e o termo "Mittyesque" entraram para o léxico da língua inglesa, fazendo referência a uma pessoa relativamente ineficiente que passa mais tempo fantasiando situações heroicas sobre si mesma do que prestando atenção ao mundo real; ou ainda uma pessoa que propositalmente tenta ludibriar ou convencer outros de que ela seja alguém que não é de fato, como uma personagem da própria fantasia. [N.T.]

que Gordon tentou propor e, um mês depois, a Avon Products tentou processá-lo em função de outra proposta hostil de aquisição empresarial.

Mas os revezes nos negócios apenas o tornaram mais ambicioso para ser bem-sucedido como compositor. Grande parte de seu tempo foi gasto "polindo e aperfeiçoando" sua ópera, *Plump Jack*, pois achou que era mais difícil compor seriamente do que ganhar dinheiro. Segundo o próprio Gordon: "Não há ninguém comparado a um compositor lento." E escrever sua ópera foi praticamente uma ocupação de tempo integral.

Até então, Gordon estava se tornando um excêntrico amável, e sua contribuição real para os Getty foi algo de que eles sempre precisaram – a preocupação e um toque de senso comum amistoso de um membro mais velho da família. Sempre que estava em Los Angeles, Gordon fazia questão de visitar o jovem Paul e Aileen, e Mark sempre se hospedava com seus primos de San Francisco quando visitava a Califórnia.

Para que as famílias funcionem adequadamente, seus membros precisam se gostar – e o tio Gordon, com sua risada extraordinária, seu típico entusiasmo e seu senso de humor ligeiramente sem sentido, estava se tornando uma fonte cada vez mais importante de afeto e dando um sentimento de pertencimento à família.

Não era de surpreender que isso se mostrasse melhor com sua família, e em de diferentes maneiras todos os seus filhos puxaram um pouco dele. Todos eram indivíduos intelectuais, originais e bastante reservados. E, mesmo permanecendo muito californianos e tranquilos em relação a vida em geral, todos os quatro ficaram imunes ao impulso autodestrutivo dos Getty que causou tanto estrago entre outros familiares. Até então, eles viveram vidas pouco exigentes como homens jovens e brilhantes de recursos independentes, capazes de ficarem contentes sobre seu futuro.

O mais velho, Peter, era como seu pai, parecido com ele a ponto de tentar encontrar fama como compositor – embora seja difícil imaginar Gordon compondo música para o grupo pop que seu filho havia criado e chamado "Virgin-Whore Complex".

Andrew estava tentando escrever roteiros para Hollywood e Bill, a caminho de se tornar um erudito do grego que optaria por uma pesquisa de pós-graduação em Homero na Universidade da Califórnia em Berkeley. Somente John, o barulhento da família, causaria preocupação séria de seus pais quando partiu para San Diego, se tatuou e se juntou a um grupo de heavy metal. Mas até ele se matriculou na Universidade da Califórnia em Berkeley, para pesquisar a heroína de seu pai, Emily Dickinson.

Como um passatempo de meninos ricos, todos os quatro irmãos cofinanciaram uma loja de vinhos refinados em San Francisco – e, como forma de solidariedade familiar, perguntaram ao pai se poderiam nomeá-la com o nome de sua ópera.

"Bem, não vou processá-los se vocês o fizerem", respondeu Gordon.

Então, eles a chamaram Plump Jack – e sob a direção do filho de Bill Newsom, Gavin, a loja começaria a construir uma das listas de vinhos mais interessantes e com preços razoáveis ao longo da costa. Isso também ajudaria a lançar Gordon, até então abstêmio, para um novo interesse: o vinho vintage. Sendo um erudito rico e surpreendentemente sedento, ele logo se tornou um conhecedor dos mais experientes.

A longo prazo, algo mais do que um interesse e uma loja de vinhos seria necessário para envolver os interesses em tempo integral dos jovens Getty – e é por isso que o filho de Paul Junior, Mark, parece estar destinado a um papel importante dentro da família. Tendo testemunhado tanto a infelicidade no passado, e com três filhos pequenos, ele está determinado a fazer tudo o que pode para evitar que os problemas se repitam.

Não é que ele fale muito sobre isso. Agora, em seus trinta e poucos anos, ele tem certa cautela – em função de todo seu charme silencioso e desconfiança discreta, é difícil de avaliar. Estudar filosofia em Oxford pode ter lhe dado um ar de frio distanciamento.

Na verdade, a frieza é falsa, pois ele é muito sério sobre sua família. Isso se mostra em seu comportamento sempre que seu irmão Paul chega a Londres. Mark está sempre à disposição para ajudá-lo, cuidar dele e procurar os lugares e os eventos que supõe diverti-lo. Mark também se tornou extraoficialmente o pacificador e aquele que reúne a família. Ele mantém uma relação calorosa com o pai e é devotado como sempre ao tio Gordon, que se refere a ele como "praticamente outro filho".

Mas, se há um elemento-chave para o personagem de Mark, está na Itália em vez de entre os Getty. Muitas vezes, as pessoas esquecem que ele nasceu em Roma e que o casamento com Domitilla fortaleceu seus laços com o país. Há alguns anos, ele possui uma casa perto de Orgia e é na Toscana que passa suas férias, mantendo seus cavalos que correm em Il Palio (as corridas históricas de cavalos duas vezes ao redor da praça da cidade de Siena). Gosta de ouvir seus filhos falando italiano e brincando na aldeia onde ele costumava brincar.

Ainda tem muitos amigos lá. O filho do motorista de caminhão de Remo, Francesco, é padrinho de seu filho mais velho, Alexander, e Mark admite a influência que essas pessoas tiveram sobre ele. Ao longo dos anos, eles o ajudaram a chegar a certas conclusões que não eram evidentes para os Getty.

A primeira foi a importância que os aldeões depositam à habilidade e ao trabalho bem-feito. "Afinal", diz Mark, "quem quer que seja, seu trabalho é o mais importante que você faz. Isso ajuda a defini-lo e a fazer de você o que você é".

Outra sabedoria absorvida dos aldeões está relacionada à importância primordial da família. Na época do sequestro, quando a própria família de Mark, com toda a sua riqueza, literalmente se despedaçou, ele pôde ver exemplos de como as famílias italianas pareciam oferecer consolo e apoio a todos os seus membros. Mais tarde, em termos econômicos, ele também veria como a família italiana possui uma estrutura básica e econômica mais dinâmica. Quando ele se casou e se tornou o primeiro Getty de sua geração a ter que ganhar a vida fora da família, o que ele aprendeu na Itália lhe deu material para refletir.

Quando tinha 25 anos, como um administrador assalariado do Fundo Cheyne Walk de seu pai, ele já estava envolvido na política de investimentos para um fundo que na época girava em torno de 1,2 bilhão de dólares. No início dos trinta anos, sua experiência bancária lhe conferia um papel cada vez mais importante dentro da família. Desde então, ele trabalhou em estreita colaboração com seu

SOBREVIVENTES

tio Gordon sobre política financeira familiar, e administra a Getty Investments Holdings. Seu primo Christopher se juntou ao conselho recentemente.

Mas Mark ainda se preocupava com a ideia da família em declínio, e a preocupação com seu futuro o fez estudar como algumas das mais ricas dinastias dos Estados Unidos sobreviveram e prosperaram. O que ele aprendeu confirmou muito do que já havia aprendido em sua aldeia na Itália.

Os Rockefeller o impressionaram com a forma como conseguiram permanecer "uma entidade dinâmica e próspera", na qual diferentes membros da família pareciam ter um lugar. Para descobrir o segredo deles, ele passou algum tempo no Rockefeller Center, em Nova York, estudando a organização que os Rockefeller criaram após a venda da Standard Oil para gerenciar seus investimentos e interesses comerciais, além de oferecer um posto para qualquer membro da família que quisesse. O chefe da família, David Rockefeller, lhe contou algo que aprendeu por própria experiência: qualquer membro da família que era deixado de fora "tendia a se tornar um problema".

A maneira como os Rockefeller se organizaram convenceu Mark de que não havia declínio e queda inevitáveis diante da própria família. Pelo contrário, parecia que os Getty mais novos poderiam muito bem se beneficiar das mesmas vantagens que os Rockefeller, desde que seus membros mais velhos estivessem preparados para ajudá-los. Ele sentiu que era necessário um senso de identidade e propósito familiar, e aquela atividade mágica que era tão importante para os ricos quanto para os pobres – a chance de trabalhar juntos.

Em 1990, enquanto ainda estava em Hambros, ele organizou um investimento da família Getty na África do Sul na tentativa de envolvê-los em conjunto pela primeira vez em uma empresa cooperativa. Ele persuadiu os três diferentes fundos familiares para fazer um investimento conjunto bastante modesto de 5 milhões de dólares na Conservation Corporation baseada na África do Sul, que possui a famosa reserva Londolozi em Natal e a reserva Phinda na Zululândia. Foi um projeto glamoroso, iniciado pelo visionário conservacionista David Varty, que planejava transformar Londolozi na melhor reserva turística da África.

Como havia poucos investimentos estrangeiros na África do Sul na época, Mark se certificou de que tinha aprovação completa do Congresso Nacional Africano, bem como do governo sul-africano. Como a regra da vontade da maioria ainda não estava em uso, o investimento foi visto como um gesto de risco e idealista. A corporação fora citada pelo presidente Mandela como modelo de como integrar o turismo internacional com as necessidades dos animais e da população local. (Mandela permaneceu em Londolozi em várias ocasiões.)

Mark nega que o idealismo tenha desempenhado um importante papel em sua decisão de investir na África e diz que seu objetivo real era ajudar a unir sua família usando seus talentos e recursos e despertando seu entusiasmo.

Quando Gordon chegou a Londolozi com Bill Newsom, seu filho Peter e o filho de Ronald, Christopher, eles ficaram empolgados e impressionados por Varty e os vários locais da corporação. Posteriormente, Tara, filho de Talitha, trabalharia lá. Mas, para Mark, se envolver em uma reserva selvagem, por mais emocionante que seja, não é um desafio grande o suficiente para envolver as energias e o entusiasmo dos Getty.

"Francamente", diz ele, "não vejo um futuro para nós no ramo de hotéis e turismo".

Ele estava procurando algo que fosse mais exigente e, apoiado por seu pai e seu tio Gordon, desenvolveu o que chama de "uma estratégia coerente" entre a maioria dos fundos para gastar de 30 a 40 milhões de libras esterlinas por vez, comprando uma série de empresas com perspectivas de longo prazo para crescimento. A primeira dessas aquisições foi uma compra de 30 milhões de dólares de uma participação de 80% na Tony Stone Images, uma importante biblioteca de fotos internacionais não vinculadas a notícias, com 30 mil imagens em cores para uso em revistas e agências de publicidade com taxas médias de 400 libras por venda. Mark, com seu parceiro, Johnathan Klein, é copresidente da TSI. Enquanto confia que a empresa continuará expandindo, ele explica que o objetivo principal dessa estratégia é "focar o interesse da família e o conhecimento em uma área de investimento, como aconteceu quando possuíamos a Getty Oil", e não necessariamente para fornecer emprego para futuros membros da família. No entanto, ele é rápido em acrescentar que pode pensar em "coisas mais emocionantes do que trabalhar na própria empresa familiar", e continua convencido de que "uma empresa familiar é potencialmente a organização mais dinâmica que existe – desde que a família possua membros entusiasmados que trabalharão para isso, uma fonte confiável de capital familiar, um propósito em comum e uma identidade".

Com essa visão de longo prazo, Mark planeja aproveitar os recursos financeiros dos fundos Getty e, assim, começar a construir uma "dinastia" Getty genuína, sobre a qual J. Paul Getty falava tanto a respeito, mas nunca compreendeu.

Como ele diz: "A maioria dos nossos problemas se originou com o meu avô, que não entendia famílias ou o que as fazia funcionar. Então, ele nunca entendeu as pessoas. Dessa vez, entendemos."

O ano de 1992 foi um ano importante para os Getty e para Paul Junior em especial. Em setembro, ele faria sessenta anos e, quando a temporada de críquete começou, resolveu celebrar o início do jogo em seu novo terreno, organizando algo que tanto desejava: o jogo perfeito.

O "contry house" críquete estava retornando na época, com o príncipe Philip reunindo uma equipe em Windsor e o duque de Norfolk fazendo o mesmo em seu terreno privado em Arundel. Mas, no final de maio, quando Paul decidiu seguir o exemplo em Wormsley, é seguro dizer que, desde que Cecil Beaton criou a cena de Ascot para *My Fair Lady*, um esporte tradicional inglês nunca havia sido encenado com tanta precisão e dedicação alarmante.

O cenário era idílico. O campo foi preparado por meses por Harry Brind, o jardineiro chefe de um dos locais mais santos do críquete, o Kennington Oval. As faiais estavam em folha e, como W.G. Grace estava capitaneando o grande jogo no céu, uma das lendas vivas do críquete, "Bob" Wyatt, o mais antigo capitão da seleção da Inglaterra ainda vivo, estava lá para dar o sinal indicando o início do jogo.

O capitão do time de Paul foi o jogador mais glamoroso do dia, Imran Khan, capitão do Paquistão, e os visitantes foram organizados por ninguém menos que o próprio corpo do MCC.

Paul estava desfrutando um dos privilégios mais invejáveis dos muito ricos: transformar um sonho elaborado em realidade. Como um sonho exige perfeição, ele passou por problemas sem fim, mesmo pedindo conselhos contínuos de seu amigo, decano dos comentaristas de críquete, o já falecido e muito lamentado Brian Johnston. Tudo tinha que ser autêntico em um mundo que se orgulha da autenticidade – dos marcadores e das telas ao longo do campo ao pavilhão bem coberto de palha e ao tipo certo de pãezinhos doces para o chá. É necessário dizer que o almoço foi impecável – salmão frio e batatas frescas, seguido de *summer pudding* (pode-se dizer que o "pudim de verão" é quase uma torta recheada de frutas vermelhas), com Pimm's ou chope ou um champanhe muito bom. O resultado do jogo também foi impecável – os visitantes ganharam com um hit de vantagem no último momento.

Um almoço perfeito, um dia perfeito, mas o homem da partida não era um jogador de críquete, e sim Paul, que havia sobrevivido aos desastres que pareciam inseparáveis de sua herança e que preparou aquela ocasião para celebrar a própria salvação.

Ele o fez de forma elegante, e sem dizer uma palavra – como é a sua natureza. Enquanto estava sentado lá, usando a gravata e o blazer do MCC, observando o jogo de seu assento em seu pavilhão, ele estava cercado por seus dois convidados de honra. À sua esquerda sentava um confesso "fanático do críquete", o primeiro-ministro, John Major. E à sua direita e desfrutando cada minuto do jogo, estava a rainha Elizabeth, a rainha-mãe.

Para Paul, aquele foi um esplêndido verão. O clima foi ameno, mas o críquete continuou até o final de agosto. Foi quando ele disse ao escritor E.W. Swanton que 1992 foi "meu verão mais feliz desde que eu era menino". E o verão ainda não tinha acabado.

Quando a estação terminou, ele deu ordens para que a grande tenda principal erguida para o jogo fosse desmontada, mas ninguém tomou conhecimento. Acostumado a que suas ordens fossem obedecidas, ele reclamou com Victoria, mas, ainda assim nada aconteceu e, quando ele chegou de Londres para seu aniversário em 7 de setembro, ficou irritado ao encontrar a tenda ainda estendida. Era ruim o bastante fazer sessenta anos, ainda mais com suas ordens sendo deliberadamente desprezadas.

O que Paul não percebeu foi que, durante quase um ano, Mark organizou uma festa para o seu aniversário, nem que, em vez da pequena reunião de família que Paul esperava, foram trazidos secretamente mais de sessenta convidados num ônibus de Londres.

Victoria, que estava envolvida no segredo, manteve Paul na casa toda a manhã, e foi só quando ela o levou para dar um passeio ao longo da tenda na hora do almoço que ele viu o que estava acontecendo. Em seu interior, e à espera de lhe desejar feliz aniversário, estavam muitos dos seus amigos e contatos mais próximos, alguns dos quais ele não via há anos. Eles vieram de todos os lugares. Havia amigos da Califórnia e de Roma. Um casal que já tinha navegado no Tâmisa e ancorado seu iate em frente à sua casa em Cheyne Walk. Alguns de seus amigos dos tempos de escola, em St. Ignatius. E, sentada à sua direita no almoço, até a mulher que já tinha sido a mais próxima de seu pai, a elegante Penelope Kitson.

À vista de tantos amigos perdidos há muito tempo, Paul caiu em lágrimas. "Nunca imaginei", disse ele, "que tantas pessoas se importassem".

Mas havia mais na ocasião. Era típico de Mark, com a ânsia de juntar a família, transformar a festa em uma elaborada reunião familiar.

Além das filhas de George, que ainda mantinham distância, quase toda a família estava lá. Aileen estava bem o suficiente para ir de Los Angeles com Gail. O jovem Paul também fez a viagem com suas enfermeiras e sua irmã, Ariadne, e o marido dela, o ator Justin Williams. Ann não conseguiu deixar seu vale rochoso na Etiópia, onde ainda procurava os restos fossilizados de seu antepassado mais antigo, mas Gordon voou em seu Boeing, trazendo seus quatro filhos, Peter, Andrew, John e William.

O deserdado membro da família também não foi esquecido, pois Mark fez questão de convidar Ronald e sua família. Àquela altura, Ronald devia tanto dinheiro que nem tinha ideia do que ia acontecer. Mas a festa tirou sua mente dos problemas e, após tantos anos de amargura e rejeição, ele se reuniu com seus irmãos. Então, foi um momento emocionante tanto para ele quanto para o irmão Paul.

"Foi", diz Ronald, "como se eu finalmente entrasse para a família".

O que alguém dá a um bilionário que já tem de tudo? Em Siena, Gail encontrou um antigo abridor de carta de prata e marfim com uma alça na forma de tartaruga que ela achou apropriado. Bill Newsom trouxe um chapéu amarelo de motorista de táxi de San Francisco. Penelope encontrou uma caixa esmaltada do Chelsea com uma foto de um jogador de críquete e Christopher Gibbs, um tomo raro do grande político Whig, Charles James Fox.* Era intitulado *On Wind*, e o subtítulo, *A Treatise on Farting*.**

Mas não foi até o almoço ter terminado e os discursos de aniversário também que Paul recebeu o seu mais importante presente do dia. Estava escondido atrás de uma cortina no final da tenda e, quando a cortina foi puxada, ele viu algo que não podia acreditar que ainda existia – sua MG vermelha de Roma, que vendera anos antes para sua meia-irmã, Donna. Seus filhos a procuraram e a reconstituíram e repintaram com cuidado como um presente da geração mais nova da família para seu pai.

Era um presente que significava mais para Paul do que qualquer outro, pois também era um presságio para o futuro. Há uma sensação nostálgica com carros antigos, e o MG parecia parte de uma existência que havia muito considerava perdida para sempre. Ele estava associado à sua juventude, e com os momentos mais felizes em Roma antes que seus problemas começassem. Agora, devolvendo-o a ele, era como se os filhos estivessem provando que mesmo o passado poderia ser recuperado e perdoado.

Contra as possíveis dificuldades, o carro de Paul sobrevivera. Graças ao cuidado daqueles que o amaram e à custa de muito dinheiro, o MG vermelho foi maravilhosamente restaurado. E da mesma forma ele também.

★ Charles James Fox (1749-1806), atuou por 38 anos na vida política do parlamento inglês, na Câmara dos Comuns.

★★ *"Ao vento"*, *"Um tratado sobre peidar"*.

CAPÍTULO 25

FINAL DE CICLO

QUALQUER CONVERSA SOBRE os Getty tem o hábito de retornar ao verdadeiro propiciador de sua história, o velho imprevisível que criou a maior parte da enorme fortuna da família e a maior parte de seus problemas: o solitário gênio financeiro e avarento extraordinário J. Paul Getty. A imagem dele que persiste é de um homem de habilidades sobrenaturais para os negócios, com imenso poder financeiro e vida pessoal vazia.

Era uma existência genuinamente estranha, em que o dinheiro tomava o lugar de quase tudo. Ele era um alquimista do dinheiro. Durante a maior parte de sua vida, trabalhando de algum quarto de hotel e usando apenas um telefone, ele possuía a habilidade de conjurar dinheiro que convertia magicamente em campos de petróleo, refinarias e frotas de petroleiros, geralmente em continentes distantes. E, tal era sua habilidade e tamanha inteligência, que quase tudo o que criou parecia reunir ainda mais dinheiro, o que, por sua vez, aumentou sua fortuna e a renda livre de tributação do Fundo Sarah C. Getty.

Foi assim que aconteceu, e o ponto principal de tudo isso foi que, para J. Paul Getty, a maior parte do que ocorreu em sua vida – com a possível exceção do sexo – ocorreu em sua mente verdadeiramente grande. Ele mal viu as maravilhas distantes que ele e seu dinheiro criaram – e não se importava. Nem gastou o dinheiro que tinha acumulado em tamanha abundância no Fundo Sarah C. Getty – ele não se atreveu. Era típico dele que construísse aquele estranho museu em Malibu – que nunca veria. E pode-se dizer o mesmo de sua prole espalhada por aí, que produziu casualmente, e nem se preocupava com ela.

Portanto, não foi surpresa que houvesse problemas quando ele decidiu que seus filhos adultos deveriam se juntar ao negócio familiar e começar o que gostava de chamar de "dinastia Getty". Para construir uma dinastia, é preciso primeiro criar uma família e J. Paul Getty, que tinha passado sua vida adulta fugindo de suas esposas e filhos, não tinha ideia do que isso significava. Também não foi surpresa que todos os seus descendentes fossem marcados pelo contato com seu pai – que George acabaria se destruindo, que Paul Junior quase fizesse o mesmo, que Ronald sofresse por ser deserdado e que mesmo Gordon fosse forçado a construir seu mundo intelectual particular para tomar o lugar que lhe faltou na infância.

Afeição mútua, compreensão, generosidade – o básico de qualquer família feliz – não estavam no vocabulário emocional de J. Paul Getty. Ao contrário, era como se sua falta de sentimentos tivesse substituído tudo isso. As grandes quantias de dinheiro que ele estava fazendo, em teoria para beneficiar sua família, serviram para aumentar o problema, criando ciúmes, suspeitas e desconfiança entre seus filhos, além da fraqueza fatal que parece estar em algum lugar na raiz da curiosa psicologia do velho – o medo.

Temendo por suas posses, por sua pessoa e, finalmente, por sua existência, Jean Paul Getty era como um espetáculo inconveniente, um bilionário temeroso. E, como o medo é contagioso, no momento do sequestro do jovem Paul, ele também transformou os Getty em uma família amedrontada. Muito da reclusão de Paul Junior teve a ver com o medo, assim como a morte de George e o comportamento da família durante o sequestro e suas consequências. Gail era importante para a família, porque ela não tinha medo.

Mas, com os membros da família emergindo da sombra do velho, o medo estava desaparecendo. Aileen o superou em seu calvário pessoal, assim como seu irmão Paul e sua determinação de continuar vivendo – assim como seu pai, Paul Junior, quando saiu das drogas e voltou a enfrentar o mundo. Agora que o medo partira, os Getty poderiam começar a recuperar sua existência como uma família relativamente normal.

FINAL DE CICLO 321

Em 1960, quando o velho realizou sua grandiosa festa no Sutton Place para a filha de um amigo de um duque que ele mal conhecia, ele não pensou em convidar ninguém da família. Mas, quando Mark organizou a festa em Wormsley para seu pai, ele convidou todos os Getty que poderia reunir. E os Getty estavam se comportando cada vez mais como uma família próxima e solidária.

Em 18 de dezembro de 1992, o *Times* de Londres, citando um relatório da imprensa associada de San Juan, Porto Rico, informou que um filho do bilionário do petróleo, J. Paul Getty, havia pedido falência bancária, declarando nenhum bem e débito de 43,2 milhões de dólares. "O pedido de J. Ronald e Karin Getty foi arquivado no mês passado em San Juan."

Embora localmente autogovernada, Porto Rico está em união com os Estados Unidos e compartilha seu sistema legal e sua moeda. Ronald e sua esposa se instalaram lá depois de deixar a África do Sul e, em 18 de dezembro de 1992, ambos compareceram perante o juiz no Tribunal de Falências para o Distrito de Porto Rico para solicitar uma extensão de tempo para o arquivamento e declarações de seu caso. O que era compreensível, já que Ronald devia dinheiro em nome de sua empresa a uma formidável lista de credores. Entre eles, estavam: Merrill Lynch Private Capital Inc., Société Générale, First National Bank de Colorado Springs, Crédit Suisse e o Banco Nacional da Segurança do Pacífico.

Ronald foi pessoalmente responsável por essas dívidas, mas, desde que sua empresa entrou em colapso, estava tendo pesadelos com os principais credores, alguns dos quais estavam prolongando os processos de falência na tentativa de resgatar bens que ele não tinha. Ele estava com 62 anos, um mau momento da vida para lidar com uma crise como aquela – e no passado ele teria que enfrentar a situação por conta própria. Mas, depois da reunião com sua família, as coisas mudaram. Gordon e Paul estavam do seu lado e começaram a ajudar de todas as maneiras possíveis, aconselhando-o, pagando por advogados e, finalmente, criando um fundo para pagar uma proporção de suas dívidas e obter um acordo. Como resultado, Ronald foi capaz de abandonar sua falência.

Ao fazer isso, eles ajudaram seu infeliz irmão a recuperar a paz de espírito e uma porção de autoestima, e desde então providenciaram para ele uma renda (de uma fonte não revelada) assim como um emprego como consultor remunerado para o fundo de sua família. Eles também estão ajudando ele e Karin a comprar uma casa na Alemanha.

Assim, a família aceitou tacitamente que Ronald foi tratado injustamente todos aqueles anos por sua exclusão do Fundo Sarah C. Getty. Eles não poderiam mudar aquilo, tampouco podiam compensar o comportamento de Jean Paul Getty. Mas poderiam, pelo menos, garantir que, depois de uma vida arruinada por tentar provar a si mesmo ao pai, Ronald terminaria seus dias onde começou e onde sempre se sentiu em casa − entre o povo de sua mãe em sua nativa Alemanha.

Em contraste com Ronald, Gordon permaneceu o membro sortudo da família, aproveitando ao máximo o sucesso pessoal, particularmente com sua música. No início de 1994, depois de assistir a concertos de seu trabalho em Newark, Nova Jersey e Austin, no Texas, ele teve o triunfo exclusivo de um compositor de voar em sua própria aeronave até Moscou para estar presente em um concerto dedicado à sua música, com a Orquestra Nacional Russa interpretando *Plump Jack* e suas "Three Victorian Scenes" e "Three Waltzes for Orchestra".

Era o tipo de reconhecimento que Gordon sempre quis, e ele parecia um pouco intimidado pela ocasião. "Há algo muito especial em ouvir uma excelente orquestra como essa tocando sua música", disse ele.

Além de seu papel de homem tardio do Renascimento, ele também ganhava reconhecimento público por suas teorias econômicas de um laureado econômico do Nobel, o professor Franco Modigliani, que elogiou publicamente a originalidade de suas teorias em seu artigo "Fertile Money".

Simultaneamente, a esposa de Gordon, Ann, parecia estar compartilhando o sucesso familiar, já que o dinheiro e o esforço que colocou na busca dos primeiros restos do homem na Etiópia valeram

FINAL DE CICLO 323

a pena. Em setembro, confirmou-se que a equipe com a qual ela trabalhou havia encontrado o que procuravam. Estabeleceu-se que os restos fossilizados descobertos alguns meses antes tinham 4,5 milhões de anos e pertenciam a um hominídeo semelhante a um macaco. Dado o nome de *Australopithecus ramidus*, a criatura foi reivindicada como o "elo perdido" há muito procurado, juntando-se às famílias de símios com seres humanos.

A descoberta foi um triunfo para o líder da equipe, o tutor de Ann na Universidade da Califórnia, o professor Tim White. A seu modo, também foi um triunfo para Ann e Gordon, cujo apoio financeiro ajudou a tornar as pesquisas de White possíveis. Mas também veio no meio de uma amarga disputa acadêmica em que Ann e Gordon, em seu papel como benfeitores financeiros, haviam se envolvido inadvertidamente.

Ao contrário de seu irmão, Paul Junior, que doou para uma grande variedade de causas sem quaisquer ligação entre elas, Gordon sempre tendeu a se envolver pessoalmente com as causas às quais doava, tratando-as, como ele diz, "tão responsavelmente quanto meus negócios de investimentos". Esse foi o caso quando ele ajudou a fundar o Institute of Human Origins em Berkeley sob o comando do controverso dr. Johanson. Desde então, houve uma rixa entre Johanson e seu ex-colega, White, com Ann e Gordon cada vez mais apoiando o segundo. O sucesso de White tinha dado um peso extra à sua causa, e Gordon, fiel à sua palavra, decidiu que encerraria o "investimento" no instituto do dr. Johanson imediatamente. Uma vez que isso ameaçava a existência do instituto, Gordon provocou críticas generalizadas por sua ação. Mas ele acredita que estava correto. Para ser honesto, ele também tem o dinheiro, o que invariavelmente significa que, uma vez que tenha tomado sua decisão, é preciso algo mais do que críticas para fazê-lo mudar de opinião.

Ironicamente, assim como a filantropia estava envolvendo Gordon em uma controvérsia, um surto de inesperada generosidade estava causando constrangimento para seu irmão, Paul Junior, publicamente reacendendo a questão havia muito esquecida das relações com seu pai.

Depois de uma longa e decepcionante campanha para arrecadar dinheiro para comprar o grupo de esculturas neoclássicas de Canova,* "As Três Graças", para uma galeria britânica, parecia que o Museu J. Paul Getty em Malibu iria adquirir as três ninfas de mármore em tamanho natural pelo preço de 7,4 milhões de libras esterlinas. Elas estavam na Grã-Bretanha desde que um duque de Bedford as comprou do escultor italiano em 1820, e mais de 1 milhão de libras ainda eram necessárias para mantê-las no país. No último minuto, Paul Junior anunciou que doaria essa quantia para o fundo, desde que o restante do dinheiro viesse de contribuições de outras fontes.

Timothy Clifford, chefe das Galerias Nacionais da Escócia, que dirigiu a campanha, expressou sua alegria quando entrevistado ao vivo na televisão – e quando perguntado por que Paul devia ter apoiado uma galeria britânica contra o museu de seu pai em Malibu, ele respondeu: "Acredito que o sr. Getty nunca se deu bem com seu pai."

Ainda que de forma geral seja verdade, essa resposta foi inadequada naquelas circunstâncias, e pode-se entender o aborrecimento de Paul Junior quando a ouviu. Quando doa 1 milhão de libras, espera-se que não seja lembrado que você não gostava do seu pai, especialmente quando isso tem pouca importância sobre os motivos da sua generosidade. De fato, o motivo por trás do presente de Paul Junior estava, como de costume, em seu amor genuíno por seu país adotivo.

Seguiu-se um rebuliço quando ele expressou extremo desagrado e acrescentou que estava pensando em voltar atrás em sua oferta. Diante da plena responsabilidade da ameaça da Grã-Bretanha perder "As Três Graças", o infeliz sr. Clifford fez quase de tudo, exceto um ritual de autoevisceração, para expressar arrependimento.

Ele disse que estava profundamente arrependido. Escreveu a Paul dizendo que tinha cometido um erro terrível. "Não sei nada", lamentou publicamente, "sobre o relacionamento do sr. Getty com seu pai".

E por fim foi isso. Satisfeito, Paul Junior confirmou sua oferta e, para alívio de Clifford e para intenso aborrecimento de John Walsh,

---

* Antonio Canova (1757-1822), pintor, desenhista, arquiteto, antiquário e escultor italiano.

diretor do museu de Malibu, as três jovens senhoras de Canova continuaram na Grã-Bretanha.

A agitação sobre esse assunto relativamente sem importância era uma forma de medir a calma nada habitual que, de alguma forma, havia se estabelecido na família, deixando a pergunta – essa paz irá durar? O ciclo de infortúnios acabara? Tendo sofrido quase todos os aspectos da maldição dos ricos, os Getty poderiam evitá-la no futuro?

Em qualquer família, as coisas sempre podem dar errado para os indivíduos, mas o que parece certo é que a epidemia de infelicidade que se abateu sobre a família por quase quatro décadas acabara, uma vez que muito dela dependia da interação de Jean Paul Getty com seus filhos, das circunstâncias em que sua fortuna foi criada e da existência do Fundo Sarah C. Getty.

Além disso, as famílias, como os indivíduos, aprendem com seus erros, e os Getty aprenderam na marra. Havia uma espécie de inocência na forma como Paul Junior e Talitha se envolveram inicialmente com drogas na década de 1960 – e também na maneira como o filho de Paul Junior, o jovem Paul, fez esforços tão trágicos para imitar seu pai hippie. Mas os Getty mais jovens não são mais inocentes. Por força das circunstâncias, eles se tornaram herdeiros sofisticados e firmes, educados pela disciplina dos desastres familiares.

O filho do jovem Paul, Balthazar, por exemplo, sempre foi inflexível em sua recusa de beber álcool ou consumir drogas e continua dedicado e ambicioso em ser um ator e diretor de cinema bem-sucedido.

O filho de Talitha, Tara, também está determinado a aproveitar a vida em seus próprios termos, de forma calma e sensata, mantendo-se longe de drogas, preferindo a França à Inglaterra e ficando perto da pessoa que em grande parte o criou, sua avó adotiva, Poppet Pol. Ele é muito bom para ela, herdou o charme de sua mãe e se dá bem com toda a família.

O filho de Ronald, Christopher, está decidido a alcançar o tipo de sucesso comercial que seu pai não teve e, com seus conhecimentos bancários e conexões com os fundos familiares, parece que vai conseguir.

A filha mais nova de Paul Junior, Ariadne, está comprometida com seu marido e suas duas crianças pequenas. Ela sente falta da Itália, mas a experiência do sequestro ainda a faz agradecer pelos Estados Unidos e pela privacidade e segurança de sua pequena família.

Os filhos de Ann e Gordon são pessoas extremamente motivadas, conscientes, reservadas, e que estão muito seguras do que estão fazendo.

Quanto a Mark, só tempo dirá se seus planos para uma dinastia de negócios Getty funcionarão, mas, o que quer que aconteça, ele tem sua vida muito bem constituída e é quase certo que encontrará riqueza como um banqueiro comercial muito antes de herdar sua parcela completa do dinheiro da herança.

Lembrando a maldição chinesa, "que você viva em momentos interessantes", Mark diz que ele sente que os Getty foram "interessantes" por tempo suficiente. "Espero que de agora em diante todos nos tornemos um pouco chatos."

Mas não há nada chato na situação dos Getty mais novos. Graças a Sarah Getty, o dinheiro do fundo parece enriquecer a vida de seus netos e bisnetos como ela originalmente pretendia. Seus interesses foram atendidos: o capital está seguro dentro dos diferentes fundos e, após a turbulência do passado, os membros mais jovens da família são os favoritos para herdar a fortuna. Tendo tirado seu bilhete vencedor na loteria da vida, eles podem aguardar o melhor de tudo e nunca sentir o cuidado e a angústia que afligem a grande maioria da humanidade que sofre pela falta de dinheiro.

Mas, para eles, ao contrário dos mais velhos, não pode haver desculpas se as coisas derem errado e, portanto, eles não devem ignorar as lições oferecidas pelos sofrimentos e erros de seus predecessores – ou ignorar sua imensa fortuna.

POSFÁCIO

Com as Parcas* aparentemente sorrindo para os Getty, elas tiveram uma bênção final para conferir a quem, a seu modo, mais sofreu – Paul Junior.

Jon Bannenberg, o arquiteto naval australiano que projetou o *Queen Elizabeth II*, estava reconstruindo seu iate de sessenta anos, o *Jezebel*, e no início de 1994 o trabalho estava terminado. O barco reluzente se encontrava ancorado no rio Dart, aguardando, para o prazer de seu novo dono.

Com seu iate, assim como com seu "paraíso" em Wormsley, Paul estava saciando sua cara paixão pela perfeição. Com uma tripulação de dezenove pessoas cuidando de um máximo de doze passageiros em condições de total luxo, o iate de 90 metros se encontrava entre os navios mais glamorosos de sua classe – e estava prestes a desempenhar um papel especial na fase final da recuperação de Paul.

Até agora, o nome de Talitha tinha sido invariavelmente lembrado com um toque de tristeza, mas isso mudou misteriosamente quando Paul o elegeu para renomear seu iate. *Talitha Getty*. Marinheiros são supersticiosos sobre a mudança dos nomes dos navios, mas era como se o espírito de Talitha tivesse renascido em um dos mais belos navios – e poderia oferecer a Paul algo que ele não experimentava havia anos: a liberdade dos mares.

---

* "As Três Parcas" (*Parcae*), na antiga Roma, eram o trio de divindades femininas que personificavam o destino, fiando a vida dos seres humanos. Seu equivalente na Grécia antiga seriam as Moiras (*Moirai*).

Nascido além da costa da Itália, ele sempre gostou de viajar pelo mar, mas o dano causado aos pés e às pernas por uma flebite aguda tornou isso impraticável. Com um iate de oceano espetacular ao seu comando, e a chance de ter seu médico particular sempre presente, isso mudara.

No início de abril, ele e Victoria voaram de Concorde para Nova York e para o Caribe, onde *Talitha Getty* estava esperando para recebê-los como pequena nobreza. Para Paul, depois de vinte anos longe do litoral, isso foi o máximo em liberdade – e em Barbados ele conseguiu apreciar o incrível espetáculo dos jogares de críquete da Grã-Bretanha que venciam um West Indian XI pela primeira vez em 59 anos.

Graças ao *Talitha Getty*, Paul também conseguiu revisitar seu amado Mediterrâneo no final daquele verão com Victoria e alguns amigos íntimos como companhia. Então, imediatamente depois do Natal, que foi passado com a família em Wormsley, os dois voaram mais uma vez para Barbados, onde o iate estava esperando. Em 30 de dezembro, no porto de Bridgetown, no convés do *Talitha Getty*, Paul completou o caso de amor que teve tantos problemas no início anos atrás em Roma. Perante um pastor local, ele se casou com Victoria.

Antes de partir para Barbados, eles não contaram a ninguém das suas intenções, mas parecia ser algo apropriado como resultado de sua jornada. O amor dela por ele conseguiu sobreviver a rejeições, drogas, doenças e dificuldades incalculáveis – e a relação entre eles tinha sido perseguida por problemas com o pai dele, arrependimentos por Talitha e uma boa proporção dos males que o corpo adquire. Mas, de alguma forma, e apesar de todos os problemas, eles se aproximaram ao longo dos anos. Ela se dedicava a ele e ele dependia dela.

"Victoria é minha inspiração", observou ele com frequência, o que, à sua maneira, era verdade, pois ela, mais do que ninguém, tinha estado presente ao longo de seus problemas e o salvou das profundezas do desastre absoluto. Quando era muito jovem, ela sonhara se casar com ele. Agora que ela não era mais jovem, seu sonho se tornara realidade.

A incerteza terminara, o passado acabara, se não inteiramente esquecido, e, como a própria família, Paul e Victoria ganharam a chance de aproveitar sua fortuna e seus dias juntos.

Posfácio da edição de 2017

"Nós nos parecemos com você, mas não somos como você", diz John Paul Getty III, interpretado por Charlie Plummer, no trailer de *Todo o dinheiro do mundo*, o primeiro vislumbre que os espectadores têm do filme de Ridley Scott, roteirizado por David Scarpa, que foi inspirado pelo sequestro e resgate do jovem Paul como aparece neste livro.

Quão verdadeiras são essas palavras. Olhar para o mundo dos Getty é como olhar para uma espécie alienígena. A percepção está deformada. Os personagens parecem maiores do que a vida.

O vasto dinheiro que essa dinastia atraiu criou oportunidades como o mundo nunca tinha visto. E, no entanto, em tal ascensão a fortuna deixou um rastro de devastação que ainda nos fascina.

Nos anos que se seguiram à primeira publicação deste livro, era difícil pensar que novas revelações poderiam surgir sobre J. Paul Getty e a dinastia que ele criou. Um memorando de sua quinta e última esposa, Teddy, de 2013, no qual ela revelou seu desgosto pela quantidade de dinheiro que gastou no tratamento médico do doente Timmy, se adicionou à sua reputação de avarento, mas o carinho que ela tinha por ele apesar do casamento fracassado só acrescentou mais uma sensação de que essa era uma família incompleta. J. Paul Getty resumiu os próprios arrependimentos quando disse: "Gostaria de dar todos os meus milhões para apenas um casamento bem-sucedido e duradouro." Quantos de sua família compartilhariam de seus sentimentos e trocariam sua riqueza por uma segunda chance de ser feliz?

O casamento não era algo em que os Getty se destacassem. Até mesmo Gordon, que parecia escapar das piores atribulações de seus parentes e cuja administração da fortuna da família trouxe alguns dos seus maiores retornos, possuía uma segunda família. Embora Ann tenha dito saber a respeito da existência das três filhas de seu marido com Cynthia Beck em Los Angeles por dois anos antes de sua existência ser tornada pública em 1999, as revelações causaram ondas de choque para Gordon, que havia construído uma reputação como compositor e patrono das artes. Quando o filho de Gordon e Ann, Andrew, foi encontrado morto em sua casa, com apenas 47 anos, nu da cintura para baixo, tendo sofrido o que foi descrito como uma espécie de "trauma de força contundente", ressurgiu a sensação de que se tratava de uma família amaldiçoada.

Dinheiro, o filósofo inglês Sir Francis Bacon escreveu, é como sujeira – não é bom, a menos que possa ser dispersado.

Então isso se provou com os Getty. Somente quando suas vastas riquezas foram compartilhadas ou usadas para além de gerar mais fortunas que eles se aproximaram de encontrar a verdadeira felicidade.

Provavelmente, o maior legado das riquezas de J. Paul Getty foi o museu com seu nome – pelo qual ele esperava ser lembrado enquanto durar a civilização. "O Getty", como o museu é conhecido, manteve seu status como o mais rico do mundo, suas atividades sendo verificadas para evitar que agregue todos os artefatos inestimáveis do planeta. Após a realocação em Brentwood, em Los Angeles, em 1997, o Getty Villa original foi reformado e aberto em 2006. Hoje, quase dois milhões de pessoas visitam os dois locais todos os anos, tornando-o um dos museus mais populares dos Estados Unidos. Apesar das controvérsias em torno de algumas de suas obras de arte, com várias peças retornando para a Itália e para a Grécia após casos judiciais que chamaram a atenção, o museu se orgulha de possuir um programa educacional de renome mundial e exposições de ponta.

Os benefícios da filantropia também não se perderam para Paul Junior. Antes de sua morte em 2003, após uma infecção torácica recorrente, ele distribuiu cerca de 120 milhões de libras para a National Gallery, o British Film Institute e outras instituições de arte em sua terra adotiva. Nos últimos cinco anos de sua vida, Paul Junior foi orgulhosamente capaz de usar o título "Sir", tendo recebido a cidadania britânica em 1997. Depois de ser nomeado pela rainha, ele revelou o que ela lhe disse: "Agora você pode usar seu título. Não é legal?"

Para Paul Junior, foi. "Isso significa muito para mim", disse ele. "Estou orgulhoso de ser um súdito de Vossa Majestade."

O altruísmo de Paul Junior continua hoje por meio de seu filho Mark, que em 2015 também recebeu um título honorário de cavalaria por suas contribuições para o mundo das artes, em particular para a National Gallery. Como seus parentes mais influentes antes dele,

POSFÁCIO

Mark encontrou no sobrenome Getty um ímã para o dinheiro. Getty Images, um empreendimento que ele começou como uma forma de manter os próprios filhos ocupados, tornou-se um dos maiores bancos de imagens do planeta.

Embora Mark tenha encontrado um caminho longe da desgraça que arrasou muitos de seus parentes, seu irmão, o jovem Paul, foi muito menos afortunado. Menos de oito anos após a morte do pai, o jovem Paul morreu com 54 anos. Em muitos aspectos, foi uma bênção. Finalmente, ele estava livre da dor.

Uma das últimas aparições públicas do jovem Paul foi na missa em memória de seu pai na Catedral de Westminster, realizada cinco meses após sua morte. Uma vez que Paul Junior voltara à fé católica de sua infância e fizera doações generosas à catedral e às causas católicas, ganhou um funeral impressionante conduzido por ninguém menos que o Primaz da Inglaterra, o cardeal Cormac Murphy-O'Connor.

Muitos dos personagens deste livro estavam lá: a viúva de Paul, Victoria, o jovem Paul na cadeira de rodas, empurrada pelo irmão Mark; Christopher Gibbs, que sugeriu a ideia de Wormsley; e Margaret Thatcher, que lhe deu seu título de cavalaria. O que tornou o funeral memorável foi algo inesperado: a voz de Deus sobre o assunto da riqueza. Ao realizar a homilia, o cardeal leu as palavras de Jesus do Evangelho de Mateus (19, 24-26): "É mais fácil para um camelo passar pelo buraco de uma agulha do que um rico entrar no Reino de Deus."

"Quando um de seus discípulos perguntou a Jesus: 'Quem será salvo?', Cristo respondeu: 'Aos homens isso é impossível, mas para Deus tudo é possível'", ao que o Cardeal acrescentou: "E tenho certeza de que Deus se lembrará do nosso irmão Paul e assegurará seu lugar no Reino dos Céus."

O que deve ter significado que havia esperança para pelo menos alguns membros daquela congregação.

Certamente, com os Getty, qualquer coisa é possível.

AGRADECIMENTOS

Escrever um livro tão complexo quanto a história dos Getty é incorrer em inúmeras dívidas de gratidão para aqueles cuja generosidade com o tempo e a memória ajudaram a torná-lo possível; por isso, agradeço tanto a Gordon Getty pela permissão de citar o poema intitulado "My Uncle's House" na página 263 e E.L. Doctorow pela permissão para a citação de "Ragtime" na página 86 quanto gostaria de agradecer às seguintes pessoas por falarem comigo: Aaron Asher, Adam Alvarez, Brinsley Black, Michael Brown, lady Jean Campbell, Josephine Champsoeur, Craig Copetas, Penelope de Laszlo, Douglas e Martha Duncan, Harry Evans, Malcolm Forbes, Adam Frankland, lady Freyberg, Stephen Garrett, Gail Getty, Gordon Getty, Mark Getty, Ronald Getty, Christopher Gibbs, Judith Goodman, lorde Gowrie, Dan Green, Priscilla Higham, James Halligan, Dr. Timothy Leary, Robert Lenzner, Donna Long, Duff Hart Davis, John Mallen, Russell Miller, Jonathan Meades, David Mlinaric, o juiz William Newsom, Juliet Nicolson, Geraldine Norman, Edmund Purdom, John Richardson, John Semepolis, June Sherman, Mark Steinbrink, Claire Sterling, Alexis Teissier, lorde Christopher Thynne, Briget O'Brien Twohig, Vivienne Ventura e Jacqueline Williams.

Paul Shrimpton, o mais amável dos banqueiros, administrou o limite da minha conta com uma rara compaixão; Julie Powell, meu gênio da informática local, me salvou quando o meu Word Perfect falhou; Oscar Turnhill verificou meus fatos e minha pontuação; e Edda Tasiemka, do miraculoso Arquivo Hans Tasiemka, encontrou para mim publicações da imprensa que ninguém senão ela sabia que existiam. Ted Green estava, como de praxe, sempre por perto quando necessário, enquanto minha esposa perfeita, Lynette, foi minha inspiração e meu consolo e lidou tão bem com o fato de ser desesperadamente pobre enquanto eu escrevia sobre os desesperadamente ricos.

J.P., 1995

PUBLISHER
Omar de Souza

GERENTE EDITORIAL
Mariana Rolier

EDITORA
Alice Mello

COORDENAÇÃO EDITORIAL
Anna Beatriz Seilhe

REVISÃO
Mônica Surrage

DIAGRAMAÇÃO
Abreu's System

ADAPTAÇÃO DE CAPA
Nathalia Barone

Este livro foi impresso EM SÃO PAULO, em 2018,
pela Intergraf, para a HarperCollins Brasil.
A fonte usada no miolo é Bembo Std, corpo 11,75/14,55.
O papel do miolo é pólen soft $80g/m^2$, e o da capa é cartão $250g/m^2$.